LA PERIODIZACIÓN TÁCTICA ES...

JULIAN BERTAZZO TOBAR
COLABORACIÓN: JORGE MACIEL

La periodización táctica es... / Julian Tobar. - 1a ed. - LIBROFUTBOL.com, 2018.
296 páginas; 22,9 x 15,2 cm.

ISBN 978-987-3979-47-7

1. Fútbol. I. Título.
CDD 796.334

La Periodización Táctica es...
Julian Bertazzo Tobar

Diseño de cubierta: Luciano Medvetkin
Diagramación interior: Luciano Medvetkin
Foto del autor: © Julian Bertazzo Tobar

LIBROFUTBOL.com
Olga Cossettini 1112 - oficina 8F - Ciudad de Buenos Aires - Argentina
ediciones@librofutbol.com - whatsapp +54 9 11 2215 1982

1ª edición: 2018

ISBN 978-987-3979-47-7

AGRADECIMIENTOS

El más sincero y profundo agradecimiento a las personas que dedicaron y compartieron, a lo largo de los últimos seis años, su tiempo, conocimiento y afecto sin pedir nada a cambio, tan solo el deseo de contribuir con la construcción de conocimiento en el fútbol.

De manera especial, me gustaría expresar la inmensa gratitud que siento por mi amigo y colaborador Jorge Maciel, por la intervención real y concreta, la amistad, las horas, días y años dedicados a esta obra.

Este libro cuenta con la fundamental contribución del especial y genial Vítor Frade –profesor de profesores–, por lo tanto, mi eterno agradecimiento.

A Marisa Gomes, Xavier Tamarit, Abel Pimenta, José Guilherme Oliveira, Mauro Medvetkin y Daniel Uribe, que de forma directa e indirecta me auxiliaron, muchas gracias.

CON LA PALABRA, VÍTOR FRADE

O VÍTOR FRADE
GOSTOU DO QUE LEU,
E NESSA AGRADABILIDADE
ACONTECEU...
O DESEJO DE MANIFESTAR
COM NOTA,
O FELICITAR
QUEM AQUI QUIS CHEGAR,
SEM BATOTA...
ESPERO NÃO DESAGRADE
AQUI PASSAR A CONSTAR
A ASSINATURA DO FRADE;
[1]

1 Batota: Sinónimo de trampa.

CON LA PALABRA, JORGE MACIEL

"Los principios fundamentales no admiten piruetas".

Cuando Julian llegó a Portugal no sabía en lo que esa aventura se convertiría, ni lo que podría representar para su futuro. Mucho menos, tal como él y yo esperábamos, que en estas alturas estuviéramos a punto de dar este paso. Un libro sobre fútbol, más precisamente sobre Periodización Táctica. No es un libro más de Periodización Táctica, es un libro que se asumirá como referencia confiable de esta metodología de entrenamiento de fútbol. Sobre Periodización Táctica muchas personas hablan, pero pocas conocen. Julian tiene ese gran mérito, para publicar este libro, primero se enteró sobre lo que de hecho es efectivamente este 'teorema en acto', y no lo que dicen que es. Acertadamente titula su libro *La Periodización Táctica es...*, no se trata de un acto de presunción, sino de un sentimiento visceral por realizar el deber cumplido.

Cuando lo conocí por primera vez, noté en él un gran deseo y sed de saber, lo que hizo aún más provechosa esta aventura en Portugal, donde conoció alguien que tal como a mí, le cambió la forma de ver y entender el fútbol, entrenado y jugado, el gran profesor Vítor Frade. Por no ser de aquellos alumnos que leía el título y juzgaba saber todo, tenía dudas y muchos deseos de aclararlas. Esa es una de sus mayores virtudes, no ceder frente al desafío de la complejidad. A medida que profundizaba la metodología más dudas aparecían y más él intentaba ir hasta el fondo. Durante estos años de perfeccionamiento de esta obra, varias fueron las horas que pasamos corrigiendo, revisando y aclarando aspectos de mayor o menor detalle, pero siempre con la afinación de quien sabe que estaba tratando algo muy preciso y que demanda enorme respeto, la Periodización Táctica, la verdadera, la del profesor Vítor Frade. Esas largas horas que pasamos pegados al teléfono casi

significaron mi divorcio, mi esposa hasta hoy sólo tuvo celos de un hombre: ¡De Julian!

El proceso fue largo, y hubo momentos difíciles, él y yo sabemos eso, pero más allá de esa resiliencia necesaria para no desistir frente a la dimensión del asunto tratado, él manifestó otra enorme cualidad, honestidad intelectual. Fue el primero en decir: "Hombre, eso solo sale cuando esté realmente bien. Y cuando el profesor me diga que está conforme". ¡Felicitaciones Julian, quedó realmente muy bueno, estoy/estamos orgullosos!

Este libro, que retrata precisamente lo que su título sugiere, ¡Julian se revela como un profesional interesado, empeñado, capaz, osado y diferente! Pero revela también por la forma como lo fue construyendo su otra dimensión: la humana. Un profesional con un futuro promisorio, pero encima de todo, un hombre de valores. No hay principios sin personas, y ambas son fundamentales para el jugar. Con personas de valor y con valores como los de Julian y esta, su contribución, creo que será posible un fútbol mejor. El fútbol carece de personas así, con pasión, causas y valores.

Finalmente, destacar que Julian marcará con este libro una posición muy importante y relevante en el universo de la Periodización Táctica. Es de aquellas personas que se van juntando a un grupo restricto de excelentes personas que el profesor Vítor Frade consigue agregar en torno de sí y de sus ideas, una especie de magia, de resonancia empática que nos va conectando, pero que no logramos explicar. El profesor tiene esa mágica capacidad, tal como la táctica, la admiración por él y por sus ideas, es tácita. No se explica, se siente, porque es esencial e invisible a los ojos...

Es una honra haberte acompañado en este recorrido. ¡Soy un privilegiado! Gracias y gracias por el entusiasmo y las ganas con las que tratas esta nuestra causa, la Periodización Táctica.

Jorge Maciel

CON LA PALABRA, MARISA GOMES SILVA

"Tener una idea es siempre mejor que no tener ninguna".

El entrenamiento de fútbol ha tenido un crecimiento muy acentuado en las últimas décadas, promovido por la creciente búsqueda de conocimiento del juego y de su organización en el entrenamiento. De esa forma, varios sentidos se fueron creando. De un modo común conseguimos reconocer aquellos que se centran en el desarrollo de las capacidades condicionales de los jugadores (con o sin balón), aquellos que se preocupan en el desarrollo de la técnica de los jugadores y aquellos que buscan en los juegos reducidos la 'receta' para el entrenamiento del juego. Y todos estos sentidos son válidos. Y, por eso, merecen respeto porque quien opta por un camino asume conceptos, premisas y paradigmas (consciente o inconscientemente). Sobre todo cuando estos abordajes son la expresión pura del pensamiento y sentimiento del entrenador. Sin dramas, sin modas, sin filtros, sin recelos y sin imposiciones comerciales. Somos lo que pensamos y somos lo que hacemos.

Recientemente, el entrenamiento del fútbol ha sido inundado por múltiples intereses económicos, por un sinfín de protocolos y métodos que prometen la complementariedad necesaria al rendimiento. La cantidad de información que predomina y se encuentra accesible a los más curiosos revela la falta de conocimiento que el entrenamiento de fútbol ha perdido por el aumento constante de "técnicas" que no ayudan en la modelación de un juego. Ante este contexto global, la Periodización Táctica creada por Vítor Frade es algo que va por un sentido único y, en la mayoría de las veces, de forma marginal.

La Periodización Táctica de Vítor Frade fue marginalizada durante muchos años, pero en el pasado reciente esta metodología ha sido maltratada por la cantidad de personas que hablan de ella sin conocerla. Engañan y venden mentiras. Algunos justifican esta conducta por la "creciente búsqueda" de los enamorados del fútbol (aprovechando

para hacer negocio) y otros simplemente buscan enseñar lo que nunca aprendieron, llegando a crear 'los complementos' que la Periodización Táctica necesita (¡en el entendimiento de los mismos!). Frente a todo esto, ¡Nunca la Periodización Táctica fue tan precisa como ahora! Simplemente porque se centra en el desarrollo del jugar a través de un conjunto de principios metodológicos.

En ese marco, este libro meticuloso y dedicado sobre la Periodización Táctica es muy valioso. Aclara a los interesados sobre esta metodología en un discurso muy específico y singular. No da recetas y eso tiene un valor fundamental pues son principios (¡los modos de hacer!)los que nos permiten conocer la periodización de una idea de juego, en su modelación constante y específica. Permite desarrollar una metodología en vez de un conjunto de métodos o una suma de técnicas y protocolos. Porque el juego necesita pasión, necesita de ser entrenado con respeto por su compleja naturaleza.

Las palabras que le dejo a Julian, mi compañero en tierras lusas, es de profundo agradecimiento. Por el placer que sentí al leer su trabajo, pero especialmente por lo que aprendí. La trama dio una lógica singular al proceso –que se hizo,¡haciendo!–, pero evidenciando los pilares y los valores de la metodología de esta metodología. La Periodización Táctica que él muestra, de manera espectacular, que es solo una...

Marisa Gomes Silva

NOTA DE TRADUCCIÓN

Esta obra se trata de la traducción del libro *A Periodização Tática é...* escrito en portugués.

A lo largo del libro son presentados diversos poemas del profesor Vítor Frade. Consideramos conveniente dejarlos en el idioma original para mantener la fonética, sonoridad y significado de los versos.

El lector encontrará diversas citas localizadas en el margen derecho del texto, como el nombre del autor, año y página correspondiente. Se trata de citas, de traducción libre, por lo tanto, no son literales.

"ESTE LIBRO NO TE HARÁ GANAR
PARTIDOS DE FÚTBOL Y CAMPEONATOS.
PARA GANAR PARTIDOS DE FÚTBOL,
LOS LIBROS NO SIRVEN.
SIRVEN SOLAMENTE LOS JUGADORES…
Y A VECES NI ELLOS,
SI LAS CIRCUNSTANCIAS NO LES AYUDAN".

Contenido

INTRODUCCIÓN

Creo que no hay nadie vinculado al fútbol que crea que un entrenador no debe poseer un profundo conocimiento del juego, de tácticas, estrategia, liderazgo, motivación, gestión de los jugadores, medios de comunicación, hinchas, etc. Sin embargo, para que el entrenador sea excelente, también deberá saber cómo aplicar sus ideas en la práctica, es decir, deberá también dominar una metodología de entrenamiento.

Tomando como base los entrenadores que ganan regularmente, es posible identificar un conjunto de características y cualidades que los hacen ganar más que los otros. Una de ellas es creer que el estilo de juego que se quiere presentar cuando se compite no es algo que nace listo, sino idealizado y construido por ellos mismos conjuntamente con los jugadores, es decir, entrenando todos los días. Por este motivo, cada vez más los entrenadores de élite invierten su tiempo en el campo del entrenamiento.

Este libro va dirigido a todos aquellos profesionales conectados con el fútbol que intentan perfeccionar su conocimiento metodológico para superar los desafíos del alto rendimiento, creando circunstancias favorables para que los jugadores y el equipo puedan tener éxito durante los partidos y las competiciones. En ese sentido, la Periodización Táctica, metodología de entrenamiento creada por el portugués Vítor Frade hace más de 40 años, cada vez gana más fama y notoriedad, en gran parte debido a los resultados obtenidos por José Mourinho, conocido entrenador adepto a esta metodología.

Aunque hoy en día se haya vuelto común hablar de Periodización Táctica, sea por medio de libros, entrevistas, conferencias, cursos, etc., son pocas las personas que la retratan de forma verdadera, abordándola no raras veces de forma superficial y distante de la realidad, de aquella Periodización Táctica que el profesor Vítor Frade idealizó. En Brasil, esta metodología es prácticamente desconocida en su esencia.

Con el objetivo de llenar este vacío, decidí escribir un libro sobre la verdadera Periodización Táctica, aclarando, retratando y divulgando

esta forma singular de concebir y operacionalizar el proceso de entrenamiento.

Para cumplir los objetivos referidos, más allá de estudios y experiencia en diferentes equipos de fútbol, tanto a nivel de la formación como profesional, en Brasil y en el exterior, fui directamente a la cuna de la Periodización Táctica, en Portugal, lugar en el que realicé una serie de entrevistas y observaciones con tres grandes exponentes de esta singular forma de entrenar: Vítor Frade[2], Marisa Gomes Silva[3] y Xavier Tamarit[4].

Este libro fue revisado y tiene el total permiso y consentimiento de Vítor Frade; contó con la colaboración de Jorge Maciel[5], uno de los grandes expertos en el asunto, una referencia tanto a nivel conceptual y metodológico como en la práctica. El lector hará un viaje al mundo de la verdadera Periodización Táctica, ¡la metodología creada por Vítor Frade!

---

2 **Vitor Frade**: Portugués, máxima autoridad en el asunto, creador de la metodología, asistente de varios entrenadores reconocidos, campeón nacional varias veces al servicio del F.C. Porto. Actuó como coordinador metodológico de este mismo club, teniendo una importancia fundamental en la estructuración conceptual y operativa del departamento de fútbol de formación.

3 **Marisa Gomes Silva:** Portuguesa, autora de *O desenvolvimento do jogar, segundo a Periodização Tática*, exF.C. Porto, actualmente ejerce dos funciones en la Federación Portuguesa de Fútbol Femenino: asistente técnica de la selección principal y entrenadora de la categoría Sub-17.

4 **Xavier Maciel:** Español, autor de los libros *¿Qué es La Periodización Táctica?* y *Periodización Táctica vs Periodización Táctica*, asistente técnico de Maurício Pellegrino en el Valencia F.C., en el Club Estudiantes de La Plata, en C.A. Independiente (Argentina), en el Deportivo Alavés (España) y más recientemente en el Southampton (Inglaterra).

5 **Jorge Maciel:** Portugués, Maciel fue entrenador de diversos equipos de formación en clubes portugueses como F.C. Porto e Gil Vicente. Trabajó como asistente técnico de Baltemar Brito, en Libia y Emiratos Árabes Unidos. Con el entrenador Lito Vidigal fue asistente técnico en Portugal por el C.F. Os Belenenses y en el F.C. Arouca. Actualmente es asistente técnico de Miguel Cardoso en el Rio Ave FC. Autor del libro *Não o deixes matar, o bom futebol e quem o joga.*

El fútbol es un juego opinable donde solo el resultado es indiscutible.

(Valdano, 1999 citado por Amieiro, 2007).

La complejidad del fenómeno en su juego espacio-temporal de inédito, singular y repetición mata la noción tradicional de hecho mostrando que quien se niega a ir más allá de los hechos raramente llega hasta los propios hechos.

(Huxley, citado por Frade, 1985, p. 3).

Las ciencias humanas no tienen conciencia de los caracteres físicos y biológicos en los fenómenos humanos. Las ciencias naturales no tienen conciencia de su influencia en una cultura, en una sociedad, en una historia. Las ciencias no tienen conciencia de su papel en la sociedad. Las ciencias no tienen conciencias de los principios ocultos que comandan sus elucidaciones. Las ciencias no tienen conciencia de que les falta una conciencia.

(Morin, citado por Frade, 1985, p. 2).

CAPÍTULO 1.

LA FILOSOFÍA CARTESIANA

Así como el fútbol, que desde su creación y profesionalización ha presentado una evolución permanente, el modo de plantear el entrenamiento también se ha modificado a lo largo de los años. El fútbol siempre fue y muy probablemente seguirá siendo blanco de interminables discusiones y debates. Sea en la sala de conferencias de prensa después de un juego de un campeonato, sea en los periódicos, programas de televisión, en la calle, en la universidad, etc. Cuando se habla de fútbol, normalmente existen varios puntos de vista y diferentes opiniones al respecto de los más variados temas.

No obstante, existe un punto en que los entrenadores, preparadores físicos, jugadores, dirigentes, periodistas e hinchas concuerdan: el entrenamiento tiene un papel fundamental para mejorar el desempeño de los equipos de fútbol, colectiva e individualmente. De eso nadie parece tener dudas. Sin embargo, no todos pensamos el 'entrenar'de la misma forma, debido a las diferentes experiencias, estímulos y contextos en los cuales las personas están inseridas.

Por más de cuatro siglos el mundo occidental ha sido regido y educado sobre la luz del paradigma cartesiano. Este modelo de pensamiento permea la gran mayoría de los fenómenos que nos rodean, influenciando a las personas a (inter)actuar y pensar de determinada forma. El fútbol no está ajeno a esta realidad.

> Nuestro sistema de educación nos enseña a aislar los objetos (de su contexto), a separar las disciplinas, a dividir los problemas, en vez de unirlos e integrarlos. Nos induce a reducir lo complejo a lo simple, es decir, a separar lo que está unido, a descomponer y no a recomponer, a eliminar todo aquello que traiga desorden y contradicción a nuestro entendimiento.
>
> (Morin, 2002, p. 7).

La ciencia occidental se orientó y se edificó sobre las contribuciones del racionalismo clásico, heredado de Aristóteles (el primero en dividir el reino animal en categorías) y desarrollado por Descartes. Este filósofo, abogado, matemático y físico francés, de nombre latín Renatus Cartesius (por eso es llamada *filosofía cartesiana*), nació en 1596, y norteó decisivamente los rumbos de la ciencia moderna al publicar *El discurso sobre el método*, en el que propuso, con éxito, cuatro principios de pensamiento/raciocinio:

> El primero era el de jamás admitir como verdadera cosa alguna, sin saber con evidencia que lo es; es decir, evitar cuidadosamente la precipitación y la prevención, y no comprender en mis juicios nada más que lo que se presentase tan clara y distintamente a mí espíritu, que no hubiese ninguna ocasión de ponerlo en duda.
>
> El segundo, dividir cada una de las dificultades que se examinasen, en cuantas partes fuere posible y en cuantas requiriese su mejor solución.
>
> El tercero, conducir ordenadamente mis pensamientos, empezando por los objetos más simples y más fáciles de conocer, para ir ascendiendo poco a poco, gradualmente, hasta el conocimiento de los más compuestos, e incluso suponiendo un orden entre los que no se preceden naturalmente.
>
> Y el último, hacer en todo unos recuentos tan integrales y unas revisiones tan generales, que aseguraran no omitir nada.
>
> (Descartes, 2008, p.25).

En otras palabras, Capra (2006, p. 34) nos explica que el método de pensamiento analítico creado por Descartes consiste en "*quebrar fenómenos complejos en pedazos, con la finalidad de comprender el comportamiento del todo a partir de las propiedades de sus partes*"; o sea, para que los problemas sean solucionados desde un punto de vista cartesiano es necesario dividir las partes cuanto sea necesario, para que así, al estudiarlas por separado, se pueda llegar a comprender el todo.

Este modelo de pensamiento, más allá de analizar los objetos separándolos de su contexto específico, no entiende las partes como unidades sujetas a interacciones con las otras partes y con su medio ambiente, por el contrario, son colocadas en perspectiva como partes independientes y con capacidad para ser analizadas sin tener en cuenta el conjunto (la totalidad, el contexto) al que pertenecen.

1.1 El impacto del paradigma cartesiano en el fútbol

1.1.1 La división (y la forma de entrenar) del juego en dimensiones aisladas

Inmersos por siglos en esta realidad cartesiana, no es de extrañar, por consiguiente, la necesidad y obsesión de desmontar y despedazar el juego del fútbol (el 'todo') en 'partes' (dimensión táctica, técnica, física, psicológica, estratégica), entrenando cada una de estas `partes' separadamente, ya que desde esta perspectiva se cree que la sumatoria de estas vertientes, después del proceso de entrenamiento, aumentará el desempeño del equipo, ya que en esta concepción, el todo es constituido por la suma de sus partes constituyentes.

Al respecto, Rui Faria (1999) dice que la mayoría de los manuales de entrenamiento traen de forma separada el componente técnico del táctico, así como de las llamadas capacidades físicas, existiendo así una constante división del esfuerzo de los jugadores en un conjunto de fragmentos, entrenándose cada uno de forma separada, para mejorar el desempeño del equipo.

> En este contexto, la aparición del entrenamiento físico, técnico, táctico y psicológico adquiere su forma. Se incide en el conocimiento de aspectos aislados, con la idea de que cuando mejor conocemos cada parte, mejor conocemos el todo.
>
> (Faria, 1999, p. 20).

En el 2010 fue publicado un artículo en el periódico online *globoesporte.com,* que evidencia esta forma de pensar en el fútbol. En este reportaje el título era: "Después de dejar el grupo con el físico al día, X[6] sueña ver la calidad florecer". Y continuaba:

> El técnico destaca mejoría en el condicionamiento de los jugadores albinegros y ahora espera el turno del auge técnico.
>
> Antes del clásico ante el Fluminense, en este domingo, X tiene la seguridad de que la semana llega al fin con un gran objetivo cumplido. Desde que asumió el comando del Botafogo, el entrenador destacó la importancia de que el equipo mejorara la condición física y, según él, la semana de trabajo en la Região dos Lagos cerró la programación con éxito.

6 **X:** Entrenador del referido equipo en 2010.

-Desde mi llegada, buscamos dar equilibrio físico al equipo, y poco a poco lo conseguimos. Buscamos el empate con el Corinthians y enfrentamos al Cruzeiro con un jugador menos, por ejemplo. Ahora esa presión no existe más –observó.

En la evaluación de 'X', ahora el Botafogo está en la condición ideal de mostrar el fútbol que se espera del equipo en el momento en que la victoria es fundamental para la reacción en el campeonato.

-Ahora es hora de jugar bien y dejar florecer esa calidad que existe en el grupo. Para que nosotros podamos vencer, necesitamos de esa fuerza física –dijo el entrenador.

Más ejemplos no faltan: "*El éxito de un jugador está hecho de 50 porciento de preparación física, 25 por ciento de técnica y 25 porciento de psicología*", dice un entrenador citado por Oliveira et al. (2006).

Los mismos autores en su libro traen en un reportaje del periódico portugués "*O Jogo*", un artículo llamado "*Las vertientes de entrenamiento de Y*[7]", que representa bien esta forma de pensar.

El preparador físico del F.C. Porto explicó entonces los métodos de trabajo que están siendo implementados en la pretemporada. "En estas alturas, el entrenamiento tiene varias vertientes, el físico, la técnica y la táctica. Hay un especialista que cuida de cada una de ellas: el míster, de la táctica; Francesco Conti, de la técnica, y yo, del físico", explicó.

Acerca de este y otros temas, el entrenador español Cervera (2010) resalta y advierte que esta especialización reduccionista está llenando el mundo del fútbol de 'especialistas', que cada vez más fragmentan el entrenamiento y por consiguiente, el juego.

En el camino cada vez más claro de concretización del paradigma de la reducción y fragmentación, *Z*[8], entonces preparador físico del Real Madrid (temporada 2006/2007), en una entrevista concedida para *realmadrid.com* en 2006, apunta que es posible realizar cada parte, innumerables divisiones, reduciéndolas a fragmentos cada vez más elementales, al afirmar:

Iniciamos ahora la segunda parte de la pretemporada. Fue finalizado el proceso de mejora de la capacidad aeróbica, y ahora

---

7 **Y:** Preparador físico del referido equipo en dicha época.

8 **Z:** Preparador físico del referido equipo en dicha época.

entramos en el aumento del aspecto anaeróbico y láctico, en términos más concretos, de explosión y rapidez.

(Z, 2006 citado por Moreno, 2010, p. 48).

Esta manera de pensar retrata muchas metodologías convencionales, sobre todo las originarias del oriente europeo, que sugieren que se debe comenzar primero por el aeróbico para después ir al anaeróbico; iniciar la temporada partiendo de lo general para lo específico; primero entrenar sin balón dando énfasis en mejorar las llamadas capacidades condicionales y después con el pasar de los trabajos físicos inserir entrenamientos técnicos y tácticos, entre otros.

Sin embargo, como es de conocimiento general, las metodologías de entrenamiento convencionales fueron creadas para deportes individuales, como el atletismo y la natación, con gran tiempo de preparación y un período competitivo reducido (periodización olímpica).

El fútbol, a lo largo de los años, con la llegada de la figura del preparador físico en los cuerpos técnicos –tal vez por falta de metodologías de entrenamiento específicas para el fútbol (deporte colectivo de características muy propias, con corto período de preparación entre competencias y extenso período competitivo) y por la fuerte influencia mecanicista y cartesiana existentes en las universidades– acabó por ser influenciado por tales concepciones metodológicas, lo que llevó a muchos a adoptarlas en una realidad completamente diferente de la originalmente indicada, tratándola como si fuera una metodología universal. Esta forma de pensar todavía predomina actualmente en varios clubes.

Es común encontrar entrenadores que piensen así, que no sólo fragmentan el fútbol en pedazos (descomponiéndolo, descontextualizándolo y desconectándolo de su compleja naturaleza), sino que también defienden que su forma de entrenar (en este caso para los fundamentos técnicos) se hace de manera integrada o aislada: pases, dominio del balón, tiro al arco, cabeceo, drible, finta o fundamentos básicos de defensa, que según ellos mismos son primordiales para la buena preparación de un equipo, principalmente en los aspectos tácticos defensivos y ofensivos.

Veamos lo que un preparador físico de un gran club brasileño –en una noticia presentada en SporTV el 27 de enero de 2015– respondió a un periodista que le preguntó sobre algunos de los objetivos del club durante la pretemporada: "***Desde el primer día, en nuestro equipo técnico, en nuestra forma de trabajar, nosotros introducimos el balón, con el pase, el cabeceo, el dominio. Esas cosas más simples, elementales***".

Ese hecho viene a corroborar las convicciones de Tani & Corrêa (2006 citado por Campos, 2008, p. 26), cuando afirman que:

> La noción de que un sistema puede ser separado en componentes sin perder sus características esenciales está todavía muy presente en el campo de los deportes colectivos, por ejemplo, cuando se da mucho énfasis a la práctica de fundamentos técnicos en el aprendizaje o en el entrenamiento de ciertas modalidades deportivas colectivas.

Parece claro que esta lógica permea el fútbol actual, así como la forma de entrenarlo.

1.1.2 La separación del juego en fases

Siguiendo la tendencia de la separación y división del paradigma vigente, constatamos que a lo largo del tiempo, tradicionalmente el juego de fútbol fue, y para muchos todavía es, dividido en fase ofensiva y defensiva.

Teodorescu (2003) propone que la 'fase' ofensiva es caracterizada por el hecho del equipo de tener la posesión del balón y a través de acciones colectivas e individuales intentar marcar gol. La "fase" defensiva, por su parte, se caracteriza por no tener la posesión del balón y a través de acciones colectivas e individuales intenta recuperarlo para entrar en fase ofensiva, evitando así el gol en su arco.

Si fuera posible acordarnos de todas las declaraciones que alguna vez escuchamos o leímos, entre entrevistas, artículos, conferencias de prensa y hasta nuestras propias reflexiones, comprobaríamos que cada vez más que se hace alguna alusión al juego del fútbol, más precisamente a las fases que lo componen (aunque, en este caso, lo más correcto sería decir que lo 'descomponen'), siempre quedaríamos con la sensación de que ataque y defensa tienen una existencia independiente, pareciendo que ambos no hacen parte de la misma realidad (Moreno, 2010).

Esta perspectiva parece obedecer a una lógica lineal ininterrumpida que no considera los instantes entre perder o recuperar la pelota, es decir, las 'fases' a partir de esta idea, son consideradas como independientes una de la otra.

Existen entrenadores que idealizan una forma de defender que no corresponde o no se articula con la forma en la que pretenden atacar. Por ejemplo, un entrenador que quiera atacar al adversario con un ataque posicional, circulando el balón pacientemente por todo el campo, teniendo como sustento un juego posicional fuerte, pero en organización defensiva busca marcar al adversario con marcajes individuales y persecuciones al hombre.

Lo que muchas veces puede pasar es que cuando recuperan la posesión del balón, posiblemente los jugadores van a estar fuera de sus posiciones (porque persiguieron sus adversarios directos) para atacar de la manera que el entrenador pretende, lo que lleva a que el equipo no consiga cumplir con la idea de juego que el entrenador plantea (cuando se está con la posesión del balón), fruto de esta separación conceptual y contextual del atacar con el defender.

De igual forma, algunos entrenadores idealizan una forma de atacar que no ofrece equilibrio para el instante de pérdida de posesión del balón, no dimensiona el equilibrio entre tener o perder la pelota, lo que lleva al equipo a ser frágil defensivamente.

A través del portal *globoesporte.com*, el 15 de mayo de 2012 fue publicado un reportaje concedido al programa 'Globo Esporte', titulado: "Emocionado, A[9] lamenta el primer semestre del Flamengo".

> Nosotros tenemos tres grandes jugadores de ataque, que son buenos jugadores, sin dudas: Ronaldo, Vágner y Deivid. Allá adelante estamos haciendo goles, pero atrás estamos encajando un par de goles. Falta equilibrio.

Doce días después, también en el portal deportivo *globoesporte.com*, era posible leer una noticia titulada *"A[10] señala sector defensivo como problema del Fla"*:

> El técnico dice que tiene que encontrar solución, pero todavía no sabe qué hacer. Él afirma, sin embargo, que el equipo va en el camino correcto. Dijo que la caída del equipo en ciertos momentos tal vez sea por causa del aspecto psicológico y llamó la atención cuando apuntó directamente al sector defensivo como principal problema del equipo. El entrenador confiesa: todavía no sé qué hacer.
>
> -Creo que vamos a hacerlo bien, con un poco más de detalle, de sentimiento. Ese equipo va a mejorar principalmente en el sector defensivo, donde está nuestro problema. Yo vengo debatiendo eso, y vamos a tener que mejorar. Lo que vamos a hacer, yo no lo sé. Pero tengo que encontrar una solución –dijo 'A'.

Aquí podemos observar cómo el paradigma cartesiano puede expresarse. El entrenador, a pesar de resaltar la 'falta de equilibrio', se refiere al aspecto psicológico, las diferencias individuales y en los diferentes sectores, hasta los problemas mientras están defendiendo, pero

---

9 **A:** Entrenador del referido equipo en 2012.

10 **A:** ídem.

nunca destaca la relación de estos aspectos con los demás, pues cada elemento es fragmentado y analizado de forma separado.

Es común en el fútbol brasileño que los entrenadores culpen a su 'sistema defensivo' por recibir goles. Sabemos que muchas veces pueden existir aspectos para ser corregidos en la manera como los hombres más retrasados del equipo interactúan y se coordinan sin balón, en la articulación de este sector con el resto del equipo. Sin embargo, muchas veces el hecho de encajar goles constantemente puede no ser culpa exclusiva de los defensores, pues para la pelota llegar hasta el arquero y la última línea, ¿no tendría que haber pasado por más de seis o siete jugadores, que también tienen funciones defensivas, aunque sean mediocampistas o atacantes?

En otros casos, ¿será justo que los entrenadores culpen al 'sector defensivo' por encajar tantos goles, cuando sus equipos atacan de forma desequilibrada, exponiendo constantemente a contraataques a sus jugadores más retrasados?

En suma, parte de los profesionales del fútbol ve el entrenamiento y el juego con los ojos del cartesianismo. Mark Twain alguna vez dijo que *"para los que tienen apenas un martillo como herramienta, todos los problemas parecen puntillas"*.

Como observamos, algunos entrenadores parecen poner en perspectiva la 'fase' ofensiva y la defensiva casi de manera aislada, es decir, parece que el 'atacar' y el 'defender' tienen poca relación contextual. Eso implica que tales 'fases' del juego sean entrenadas y entendidas de manera separada, y por veces desconectadas una de la otra, dando espacio para que los equipos sean muy desequilibrados.

En mi opinión, para darle equilibrio al equipo debemos contemplar y alimentar el jugar como un todo, dándole sentido y articulación, tal como evidenciaré en el próximo capítulo.

CAPÍTULO 2.

LA VISIÓN SISTÉMICA

Las personas solo ven lo que están preparados para ver.

Ralph Emerson.

Cuando un 'geocentrista' y un 'heliocentrista' contemplaban el sol, su retina estaba siendo bombardeada por fotones semejantes... ¡sin embargo ellos no veían la misma cosa! El primero ve un objeto brillante que gira alrededor de la Tierra, el segundo ve un objeto brillante fijo, alrededor del cual la Tierra gira...

(Frade, 1985, p. 37).

La realidad preexiste a nuestra concepción de las cosas. La cuestión está en saber si la idea que de ella se tiene se le ajusta.

(Frade, citado por Amieiro & Maciel, 2011).

2.1 El equipo de fútbol entendido como un sistema dinámico, adaptable y '*homeodinámico*'.

La orden u organización de un todo, o sistema, trasciende lo que puede ser ofrecido por el 'conjunto' de sus partes cuando estas son consideradas aisladas unas de otras.

(Frade, 1985, p. 31).

Sgúen etsduios raleziaods por la Uivenrsdiad ignlsea de Cmdibrage, no ipmotra el odren en el que las ltears etsén ersciats, la

> *úicna csoa ipormtnate es que la pmrirea y la útlima ltera esétn ecsritas en la psiócion cocrreta.* El retso peuden etsar ttaolmntee doaerdsendo y aún pordás lerelo sin pobrleams, pquore no lemeos cada ltera en sí msima snio cdaa paalbra etenra.
>
> Autor desconocido.

Aunque el paradigma cartesiano todavía ejerza influencia en nuestra sociedad, ¿será este el mejor camino para entender y actuar sobre una realidad compleja, en nuestro caso, el entrenamiento y el juego del fútbol?

Según Morin (2007), el pensamiento simplificador es incapaz de concebir la conjunción del uno y del múltiplo. O él unifica abstractamente al anular la diversidad, o por el contrario, yuxtapone la diversidad sin concebir la unidad. El autor además afirma que concebir las cosas de esta manera, nos conducirá a la 'inteligencia ciega':

> La inteligencia ciega destruye los conjuntos y las totalidades, aísla todos sus objetos de su medio ambiente. Ella no puede concebir el hilo inseparable entre observador y la cosa observada. Las realidades-claves son desintegradas. Ellas pasan por hendiduras que separan las disciplinas.
>
> (Morin, 2002, p. 12).

En la perspectiva de Capra (2006), el contexto adquiere una importancia fundamental en la comprensión de la realidad, siendo que los problemas que nos envuelven no pueden ser entendidos aisladamente, pues son problemas sistémicos, lo que significa que están interconectados y son interdependientes.

Este mismo autor explica que 'sistema', deriva de la palabra griega *synhistanai*, que significa 'colocar junto', y dice que entender las cosas sistémicamente significa, literalmente, "colocarlas dentro de un contexto y establecer la naturaleza de sus relaciones".

Von Bertalanffy (2009, p. 84) define un sistema como 'un complejo de elementos en interacción', algo corroborado por Morin (2007, p. 20), cuando menciona que un sistema "no es una unidad elemental discreta, pero sí una unidad compleja, un «*todo*» que no se reduce a la suma de las partes que lo constituyen", por el contrario, es construido por sus relaciones.

> Miremos para la composición de azúcar: cuando los átomos de carbono, de oxígeno y de hidrógeno se unen y forman el azúcar, el compuesto que de allí resulta (el azúcar) emerge como

> una sustancia dulce. Sin embargo, ninguno de los elementos que lo componen es dulce.
>
> (Lourenço, 2010, p. 45).

> Imaginemos un pastel que se asume como una totalidad constituida por diversos ingredientes como azúcar, huevos, entre otros. A pesar de esto, el pastel es algo diferente de sus ingredientes que dejan de ser partes aisladas para asumirse en una totalidad con los demás y adquirir una nueva expresión. De tal modo, las partes del pastel no son el azúcar o los huevos, pero sí los trozos y migajas del propio pastel y por eso, si queremos conocer la totalidad a través de sus partes no podemos buscar en los ingredientes, porque estos se contextualizan en las relaciones que establecen con los demás para ganar una forma propia. Se asume por eso en un objetivo colectivo cuyas partes deben ser contempladas a la luz del mismo.
>
> (Gomes, 2008, p. 21).

> Se sabe que el agua (H2O) es un medio esencial para apagar el fuego, sin embargo, si separamos sus componentes, hidrógeno y oxígeno, cualquiera de estas en vez de apagar el fuego, lo encendería aún más.
>
> (Popper, citado por Leitão, 2009, p. 57).

"No podemos desmontar un piano para ver que sonido produce", decían O'Connor & McDermott, ambos citados por Moreno (2010).

Es por eso que Von Bertallanfy (2009) subraya que para comprender las características de un sistema, entre otras cosas, "debemos por tanto conocer no solo las partes, sino también las relaciones". Dicho autor añade que cualquier cambio o alteración en una de las partes influirá en el comportamiento de las restantes.

> Por la falta de un clavo se perdió una herradura,
> Por la falta de una herradura se perdió un caballo,
> Por la falta de un caballo se perdió un caballero,
> Por la falta de un caballero se perdió una batalla,
> ¡Por la falta de la batalla, se perdió el reino!
>
> (Proverbio popular, citado por Gaiteiro, 2006, p. 33–34).

Conectando con este proverbio, Frade ya en el lejano 1985 menciona que si uno de los componentes de un sistema es incapaz de interactuar correctamente con los demás, no desempeñando su función específica, como debe desempeñar, el sistema entero es afectado. "Todas las partes tienen un papel que desempeñar. Incluso alterar tan solo uno de los elementos puede a veces tener consecuencias completamente inesperadas".

De igual forma podrá suceder en un equipo de fútbol al retirar a un jugador de su posición natural (extremo izquierdo, por ejemplo), donde dicho futbolista maximiza sus potencialidades –no sólo por sus cualidades intrínsecas, sino también por su relación con los demás jugadores (lateral izquierdo, volante, atacantes, etc.)– y colocarlo en otra posición (enganche, por ejemplo), en la que las exigencias tácticas son diferentes, así como las relaciones e interacciones que dicho jugador pasará a tener con los demás jugadores del equipo.

Aunque este desplazamiento posicional sea mínimo, influirá en la manifestación del *jugar*[11] del equipo, provocando consecuencias que pueden perjudicarlo (o beneficiarlo). Lógicamente, las relaciones desconectadas pueden reflejarse de formas diversas, que no son necesariamente en los cambios o desplazamientos de jugadores.

Imaginemos que la idea de juego del entrenador pasa por organizar su equipo para defender con casi todos los jugadores detrás de la línea del balón, con excepción del centrodelantero. En esta situación hipotética, un extremo que en organización defensiva permanece adelantado, en lugar de cerrar determinados espacios con el resto de los compañeros, formando un bloque unido y compacto, en virtud de su desempeño, aunque sea solo un elemento en medio de once jugadores, podrá poner en riesgo la organización defensiva del equipo, al abrir espacios significativos en sus zonas de (inter)acción.

Del mismo modo que un entrenador puede querer que su extremo permanezca un poco por delante del bloque defensivo para potenciar sus características en contraataques, y si él no permanece podrá hacer que los contraataques no tengan el efecto esperado. Por eso es fundamental que la funcionalidad de un jugador o sector sea coherente con lo que se desea, con el sentido que se pretende dar al colectivo.

> Romario solo tenía una tarea defensiva: hacer que el arquero tuviera que lanzar el balón del lugar donde la había tomado. Él tenía que presionar al guardameta para permitir que la defensa

---

11 **Jugar:** El *jugar* es el tipo de fútbol que un equipo produce. Son regularidades que identifican a un equipo. Este es un concepto clave para la comprensión de lo que está por venir en este libro y estará siempre en cursiva, para diferenciar el *jugar* de un 'juego general'.

avanzara diez metros. Si se dormía, se lamentaba o sequejaba del árbitro y perdía la concentración, permitía que el portero subiera hasta el límite de la gran área y todo el equipo tenía que retroceder. Si por el contrario, estuviera concentrado y presionara al portero, eso permitía que el equipo ganara un espacio importantísimo, en la medida en que el espacio se reducía y las líneas se volvían a juntar.

(Cruyff, 2002, citado por Amieiro, 2007).

De la misma manera que un solo elemento puede influir radicalmente en el 'todo', lo contrario también es verdad. Al respecto, Mourinho (1999 citado por Amieiro, 2007, p. 39), refiriéndose a la idea de juego de Van Gaal, subraya la importancia del triángulo del mediocampo en la organización colectiva del equipo, indicando algunas de las referencias relativas a la organización ofensiva:

> Pretendiendo hacer el campo grande en una primera fase de construcción, queremos los laterales abiertos y en profundidad, los dos centrales más o menos en la dirección de las paralelas del área y lo más cerca posible de nuestra meta, extremos abiertos y lo más profundo posible, centrodelantero en punta realmente e intentando arrastrar a la defensiva adversaria, lo más lejos posible para crear el mayor espacio posible para los que son nuestros jugadores más creativos, el 'triángulo del mediocampo'. En una segunda fase, explica, los extremos "pueden partir de esa posición de campo grande y de esa posición exterior yendo en búsqueda de posiciones interiores que son las posiciones que nosotros llamamos entre las líneas".
>
> Mourinho subraya que si el equipo no consiguiera hacer ese 'campo grande', la creación de espacios era completamente imposible de hacer y limitaría muchísimo los espacios entre líneas, espacios donde así como el triángulo del mediocampo, los dos extremos eran realmente fuertísimos.

En el caso de que el equipo como un todo (según José Mourinho), en su dinámica colectiva, no consiguiera hacer que el 'campo quedara grande' -a través de la apertura posicional de algunos jugadores, en ancho y profundidad- eso tendencialmente haría que algunos talentos individuales no se manifestaran en su plenitud.

Por lo tanto, no podemos desconsiderar el impacto que las interacciones y las interrelaciones tienen en el seno de un equipo y en la expresión de un *jugar*, en todos sus niveles: macro, meso, micro.

Como hemos visto, el todo está en la parte, que está en el todo. No hay cómo disociarse, ya que todo está interconectado y todo es interdependiente.

> Sem equipa
> nenhum jogador cresce,
> mas só boa equipa fica
> se ser bom jogador acontece.
>
> (Vítor Frade, 2014a).

Bertrand y Guillemet (1994), además de apuntar un sistema como un todo dinámico constituido por elementos que se relacionan e interactúan entre sí y con el entorno, son contundentes al afirmar que los sistemas revelan un conjunto de presupuestos que los caracterizan, que son: apertura, complejidad, finalidad, tratamiento, totalidad, organización, flujo y equilibrio.

De acuerdo con estos autores, un sistema es considerado abierto cuando promueve intercambios permanentes con su entorno, al contrario del sistema cerrado, que no permite intercambios con el medio ambiente. La complejidad de un sistema puede definirse como un conjunto de interacciones que un sistema puede promover entre sus elementos y entre éstos y el medio ambiente que lo rodea.

El concepto de finalidad nos dice que los diferentes elementos de un sistema interactúan en función de un objetivo; por su parte, el tratamiento es la relación dinámica que el sistema tiene con su medio, promoviendo intercambios entre ambos; la totalidad significa que un sistema es más que la suma de sus partes (sinergia), y eso también implica que los sistemas tengan sus propias propiedades, que debido a las interacciones, son diferentes a las de sus componentes vistos de forma aislada.

En lo que se refiere a la organización, se puede decir que un sistema es un todo organizado cuando es más que la suma de sus partes. A su vez, el todo desorganizado es menos que la suma de sus partes, mientras que el todo neutro es igual a la suma de sus partes. El flujo de un sistema significa la cantidad de interacciones entre los elementos del sistema y entre el sistema y el entorno que lo rodea. Finalmente, el equilibrio u homeostasia puede ser definido como el intento de mantener las relaciones y las interacciones estables.

Moriello (2003) agrega que los sistemas pueden ser señalados por ser dinámicos o estáticos, conforme van modificando o no su estado interno a lo largo del tiempo, y nos revela que hay un sistema en particular, que a pesar de estar inmerso en un contexto susceptible a cambios, es capaz de mantener su estado interno. A este tipo de sistema el autor define de 'homeostático' y subraya que la homeostasis expresa la tendencia de un sistema en lo que se refiere a su supervivencia dinámica, siguiendo las transformaciones del contexto a través de ajustes estructurales internos. Dada esta característica dinámica, creemos que, tal como el profesor Vítor Frade sugiere, homeodinámico, en lugar de homeostático, sería la palabra que mejor expresa esa noción.

Moriello (2003) añade que los sistemas que reaccionan y se adaptan a su entorno, pueden ser considerados como sistemas 'adaptativos'. Por lo tanto, parece coherente considerar que un equipo de fútbol debe entenderse como un sistema dinámico, adaptativo y homeodinámico[12].

Los equipos están formados por subsistemas (jugadores), que interactúan entre sí con objetivos y finalidades definidas y compartidas (un *jugar* determinado, obtención de victorias), que terminan por influenciar y guiar sus intencionalidades e interacciones, creando un medio abierto, complejo y dinámico en el que las características colectivas que un equipo evidencia son diferentes de la suma de las características y capacidades de los diferentes jugadores que la componen.

Como actúan en un contexto en que se establecen relaciones de dependencia e interdependencia (macro y micro), como es el juego de fútbol, debemos considerar a los equipos como sistemas (des)jerarquizados[13] y especializados.

Es importante añadir que dicho sistema está rodeado por un medio ambiente que le es característico y que puede moldear sus interacciones y sus comportamientos, dirigiéndolos hacia un determinado camino.

Moriello (2003) subraya que el medio ambiente afectará el funcionamiento y el rendimiento de un sistema (en este caso, un equipo). Al respecto, Pivetti (2012) destaca que un sistema tiene una relación de reciprocidad con el entorno, es decir, éste influye en el entorno, como

---

12 **Homeodinámico**: El equipo debe ser entendido como un sistema homeodinámico teniendo en cuenta el concepto presentado anteriormente (tendencia de un sistema en lo que se refiere a su supervivencia dinámica y su trascendencia, siguiendo las transformaciones del contexto a través de ajustes estructurales internos). Es importante hacer esta aclaración debido a que un equipo, aunque pase por diferentes circunstancias y contextos intentando mantener una condición de estabilidad, mediante múltiples ajustes de equilibrio dinámico, controlados por mecanismos de regulación que se interrelacionan, nunca vuelve al punto de partida, es decir, las vivencias hacen que el equipo vaya evolucionando, aunque de manera no lineal, a lo largo del tiempo.

13 **(Des)jerarquía:** Hablamos en desjerarquía pues dentro de una lógica sistémica la noción de jerarquía y sus fronteras bien demarcadas no tienen sentido, lo que existen son redes anidadas en otras redes. No debe haber juicio de valor en la naturaleza de lo 'superior' y de lo 'inferior', pues lo que hay es una sinergia, una "desjerarquía, en el sentido que no hay, que no es una anarquía, sino que es una desjerarquía" (Paulo Cunha y Silva, 2008, citado por Maciel, 2011a).

también sucede al contrario, y añade que, a pesar de tal propiedad, existen evidencias de que un determinado sistema complejo tiene un relativo nivel de autonomía en relación a su entorno, ya que puede ejercer influencia sobre él.

La selección holandesa de 1974, que presentó un desempeño espectacular con su manera de jugar (el *totaalvoetbal*, 'fútbol total'), logró modificar en parte el modo de cómo se juega el fútbol, teniendo como base una interpretación innovadora en lo que se refiere a la gestión, ocupación y manipulación de los espacios y del tiempo de juego, tanto para atacar como para defender. Las ideas como el *pressing*, en 'organización defensiva', uso regular de bloque alto, líneas cercanas y mucha agresividad en la presión al portador del balón, utilización de la regla del impedimento de manera constante; cambios posicionales exacerbados, con estructuras muy dinámicas en 'organización ofensiva'; rápida reacción tras la pérdida de la posesión de la pelota, acortamiento de espacios en profundidad, con fuerte presión colectiva al portador de la pelota, cosas que en la época ningún equipo todavía había hecho con regularidad. Se trata de un sistema que influenció las tendencias generales del fútbol, es decir, un sistema 'jerárquicamente' superior.

Tenemos otro ejemplo en la importancia del A.C Milan de Arrigo Sacchi, que introdujo lo que hoy conocemos como 'zona *pressing*'.

El equipo del FC Barcelona, de Pep Guardiola (2008-2012), con su manera de jugar, logró no solo desmitificar, sino también influenció a otros equipos a jugar sin centrodelantero fijo, algo que hace décadas no se utilizaba con frecuencia y que, de acuerdo con el propio interlocutor, Lionel Messi (en una entrevista para el diario *Marca*, en 2012) fue fruto del estilo de juego de su equipo, es decir, de un sistema complejo que logró influenciar el sistema macro (fútbol):

"No es posible decir que la posición del falso nueve fue creada por mi causa, pero sí fue fruto de un estilo de juego determinado. Intento desempeñar lo mejor posible".

Conforme las palabras del propio Guardiola, en una conferencia celebrada en Argentina en 2013, consideró que sería productivo introducir a Messi en la posición de 9 (con gran libertad de movimientos), porque eso generaría nuevas interacciones, y por lo tanto nuevos problemas a los adversarios, problemas a los que estos no estaban acostumbrados, y por lo tanto tendrían muchas dificultades en lidiar con ellos, en gestionarlos y neutralizarlos. Además, este cambio posicional y funcional generaría condiciones para que las cualidades del jugador fueran maximizadas.

Así, dicha introducción, potenciando nuevas interacciones emergentes, significó una ganancia de complejidad al juego y al *jugar*, una 'complejificación' de la complejidad.

Para mí, un equipo de fútbol (sistema) podrá sufrir influencia y tener sus desempeños maximizados cuando evidencie organización. Creo que un equipo que manifiesta calidad al nivel de la organización representa algo mucho mayor que la simple suma de cada jugador que lo compone (muchas veces observamos equipos que tienen excelentes plantillas, con jugadores de gran 'nivel técnico' en que el todo es menor que la suma de las partes, ya que acaban por no evidenciar gran organización y, por consecuencia, sus desempeños terminan por ser de nivel inferior al potencial que de hecho poseen).

Se trata de algo nuevo, que emerge, como vimos, por la interacción de sus elementos constituyentes (los jugadores), que a su vez, son (o deberían ser) guiados por referenciales comunes (finalidad/intencionalidad, principios de juego), para de esa forma otorgar al equipo una identidad y organización.

Vale la pena recordar que el grado y la riqueza de la organización que un equipo manifiesta ocurren, entre otras cosas, por la idea y la operacionalización de la misma por parte del entrenador.

Al respecto, Sousa (2009, p. 20) brillantemente plantea que cualquier equipo "*para presentarse como un sistema, tiene necesariamente que presentar organización, de lo contrario estaremos en la presencia de un 'conjunto de jugadores'*, con el agravante de estar perdidos, sin un norte, un referencial común, que los guía y los auxilia a actuar y a interactuar durante un partido de fútbol.

Esta perspectiva no es transportada solamente a los elementos (jugadores) que componen un equipo de fútbol, sino es extensible a todos los niveles de ese equipo (sistema), es decir, a todos sus subsistemas.

Imaginemos un cuerpo técnico compuesto por un entrenador principal y dos asistentes. En este cuerpo técnico, el entrenador principal casi siempre toma las decisiones solo, sin preguntar la opinión de sus ayudantes; también planifica las sesiones de entrenamiento de manera separada de los asistentes, solo transmitiendo lo que se hará, sin dar espacio para que sus asistentes contribuyan más y de manera más efectiva, como, por ejemplo, sintonizando con las finalidades del proceso y de las propuestas de propensión ('ejercitación') entre otras cosas.

De este modo, la interacción provocada por los agentes (entrenadores) de este subsistema (cuerpo técnico) del sistema mayor (equipo), con el entrenador principal (que de entrada, es el líder de todo el proceso) claramente dejando a los asistentes prácticamente al margen del proceso -las capacidades de los mismos estarían inhibidas o significa-

tivamente disminuidas, o sea, no estarían siendo potencializadas en su plenitud-. Así, el todo será menor que la suma de sus partes.

Por su parte, en otro modelo hipotético, estos dos asistentes técnicos citados anteriormente, forman un cuerpo técnico, donde, esta vez, uno permanece de ayudante y el otro se vuelve entrenador principal. En este trabajo, los dos trabajan de manera conjunta, exponiendo y discutiendo sus opiniones, llegando la mayoría de las veces a un consenso, en lo que se refieren a los más variados asuntos de un equipo de fútbol y su entorno.

De este modo, el hecho de que estos agentes estén interactuando de manera intensa y coordinada, tendencial y teóricamente hace que expresen y potencien todas sus capacidades, haciendo así que el todo sea mayor que la simple suma de las partes. Incluso, con sólo dos agentes, puede ser mayor que el ejemplo dado anteriormente con tres, dado que la noción de sistema está íntimamente relacionada con las potencialidades emergentes de las interacciones entre sus elementos y el entorno. En este caso, se trata de la calidad en vez de la cantidad, algo que para Capra (2006) es 'característico del pensamiento sistémico en general'.

En lo que se refiere a las potencialidades emergentes de las interacciones entre sus elementos y el medio ambiente, Moreno (2010) comenta sobre las interacciones de Messi en dos contextos completamente diferentes (FC Barcelona y selección argentina).

Comenta este autor que en 2009, cuando Maradona asumió el mando de la selección argentina, éste informaba que uno de sus mayores planes era el de aprovechar toda la calidad de Messi y su capacidad para hacer la diferencia, del mismo modo que lo hacía en su club, el FC Barcelona. Maradona quería que ese jugador tuviera el mismo rendimiento que lo llevó a ser el mejor del mundo por su club, en la selección de su país. Incluso pensó mantenerlo en la misma posición y función que ocupaba en el equipo catalán.

Sin embargo, el patrón de organización evidenciado por la Argentina de Maradona, condicionado por su idea de juego, por la forma en que se la entrenaba, cómo la transmitía y por los jugadores que tenía a disposición (Mascherano, Gago, Agüero), en nada se parecía a los patrones organizativos del FC Barcelona, que emergían condicionados por una serie de cosas, como por la idea de juego del entrenador Pep Guardiola, por la forma en que la transmitía y la entrenaba, por los jugadores disponibles (Xavi, Iniesta, Piqué, Eto'o, Henry).

Si, por un lado, estamos ante un equipo (FC Barcelona) que a través de su modelo de juego[14] logra exponer y potenciar las capacidades de Messi, parece evidente que tal rendimiento será afectado (para bien o para mal) cuando éste mismo jugador se inserte en otro contexto, en otro medio ambiente, interactuando y articulándose con otros agentes, aunque sea uno de los mejores jugadores de todos los tiempos.

Para Moreno (2010), preocupa el hecho de que para muchos entrenadores y 'especialistas' de fútbol, el contexto donde un jugador alguna vez expresó ciertas capacidades no sea un criterio tan relevante para definir y comprender su rendimiento, y añade que las circunstancias originadas por la organización general colectiva de un *jugar*, creada por las características e interacciones de los diferentes compañeros de equipo, es, muchas veces, minimizada o incluso excluida de los procesos de análisis de desempeño.

Parece haber un consenso que si un jugador posee un determinado rendimiento en una determinada estructura, podrá reproducir el mismo desempeño en otra, aunque se modifiquen las circunstancias y los jugadores con los que este futbolista pasará a interactuar. Tal modo de concebir la realidad claramente se aleja del pensamiento sistémico y complejo, ya que *"el sistema solo puede ser comprendido si en él incluimos el medio ambiente, que le es al mismo tiempo íntimo y extraño y lo integra siendo al mismo tiempo exterior a él"* (Morin, 2007. p. 22).

Cervera (2010) habla sobre la trayectoria de Gerard Piqué y plantea una pregunta: ¿Por qué un central que casi nunca jugó en el Manchester United, de repente (tras concretar su transferencia al FC Barcelona) se convierte en uno de los mejores centrales de Europa?

Porque encontró un equipo en el cual le fue posible expresar todas sus virtudes, como la capacidad para salir jugando con calidad desde atrás, pasando el balón a sus compañeros casi siempre en óptimas condiciones, la posibilidad de conducir la pelota para atraer marcadores y liberar espacios para sus compañeros, creando superioridades y superando líneas, entre otras innumerables capacidades. Todo ello en un equipo con altos promedios de porcentajes de posesión de balón por partido.

En cuanto a Messi, Carles Rexach (2012), antiguo jugador y entrenador del Barça, confesó al portal electrónico *A Bola,* que Messi habría sido un gran jugador en cualquier lugar, pero tuvo la suerte de 'caer' en el Barça, que juega un fútbol en el que encaja perfectamente. *"En otro equipo, en vez de tocar 60 veces la pelota tocaba 15, haría una u otra jugada genial, pero no sería tan decisivo como es aquí".*

---

14 **Modelo de juego:** Concepto que será abordado con mayor profundidad posteriormente.

> Para muchos, es raro que algunos jugadores 'se dan' en un determinado club y no se 'dan' en otro. Aunque es un poco abusiva esta extrapolación, porque los motivos pueden ser variados, hay algunos que me parecen obvios.
>
> Imaginen un determinado defensor en un proceso defensivo bien consolidado por su entrenador: defensa alineada con los apoyos permanentemente y correctamente orientados; jugadores en comportamiento zonal-*pressing* que guardan distancias iguales entre sí; todos dependen de todos; que saben cuándo hacer acortamientos a los delanteros y sus coberturas; que saben retirar profundidad y subir las líneas cuando las señales en el juego así lo indican; en posesión hacen 'campo grande'. Un central que domine todos estos aspectos pregonados por el entrenador esconde algunos de sus potenciales defectos y hace valer sus virtudes, porque el equipo funciona como un todo y con interdependencia. En el fondo, podemos decir que mejora como jugador.
>
> Este mismo central va a otro club y se enfrenta con ideas diversas de otro entrenador: más preocupado por marcajes a los delanteros; con persecuciones individuales; sin grandes referencias colectivas. Este jugador puede incluso reforzar allí sus cualidades, pero, por cierto, expondrá claramente sus defectos. Parecerá otro jugador ante los ojos de la gente, ciertamente.
>
> (Carvalhal, 2014, p. 96-97).

De esta manera concuerdo con Marina (2004 citado por Moreno, 2010) cuando nos alerta de que *"no nos olvidemos que cada uno de nosotros somos lo que somos dentro de un conjunto de relaciones en el que estamos incluidos"*. En esta dirección, Gomes (2013) expone la necesidad de reconocer que el fútbol es un juego colectivo constituido por individualidades que se relacionan y hacen emerger una dinámica en un todo funcional, donde el entrenador modela seres humanos en interacción, sea entre ellos o sea con el ambiente que los rodea.

En ese sentido, creo firmemente que la modelación sistémica es la mejor y más ventajosa manera para encarar un fenómeno complejo como el juego y el entrenamiento de fútbol.

Por lo tanto, queda explícita la necesidad de respetar en todo momento la integración de cada parte con su contexto específico, siendo que esa articulación debe ser determinada por la finalidad o intencionalidad del todo (el *jugar* del equipo, la supradimensión táctica).

2.2 El juego de fútbol constituido por momentos de juego

Como he señalado hasta ahora, tradicionalmente el juego de fútbol se divide en dos fases bien definidas: defensa y ataque. Sin embargo, no estoy de acuerdo con esta perspectiva, ya que, con el balón en movimiento, el juego permite la identificación de al menos cuatro 'momentos' (organización ofensiva, transición ataque-defensa, organización defensiva y transición defensa-ataque)[15].

Como dije en el capítulo anterior, el concepto de 'fases' presenta una característica secuencial y una lógica lineal e ininterrumpida. Considerando que el juego, con el balón en movimiento,evidencia cuatro[16] momentos y que la categorización de éstos debe obedecer a una lógica no lineal, éstos dejan de ocurrir secuencialmente, el orden en que suceden no es lineal, por lo que hay un poco más de sentido en proyectar el juego, pensando en la forma de entrenar la idea de juego, a partir de momentos y no de fases. Repito: sobre todo a nivel didáctico.

Los cuatro momentos del juego de fútbol con el balón en movimiento.

15 Consideraré un momento como un conjunto de instantes, en el que se desea dar sentido y estandarizar los equipos cuando tienen la posesión del balón, cuando no la tienen y entre el perder y recuperar la posesión del balón. Esta división en cuatro momentos surge sobre todo en función de una necesidad didáctica para comprender mejor y estandarizar el juego. Como evidenciaré posteriormente, la riqueza del juego y de los *jugares* está en su fluidez, en su entereza inquebrantable.

16 Aunque sea posible y razonable considerar las acciones a balón parado en la organización defensiva y ofensiva, creo importante, debido a su especificidad, tratarlas como un quinto momento. Sin embargo, mi análisis en este capítulo se centrará únicamente en los aspectos con el balón en movimiento.

De este modo, los cuatro momentos del juego, con el balón en movimiento, se pueden caracterizar así:

• Organización ofensiva: instantes caracterizados por las interacciones que el equipo asume cuando tiene efectivamente la posesión del balón, haciendo la gestión de la misma para preparar situaciones para marcar gol.

• Transición ataque-defensa: instantes en los que se produce la pérdida de la pelota. Pueden ser caracterizados por las interacciones asumidas durante los instantes en que la pérdida de la posesión del balón ocurre; también durante los instantes que la precedieron, es decir, la contemplación posicional y mental por parte del equipo para una eventual pérdida, midiendo y anticipando, aunque se esté con la posesión del balón.

• Organización defensiva: instantes caracterizados por las interacciones asumidas por el equipo cuando efectivamente no tiene la posesión del balón, con el objetivo de organizarse para recuperar la pelota, impidiendo que el equipo adversario prepare situaciones para marcar gol.

• Transición defensa-ataque: instantes en que se produce la recuperación del balón. Pueden ser caracterizados por las interacciones asumidas durante los instantes en que la recuperación del balón ocurre; también durante los instantes que la precedieron, es decir, la contemplación posicional y mental por parte del equipo para una eventual recuperación, midiéndola y anticipándola, aunque se esté sin la posesión del balón.

Todos estos momentos están conectados unos a otros, formando parte de un todo, no consiguiendo ser vistos de manera aislada. A pesar de que son susceptibles de estandarización, los momentos del juego son interdependientes y están relacionados entre sí, no debiendo el ataque ser separado de la defensa, ni de las transiciones, pues además de constituirse un todo, se condicionan recíprocamente.

Por el hecho de que la defensa y el ataque están íntimamente relacionados, es un error plantear la organización defensiva y ofensiva sin una 'articulación de sentido' (Amieiro, 2007). En este sentido, es importante discutir la importancia de los momentos de transición y, en esa medida, del equilibrio del equipo en el juego, teniendo como base la dicha 'articulación de sentido' entre las diversas dimensiones del *jugar* deseado, así como el modo en que éste se expresa y cómo se articulan los diferentes instantes que dan cuerpo a los momentos de juego.

Como dije, las transiciones pueden ser consideradas como los instantes que anteceden y dan cuerpo para que efectivamente la pérdida y recuperación de la pelota (transición ataque-defensa y defensa-ataque, respectivamente) suceda, y que aunque sean instantes muy rápidos, se asumen como fundamentales para la sustentación de un equilibrio y fluidez en el *jugar* de un equipo.

Al parecer, la terminología 'momentos de juego' fue bautizada por el famoso entrenador holandés Rinus Michels, entrenador de la Naranja mecánica, que no contemplaba el juego en función de tener la pelota o no tenerla, sino del mismo estar organizado o no. Este entrenador, a partir de este análisis, empezó a notar que había momentos del juego en que el equipo estaba más organizado –sobre todo en los momentos en que tenía la pelota en su poder y cuando no la tenía, y que en otros momentos revelaba un mayor desequilibrio–, dominantemente en el paso del momento ofensivo hacia el defensivo, y viceversa.

Para facilitar el entendimiento de sus jugadores, una mejor operacionalización de estos momentos del juego en entrenamiento e intentar organizar estos momentos que identificaba como desorganizados, Michels creó el término 'transiciones' (ataque-defensa y defensa-ataque).

Cabe señalar que, aunque la nomenclatura 'transiciones' puede haber surgido a partir de estas observaciones de Michels, es fundamental comprender que las transiciones no deben ser vistas como algo anárquico y/o desorganizado, por el contrario, en mi opinión, los instantes de transición deberán revelar coherencia, intencional y concretización con lo que les antecede y sucede.

Aunque el reconocimiento de la existencia de los cuatro momentos con el balón en movimiento sea importante, reducir el análisis y el entendimiento del juego a la división de momentos sería también reductor y lineal, tal como ocurre con las fases. El profesor Frade actualmente sugiere otra designación para estos conceptos, en función de la necesidad de operacionalización. Según el profesor parece ser más ajustado el concepto o la noción de defender, recuperar, gestionar y definir, es decir, se debe defender con el propósito de recuperar la pelota. Una vez que la recuperamos, debemos saber cómo gestionar esta posesión de balón de manera a crear condiciones para definir, para marcar gol.

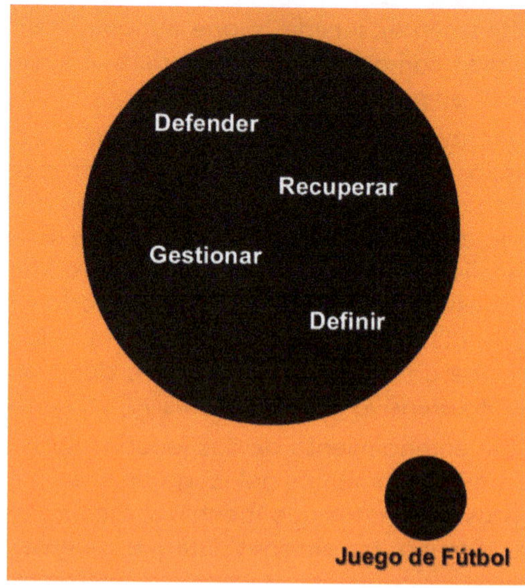

El juego de fútbol es fluido, interconectado e inquebrantable.

Tal como voy a evidenciar en el próximo punto, el juego, desde una perspectiva sistémica, está todo tan interconectado que incluso esta división es difícil de hacer, aunque a nivel didáctico posiblemente se haga necesario.

2.2.1 El "refutar" de la dualidad cartesiana (defensa y ataque): El juego como un *continuum*, una entereza inquebrantable

> Solo un entendimiento del juego como un 'todo' acepta un enfoque que no despoja al *jugar* su naturaleza, es decir, su "entereza inquebrantable".
>
> (Carvalhal, 2007).

> Tenga en cuenta que durante el proceso de ataque, estoy generando las futuras condiciones defensivas y viceversa.
>
> (Fernández, 2012).

> No puedo decir si lo más importante es defender bien o atacar bien, porque no consigo disociar esos dos momentos. Creo que el equipo es un todo y su funcionamiento se hace en un todo también.
>
> (Mourinho, citado por Amieiro, 2007).

> Ataque e defesa
> é uma coisa unida
> separá-los é tristeza
> leva a equipa a estar perdida
>
> (Frade, 2014a, p. 53).

Como ya he señalado, aunque se reconoce que los momentos del juego pueden ser claramente estandarizados y 'diferenciados' unos de otros, se debe entender el juego (y el *jugar*) como un flujo continuo, un *continuum*, y no como algo dividido en fases y, por lo tanto, fraccionado.

Moreno (2010) se apoya en el pensamiento sistémico al sugerir que los momentos del juego deben ser encarados como subsistemas que componen el sistema superior, en este caso, el partido de fútbol, y que por lo tanto están todos relacionados unos con otros, no siendo posible ser separados de esta totalidad, pues la fragmentación de las partes de un sistema no implica solamente la separación de ellas, sino también la anulación de sus propiedades emergentes (Tamarit, 2007).

En ese sentido, el profesor Frade es categórico al considerar el juego una entereza inquebrantable[17], algo que es reforzado por el entrenador portugués Carlos Carvalhal, cuando subraya que solo un entendimiento del juego por el todo acepta un abordaje que no retira al *jugar* su naturaleza, es decir, a su entereza inquebrantable.

Estas declaraciones nos recuerdan lo que Maciel (2011a), basándose en la obra de Capra (2005), designó como *punto de mutación*. Parece que ya algunos entrenadores empiezan a plantear el juego de una manera diferente a la lógica cartesiana.

---

17 **Entereza inquebrantable**: En la perspectiva sistémica, la terminología 'entereza inquebrantable' nos direcciona a la noción de 'entero', es decir, algo (en este caso el juego, un *jugar*, el equipo, los jugadores) que está conectado y relacionado, y por eso no debe ser partido y separado, pues como hemos visto, el todo está en la parte que está en el todo, donde la naturaleza de las relaciones y el contexto desempeñan un papel clave en el surgimiento del mismo. Al dividir el todo lo mutilamos, ya que el secreto se encuentra en las conexiones y en los patrones de organización del todo (Maciel, 2011a). Por lo tanto, la fragmentación de las partes de un sistema no implica solamente la separación de ellas, sino también la anulación de sus propiedades emergentes (Tamarit, 2007).

Veamos lo que uno de los entrenadores más vencedores en la historia del fútbol, José Mourinho, respondió cuando se le preguntó sobre la importancia de sostener defensivamente la forma tan ofensiva de jugar de su equipo, en aquel momento, el FC Porto:

> Claro. Pero ¡es tan importante defensiva como ofensivamente! ¡No logro disociar las cosas! No consigo hacer esa disociación. El partido se prepara de una forma equilibrada y el entrenamiento se realiza también en ese sentido. No puedo decir si lo más importante es defender bien o atacar bien, porque no puedo disociar esos dos momentos. Creo que el equipo es un todo y su funcionamiento se hace en un todo también. Pienso que cuando se tiene el balón, también hay que pensar defensivamente el juego, de la misma forma que, cuando se está sin la pelota y se está en una situación defensiva, también se tiene que estar pensando el juego de una forma ofensiva y preparando el momento en que se recupera la posesión del balón. Por lo tanto, creo que todo esto está demasiado interconectado para que yo pueda hacer esa separación.
>
> (Mourinho, citado por Amieiro, 2007, p. 131-132).

Rui Quinta, bicampeón portugués como entrenador adjunto del FC Porto, parece ser otro profesional que no encara los momentos del juego de forma cartesiana, dividida en fases y de manera aislada, conforme él mismo lo da a entender:

> Para mí es complicado estar hablando de la fase de defensa y de la fase de ataque por separado, porque creo que el partido nunca nos permite estar solo en una u otra fase. Es decir, los equipos que están en un proceso y, después de éste, van a otro proceso, son equipos que, en mi perspectiva, tendrán muchas dificultades en presentar una alta calidad de juego. Para mí, los equipos con más calidad son los que logran estar permanentemente visualizando los dos procesos, porque están interconectados. Yo defiendo para poder atacar y ataco para marcar goles, pero cuando pierdo la pelota debo estar preparado para inmediatamente intentar recuperarla. Es decir, existe una relación permanente, no son dos momentos aislados, son situaciones relacionadas. Y si recupero la pelota en una zona, ataco de una manera; si la recupero en otra, ataco de otra forma.
>
> (Quinta, citado por Amieiro, 2007, p. 132).

Lillo (citado por Cervera, 2010) concuerda con los entrenadores recién citados, cuando aclara que el partido es una unidad indivisible y que no hay momento defensivo sin el momento ofensivo, y viceversa, ya que ambos constituyen una 'unidad funcional'.

Esto refuerza lo que quiero decir con unidad inquebrantable del juego, en lo que se refiere a la articulación de los diferentes instantes. Además, tenemos la entereza del *jugar* que tiene que ver con el sentido que se da al modo como se vivencian los diferentes instantes del juego. Se trata de una articulación de sentido necesaria y subyacente a la idea de juego.

También existe la necesidad de atender a la entereza relativa a las escalas del equipo, es decir, la relación o articulación de sentido entre los diferentes jugadores y sectores para la lógica de funcionalidad y fluidez del equipo.

> El análisis que comúnmente se hace sobre la capacidad del Barcelona de conseguir robar el balón inmediatamente después de perderlo: la clásica visión cartesiana solo fijaría sus miradas en el momento, casi que en una fotografía, y tendería a enaltecer los grandes esfuerzos de recuperación, ignorando lo fundamental,el partido, el 'continuum'. El Barça casi siempre consigue robar la pelota después de perderla, cuando antes dio un gran número de (***buenos***) pases que posibilitaron que el equipo y jugadores fueran juntos para el campo contrario, dominando al adversario.
>
> (Caneda, citado por Fernández, 2012).

Es decir, la contemplación del partido y del *jugar* mediante una entereza inquebrantable es lo que posibilita su entendimiento entero.

Moreno (2010, p. 84) asegura que el ataque, la defensa y las transiciones evidencian una interdependencia tan grande, que es posible afirmar: "***Dígame cómo atacas y te diré cómo defiendes, o viceversa, dime cómo defiendes y mostrarás tus posibilidades para atacar***".Esta teoría es reforzada por Tadeia, cuando se le preguntó si la forma en que defendemos debe estar permanentemente relacionada con la forma en que atacamos:

> Aquello que me parece es que tiene que estar todo integrado. Véase el ejemplo del Porto del año pasado: no recuerdo ver a un equipo portugués jugando tan bien como el Porto de Mourinho y precisamente porque basaba su fútbol en un concepto integrado. La forma que el equipo defendía estaba directamente relacionada con la forma que el equipo atacaba,

> porque existía una serie de principios que eran inalienables y que partían unos de los otros. Por ejemplo, la defensa alta y el *pressing* alto me parece que están relacionados con la forma en que el Porto le gusta atacar. El hecho de que la línea defensiva esté subida en el terreno y que el equipo esté cerca, está relacionado con una mayor facilidad de circulación de balón.
>
> (Tadeia, citado por Amieiro, 2007, p. 132 – 133).

Por eso, existe la necesidad de articular los momentos del juego y conferirles un sentido, bajo la pena de que la organización del equipo sea puesta en jaque.

Intentaré aclarar estas ideas a través de un ejemplo: imaginemos un equipo que en organización ofensiva (por así decirlo) aspire tener niveles elevados de posesión de la pelota, buscando circularla por todo el terreno, para crear desequilibrios en el adversario, identificándolos y aprovechándolos para marcar goles.

Para el entrenador de este equipo, un buen juego posicional es condición *sine qua non* para que se tenga la pelota con regularidad, y para que eso sea posible los jugadores deben estar muy bien posicionados ya en organización defensiva (una alternativa puede ser la marcación zonal, que en la opinión de Amieiro es la forma de defender que más se ajusta a algunos propósitos, entre ellos a la intención de atacar al adversario dominantemente a través de la posesión y del buen juego posicional), para que cuando haya que retomar la posesión del balón,los futbolistas ya estén cerca de los lugares en los que deben estar para circular el balón lo más rápido posible, o incluso realizar un contraataque con eficacia.

Sin embargo, si el entrenador de dicho equipo plantea su organización defensiva en marcajes individuales, cuando este equipo recupere la posesión de la pelota, probablemente no estará preparado para atacar del modo pretendido, pues si el 'atacar' con calidad (teniendo como base esta idea de juego hipotética) depende, entre otras cosas, de un buen juego posicional, éste será colocado en jaque, pues como las referencias de marcación, en este caso, son individuales, los jugadores muy posiblemente serán arrastrados lejos de su posición original, pues persiguieron a sus adversarios a lugares de interés de los mismos, y esto podrá comprometer severamente el éxito durante los instantes que suceden la recuperación de la pelota, así como la organización ofensiva, dado que varios jugadores estarían 'fuera de posición' para atacar en el momento de la recuperación de la pelota.

Es decir, aquí hay un conflicto de ideas. Quiero con esto evidenciar que la forma como se defiende debe ser pensada en función del modo

en que se desea atacar. "*Se debe organizar defensivamente al equipo con el propósito de atacar mejor*", dice Amieiro (2007, p. 128).

> Só a defender o recuperar
> dá sentido ao gerir
> p'ra definir o finalizar
> sem o critério deixar fugir.
>
> (Frade, 2014a, p. 52).

De ahí que la articulación de sentido sea un presupuesto fundamental para el éxito de un equipo, ya que si se pierde de vista el 'todo' (leer el *jugar*) que se pretende, desarticulando una 'parte' de las demás, ciertamente eso se va a reflejar en el *jugar* del equipo. Por lo tanto, el entrenador al modelar su *jugar* deberá tener en cuenta justamente eso, la interconexión y la congruencia de todo para el 'todo'.

En ese sentido creo que un entrenador, al entrenar la organización ofensiva de su equipo, no significa que la vivencia de los propósitos defensivos no se verifique, o viceversa. Entrenar implica dominantemente respetar uno de los aspectos que caracteriza el juego y el *jugar*-su entereza inquebrantable, el atacar y el defender- como un flujo constante.

Carvalhal es otro entrenador que piensa las cosas de esta manera y subraya la importancia de los 'equilibrios' en el fútbol actual:

> En el fondo, el juego está hecho de equilibrios. Nadie puede atacar bien si no tiene el equipo equilibrado para defender (si no contempla un equilibrio defensivo en el ataque) y nadie puede atacar bien si, defendiendo, el equipo no está preparado para atacar (si no contempla un equilibrio ofensivo en la defensa). Los equilibrios son importantísimos. Estar con el equipo permanentemente equilibrado es medio camino andado para poder ganar.
>
> (Carvalhal, citado por Amieiro, 2007, p. 136).

"*A pesar de que 'atacar' y 'tener cuidado' parezcan ideas contrarias, tiene todo el sentido estructurarse juntas. Debemos tener ciertos cuidados cuando atacamos*", refiere Valdano (1997, citado por Amieiro, 2007).

Cuando un equipo tiene la posesión de la pelota, ella siempre estará básicamente ante dos posibilidades: esta posesión resultará en gol o resultará en pérdida de la posesión de la pelota (no se sabe cuándo, cómo y dónde la pérdida podrá ocurrir).

Por lo tanto, perder la posesión de la pelota con el adversario es una posibilidad real y que, en mi opinión, debe ser considerada y sentida por anticipación. Es decir, todo el equipo que tiene la posesión de la pelota deberá estar preparado para el momento de perderla, para reaccionar de manera eficaz, teniendo capacidad para robarla de inmediato, o en el peor de los casos lograr organizarse defensivamente evitando situaciones de gol del adversario.

Por estos motivos resulta difícil separar y entrenar estos momentos-por separado, sin conectar con los demás, y en consecuencia con el todo. La posibilidad de perder el balón debe ser considerada incluso antes de que efectivamente ocurra. ¿Cómo? Por la contemplación mental, es decir, por el entendimiento del juego y del *jugar* (especialmente), por la capacidad de anticipación y por la somatización de esta posibilidad.

Hipotéticamente hablando, imaginemos un equipo que cuando tiene la pelota, a menudo logra someter al rival, gestionando la posesión de balón con eficiencia y eficacia, controlando el partido. Tal equipo circula la pelota por todo el terreno, con velocidad e intención de desorganizar al adversario y crear espacio para explotar, quedándose mucho tiempo con ella, consiguiendo muchas veces crear condiciones de finalizar. El entrenador del equipo quiere tener la pelota constantemente para dominar al adversario y cuando tiene la posesión de la pelota, idealiza una subestructura fija y una subestructura móvil, con mayor libertad de movimiento (no entendemos libertad como 'anarquía'), posicionando muchos de sus jugadores 'por dentro' y algunos jugadores 'por fuera', garantizando la equilibrada ocupación del terreno de juego, constantes superioridades alrededor del balón, múltiples líneas de pase y, por consecuencia, condiciones para mantener la pelota en sus dominios.

Esto hace que –más allá de poder tener jugadores disponibles para recibir la pelota y dar continuidad al mantenimiento de la posesión– en el momento en que pierden la pelota, logran tener muchos jugadores cercanos a la zona de la pérdida, facilitando una rápida presión, lo que posibilita en caso de éxito, una recuperación casi inmediata de la pelota. Es decir, incluso con la posesión de la pelota el equipo ya está contemplando y preparándose para reaccionar de manera eficaz a una eventual pérdida.

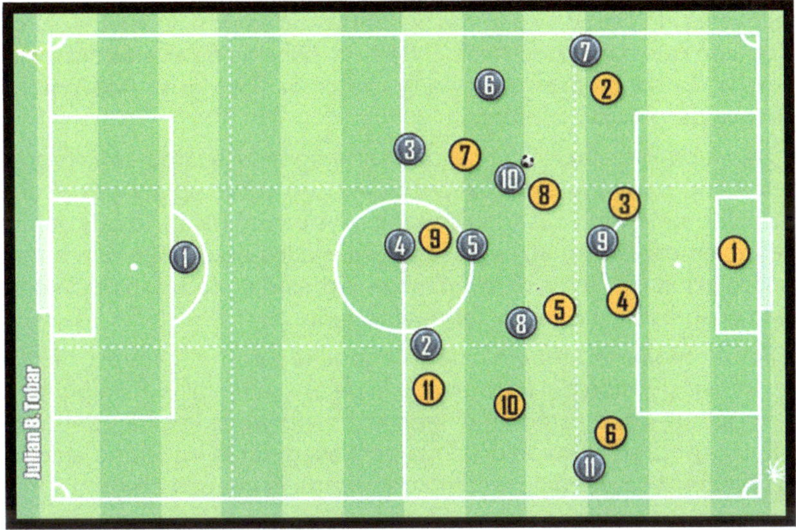

En la imagen anterior, podemos ver claramente este ejemplo, suponiendo que el 10 azul intenta un pase al 7 y es interceptado por el 2 naranja. En esta circunstancia, el 6, 7, 10 y 9 estarán más cerca del lugar de la pérdida y, por lo tanto, reúnen las condiciones más favorables para crear/activar una zona de presión alrededor del oponente que tiene la pelota, restringiéndole y quitándole tiempo y espacio para pensar y ejecutar.

No solo los jugadores más cercanos a la zona de la pérdida contribuyen efectivamente a recuperar la posesión de la pelota rápidamente, sino también los jugadores más alejados, pues aunque no puedan presionar inmediatamente al adversario que tiene la pelota, al cerrar los espacios interiores y bloquear eventuales líneas de pase, hacen que el adversario tenga dificultades en encontrar y crear soluciones para quedarse con la pelota.

Por lo tanto, entre otras cosas, es la ocupación racional del espacio promovida por el equipo azul, con muchos jugadores por dentro y algunos por fuera, que permite que cuando pierdan la posesión del balón puedan recuperarla muy rápidamente, por el hecho de que los jugadores estén muy cerca para presionar.

De esta manera, aunque se esté con la posesión de la pelota, ya se está considerando y gestionando una eventual pérdida de la posesión del balón. En este modelo hipotético ilustrado en la imagen, notamos la presencia de una subestructura fija detrás de la línea de la bola (3, 4, 5 con la incorporación o no del 2 azul).

Sabemos que aliado al juego posicional, el hecho de tener constantemente la pelota hace que el adversario no la tenga, generando

desgaste significativo y algunas veces desorden posicional. De ahí que el equipo que a menudo tiene el esférico consiga estar más disponible y capaz de concretizar, anticipar y reaccionar con éxito la eventual o efectiva pérdida de la pelota.

Nadie puede atacar con calidad si no tiene el equipo equilibrado y preparado para una eventual pérdida, si no contempla y gestiona un equilibrio defensivo cuando tiene la posesión del balón, lo que naturalmente, en este caso, no se aplica apenas a los equilibrios referentes a la circulación del balón en el último tercio, sino en todos los momentos de la progresión del balón sobre el terreno.

Por ejemplo, el arquero que sale jugando con el central: mientras ocurre la definición del lado en que la pelota se desplazará, algunos de los jugadores que están en el lado contrario y/o que están detrás del esférico, podrán cerrarse un poco para asegurar el equilibrio ante una posible pérdida del balón, como demuestra la imagen abajo.

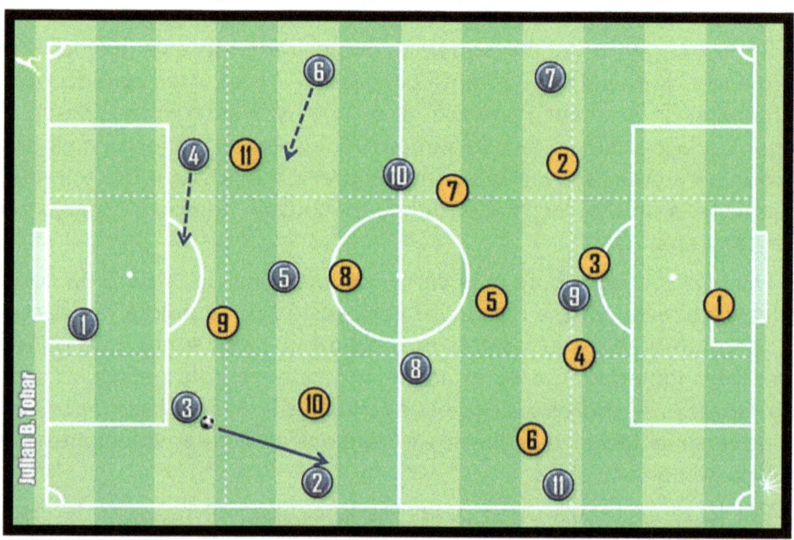

También cuando no tenemos la posesión de la pelota debemos estar constantemente visualizando la recuperación de la posesión de la misma y lo que sucederá tras recuperarla, pensando y preparando el juego de una forma ofensiva, aunque estando sin la pelota. En el fondo, estos ejemplos sirven para ilustrar lo que en el fútbol, creo, es fundamental: la noción de equilibrios dinámicos.

Para finalizar, se constituye como imperativo resaltar que aunque se tenga que plantear el juego como una entereza inquebrantable, al nivel del entrenamiento es imprescindible 'reducir' ese todo, pues de lo contrario no tendría mucho sentido entrenar y sí solamente jugar, dado que entrenaría 'todo' y al mismo tiempo nada.

> Si es cierto que el «jugar» es una «entereza inquebrantable», también lo es que es «fabricado» (*creado y recreado*[18]), es «construido» (*y reconstruido, sobre todo en el plano micro*). Entrenar es «fabricar» (*crear*) el «jugar» que se pretende. Así, en el entrenamiento, la dominancia de las preocupaciones debe incidir en sus diferentes «partes» (m*acro principios, meso principios y micro principios* de los cuatro momentos del «jugar»), en la medida en que el operacionalizar tiene criterios.
>
> (Amieiro, 2007, p. 134).

Considerando que la organización del juego de un equipo es un problema de dinámicas, es necesariamente compleja (Frade, 2000 citado por Maciel, 2011a), y siendo también el fútbol -y todo lo que de él viene- algo complejo, toda la problemática tendrá que necesariamente ser encarada bajo esta perspectiva.

Por lo tanto, existe la necesidad de que el entrenamiento atienda una lógica de reducción sin empobrecimiento, en el sentido de articular esas varias dinámicas, incidiendo en las diferentes sesiones de entrenamiento en las 'partes' (macro principios, meso principios, micro principios de los cuatro momentos del *jugar*) sin que con eso perdamos de vista el todo. Por eso la articulación de sentido es fundamental en el proceso de entrenamiento, no solo en lo que se refiere a la interacción dinámica y no lineal entre los varios momentos de juego, sino también frente a los macro, meso y micro principios de la idea de juego que se está construyendo, tema que abordaré con mayor profundidad posteriormente.

2.3 La lógica interna del partido de fútbol

2.3.1 El juego como un fenómeno imprevisible, abierto, caótico (determinista) con organización fractal

> Valores são princípios
> p'ro jogar ter identidade,
> safando-nos assim dos precipícios
> vindos do excesso de aleatoriedade.
>
> (Frade, 2014a, p. 131).

18 Reconstruido al nivel de los contornos y no al nivel de la matriz.

El fútbol es jugado por más de 265 millones de personas alrededor del mundo y para muchos la imposibilidad de predecir quién será el ganador de un partido es la mayor gracia de este deporte. En esta dirección, varias investigaciones y estudios recientes dan cuenta de que entre todos los deportes colectivos, el fútbol es el que más imprevisibilidad presenta para predecir el ganador de un juego (Anderson & Sally, 2013).

Al igual que otras modalidades deportivas, el fútbol se enmarca en la categoría de juegos deportivos colectivos (JDC). Una de las características fundamentales de los JDC es la permanente relación de oposición entre los elementos de los dos equipos que se confrontan y la relación de cooperación entre los jugadores del mismo equipo, desarrolladas en un contexto imprevisible, sobre todo en el plano micro (que intentaremos sobreponerlo a través de las referencias globales del equipo, es decir, a través de la presencia regular de nuestra idea de juego). Esto permite calificar a los JDC como deportes de oposición y cooperación.

En este sentido, las relaciones de cooperación (característica de los jugadores del mismo equipo) son fundamentales en la secuencia de las acciones del juego y asumen una importancia determinante en la formación y en la interiorización de una forma de jugar, ayudando a los jugadores y al equipo a crear problemas para el adversario y a resolver los problemas creados por el rival durante el juego.

Las relaciones de oposición entre los jugadores de diferentes equipos, a su vez, son capaces de aumentar el grado de complejidad del juego, en la medida en que son decisivas en la colocación de problemas y resoluciones, o sea, en términos cualitativos. Cuanto mayores sean los problemas que un equipo pone a la otro, más elaborados tienen que ser las soluciones para superarlos (Guilherme Oliveira, 2004).

Por lo tanto, la matriz de los JDC está fundamentada en un conjunto de referencias que contempla la manera de jugar de los equipos; el tipo y la relación de fuerzas (conflictividad) entre los equipos que se enfrentan; la variabilidad, la imprevisibilidad y la aleatoriedad de los contextos en que las acciones del juego se tejen, y las características de las competencias perceptivas, decisivas y motoras para actuar e interactuar en esos contextos específicos (Garganta, 2006)[19].

Como vemos, esta forma de pensar concibe el juego como algo complejo. Sin embargo, la gran particularidad de la Periodización

19 **Fútbol y el entrenamiento vistos bajo la luz de la complejidad:** Es importante enfatizar que aunque algunos autores que utilicé para evidenciar algunas características inherentes al juego de fútbol piensan de manera diversa de lo convencional, queriendo trascender la perspectiva cartesiana, no significa que estén plenamente -o a veces hasta mínimamente- sintonizados e identificados con la Periodización Táctica del profesor Vítor Frade.

Táctica, como seguiré evidenciando, pasa por reconocer que siendo el juego algo imprevisible. Sobre todo en el plano micro, logra, o tiene la pretensión de conseguir sobreponer/determinar el juego (aleatorio), a través de una forma de jugar (cultura táctica, Especificidad) sin retirar el juego al juego.

Como pone el profesor Vítor Frade (2006, citado por Maciel, 2011a): *"El juego de calidad tiene demasiado juego para ser ciencia, pero es demasiado científico para ser sólo juego"*.

Otra característica inherente al fútbol es el factor *tiempo-time-dependent*. Los deportes dependientes del factor tiempo, según Garganta (1998), son interactivos y tienden a integrar cadenas de acontecimientos discontinuas, implícitamente relacionados, no sólo con los acontecimientos antecedentes, sino también con las probabilidades de ocurrencia de acontecimientos subsecuentes, considerada su aleatoriedad.

El mismo autor, esta vez en 1997, afirma que en la apariencia simple de un partido de fútbol se esconde un fenómeno que se basa en una lógica compleja, derivada no sólo del número de variables en juego, sino también de la imprevisibilidad y aleatoriedad de las situaciones que atraviesan los jugadores y los equipos.

Algunos investigadores también han sostenido que la naturaleza y la diversidad de los factores que concurren al desempeño en el fútbol revelan una estructura de gran complejidad debido:

> 1) A la extensión de las relaciones que envuelven a los jugadores (Worthington, 1974); 2) El hecho de que las acciones de juego no correspondan a una secuencia previsible de codificaciones (Garganta, 1994), revelando un alto grado de indeterminismo (Dufour, 1993); 3) A la presencia de sistemas sujetos a rápidas alteraciones (Schubert, 1990), con componentes numerosos y variados.
>
> (Garganta & Gréhaigne, 1999, p. 42).

Una vez más, para estos autores, como demuestran los últimos párrafos, el fútbol es caracterizado como un fenómeno complejo y jugado algo que corresponde a la realidad, pero no es lo suficiente.

En ese sentido, la Periodización Táctica sobrepasa esa visión y va más allá, pues a través de la creación de un *jugar* -lograda por la modelación- pretende crear un orden que dé sentido al caos inherente a la modalidad fútbol. Quiero con eso decir que la imprevisibilidad es una característica esencial del juego de fútbol, pero no puede ser la característica que identifica un *jugar.*

Cuando hablamos del fútbol, hablamos de un fenómeno complejo, no lineal y varias veces imprevisible, en el que el azar[20] y el caos[21] se introducen. Se trata de un sistema dinámico complejo de causalidad[22] no lineal, siendo que el azar y las reglas son elementos del juego, donde

---

20 **Azar:** *"Comportamiento errático y fruto de la suerte. Secuencia de acontecimientos en los que ninguno de ellos ocupa la misma posición que ya había ocupado anteriormente. Algunos describen el comportamiento caótico como inherentemente al azar, ya que es imprevisible en términos específicos. Otros todavía lo describen como aparentemente al azar, porque es generado por leyes fijas y tiene la propiedad de la auto-semejanza"* (Stacey, 1995, p. 545).

21 **Caos:** El término caos se utiliza en varios sentidos. Según Stacey (1995): En un sentido específico *"como un modelo inherentemente al azar de comportamiento generado por 'imputs' fijos en leyes (relaciones) deterministas (es decir, invariables). Las leyes toman la forma de entramados no lineales de feedback. A pesar del camino específico seguido por el comportamiento, éste siempre tiene un modelo de base, un modelo"escondido", un modelo global o ritmo. Este modelo es la auto-semejanza, es decir, un grado de variación constante, una variabilidad consistente, una irregularidad regular o, de forma más precisa, una dimensión fractal constante. Así, el caos es el orden (modelo) dentro del desorden (comportamiento al azar)"*. En un sentido general *"para describir el cuerpo de la teoría del caos, la secuencia completa de comportamientos generados por reglas de feedback, las propiedades de esas reglas y ese comportamiento"*. A veces, también se utiliza para describir el estado lejos-del-equilibrio inestable, abierto y sensible, en el cual precede una elección abrupta y espontánea.
Es importante señalar que para Stacey (1995) los sistemas caóticos son sistemas complejos que se caracterizan por un conjunto de agentes en interacción, que cooperan, con objetivos y comportamientos comunes coordinados, haciendo emerger un cierto orden y estabilidad en un contexto caótico, de desorden e inestabilidad permanente. Estos sistemas presentan patrones de acción que en el tiempo se repiten, denominados invariantes o de regularidades. Esta propiedad manifiesta un modelo o patrón "oculto" que Stacey (1995) denomina auto-semejanza, es decir, un grado de variación constante, una variabilidad consistente, una irregularidad regular.

22 **Causalidad:** De acuerdo con Tamarit (2013b, p.116), la causalidad puede describirse como "*la relación entre un evento designado generalmente de causa y un segundo evento designado de efecto, siendo que en una concepción lineal el segundo evento es una consecuencia del primero. Podemos distinguir dos tipos de causalidad: la lineal y la no-lineal". Gleick (2005, p. 49-50) aclara que "las relaciones lineales pueden ser representadas por una línea recta en un gráfico. Las ecuaciones lineales son solucionables, lo que las hace propias para los libros de texto. Los sistemas lineales poseen una virtud modular importante: se pueden separar y volver a reunir -las piezas encajan"*. Por el contrario, tal como advierte: *"los sistemas no-lineales no son solucionables ni obedecen a principios de superposición de soluciones... No-linealidad significa que la forma como se juega cambia las reglas del juego... Esta mutabilidad recíproca hace la no-linealidad difícil de calcular, pero también produce una variedad de comportamientos posibles que no existen en los sistemas lineales".*
Se puede decir que la causalidad o determinación de un fenómeno es la manera específica en la cual los eventos se relacionan y surgen, por lo que aprehender o intentar descifrar los contornos generales de la causalidad de un fenómeno pasa por percibir las relaciones que se establecen y la amplificación que de esas relaciones pueden resultar. Esto es lo que permite aprehender la inteligibilidad global de un sistema, aunque en el caso de la causalidad no-lineal, como sucede en el caso del fútbol, tal inteligibilidad deba huir del 'vértigo' por la catalogación, ya que en términos de detalle es indescifrable. Por eso es que el profesor Vítor Frade afirma que "para el detalle no existe ecuación".

un acontecimiento causal puede cambiar el curso del mismo, lanzándolo a un nuevo rumbo.

Resalto que aunque la aleatoriedad esté presente en el desarrollo del juego, no está condenado a transcurrir de manera aleatoria, ya que a través de la creación de un *jugar*, una organización colectiva, se hace posible determinar/sobreponer, en términos globales, el caos inherente al juego.

Según algunos autores, entre otras cosas, la complejidad del juego es el propio juego, o sea, además de la ya referida interacción entre los equipos y entre los jugadores del mismo equipo, esta complejidad resulta del fútbol ser el juego de las previsibilidades e imprevisibilidades, que constantemente se confrontan.

La aleatoriedad y la aciclicidad de los acontecimientos, la capacidad de creación de los equipos y de los diferentes jugadores, la calidad del juego y de los jugadores, y consecuentemente, los problemas generados, proporcionan un medio complejo y caótico que para ser perceptible tiene que ser generado y analizado en ese entorno, ya que el partido de fútbol es un acontecimiento caótico y particularmente sensible a las condiciones iniciales, siendo así uno de los ejemplos más elocuentes del caos determinista en la medida en que se juega en la frontera del caos (Cunha & Silva, 1999; Gaiteiro, 2006; Guilherme Oliveira, 2004, Pivetti, 2012).

En resumen, el juego de fútbol revela algunas propiedades, como la aleatoriedad, que se hace presente porque el desarrollo de las situaciones no presenta una lógica secuencial, es decir, se presenta de forma no-lineal. La imprevisibilidad se revela porque los acontecimientos son de difícil predicción en términos de detalle (especialmente en la esfera micro), inventando y reinventándose a cada instante, siendo que los problemas derivados del juego pueden ser resueltos de diferentes maneras, dependen -entre otras cosas- de la intuición, del instinto del jugador, de los conocimientos específicos que se tienen, de la interpretación que el jugador hace sobre la situación que está transcurriendo, de su auto-conciencia relativa a sus capacidades para resolver ese problema, es decir, de sus competencias y de los modelos de referencia colectiva e individual que construyó (Guilherme Oliveira, 2004; Pivetti, 2012), y también la ejecución de la acción que el jugador decidió realizar en el "aquí y ahora".

La sensibilidad a las condiciones iniciales[23], luego de los acontecimientos, pero apriorísticas, se relaciona justamente con eso, o sea, con

---

23 **Sensibilidad a las condiciones iniciales:** "*Propiedad amplificadora de los mecanismos de feedback no-lineales, lo que significa que las minúsculas alteraciones pueden sufrir una escalada hasta el cambio de comportamiento a largo plazo*" (Stacey, 1995, p. 548).

los eventos que emergen durante el juego y con las acciones realizadas por los jugadores. Cualquier acción realizada traerá implicaciones a las acciones que siguen, siendo que ésta proviene de una implicación de una acción que ocurrió anteriormente, es decir, una acción en el "aquí y ahora" condicionará la secuencia, el desarrollo, la lógica y el resultado del proceso. En suma, el juego revela una gran dependencia de lo que sucede en cada instante –ambigüedad circunstancial (Oliveira *et al.*, 2006; Pivetti, 2012)–, por eso es que una de las pretensiones de la Periodización Tácticaes dar sentido al modo como los jugadores y el equipo vivencian y experimentan el 'aquí y ahora', con el fin de determinar y estandarizar lo que sucede. Además, el fútbol puede ser considerado abierto, y como tal, sensible a lo que ocurre en cada instante.

Por último, el juego de fútbol revela un conjunto de regularidades, es decir, características funcionales y estructurales invariantes que permiten reconocer el juego de fútbol como fútbol y no otro deporte cualquiera, pudiendo por eso revelar un carácter fractal[24].

Además, también los equipos, aunque juegan en un medio imprevisible por naturaleza (en un plano micro), revelan patrones de funcionamiento y un conjunto de regularidades que nos permiten identificarlos como equipos de manera regular. "*Lo que nos lleva a poder decir que ni con el Barcelona* (de Guardiola) *hay dos juegos iguales, eso no tiene nada que ver con el macro*" (Frade, 2013a).

Será a través de la presencia y manifestación regular de nuestra idea de juego (previsible en el plano macro) que estaremos en condiciones de ayudar al equipo ya los jugadores a lidiar con las circunstancias ya menudo sobreponerlas.

Por lo tanto, una de nuestras mayores preocupaciones es que a través del proceso de entrenamiento (enseñanza-aprendizaje) y sin retirar del juego el juego, el entrenador y el equipo consigan lidiar e interactuar con la imprevisibilidad del fútbol, reduciéndola (en el nivel macro), a través de la creación de previsibilidades que sean reconocidas, adquiridas a partir de la vivencia jerarquizada de una idea de juego y manifestadas por el *jugar* del equipo.

Mourinho (2012) comparte esta opinión. En una entrevista otorgada al diario portugués *A Bola*,cuando aún entrenaba al Real Madrid, declaró:

24 **Fractal:**"*Propiedad de fracturar y representar un modelo caótico en submodelos, existentes en varias escalas, que sean representativos de ese modelo*" (Mandelbrot, 1991, citado por Amieiro, Frade & Guilherme Oliveira, 2008), es decir, es una parte invariante o regular de un sistema caótico que, por su estructura y funcionalidad, logra representar el todo, independientemente de la escala considerada (Oliveira et al., 2006, p. 217).

> Vamos a luchar y a dar el máximo en cada juego, con todas las fuerzas que tengamos. Pero desafortunadamente nadie puede controlar ciertos factores: el fútbol será siempre un juego. Y siendo un juego existe siempre incertidumbre, es imprevisible. Mi trabajo es reducir esta imprevisibilidad al mínimo. Quiero que el Real vuelva a ganar muchas más veces. Queremos volver a conquistar títulos y regresar a la Cibeles[25], que es el mejor final de temporada que se puede tener.

Rinus Michels (2001) es otro que señala que solo la organización de juego de los equipos podrá reducir la imprevisibilidad inherente al partido de fútbol evidenciada en el plano micro, posibilitando sobreponer las circunstancias. Tal organización, para este entrenador, se basa en 'líneas maestras', es decir, en un conjunto de principios de juego que dan organización y cohesión, guiando y ayudando a los jugadores a actuar e interactuar durante el juego de ciertas maneras y no de otras.

Según Michels, se puede comparar la idea de juego con las reglas de tránsito, donde los conductores y peatones actúan e interactúan de manera organizada (la mayoría de las veces), condicionados por "líneas maestras", como reglas de tránsito, evitando que este sea completamente caótico, es decir, se busca que el caos sea determinístico.

Un ejemplo muy evidente de ello lo proporciona la entrenadora adjunta de la selección femenina de Portugal, Marisa Gomes:

> No sé si el lateral derecho al recibir la pelota va a jugar con el extremo o va a jugar con el central, porque eso es lo que es la variabilidad, es el aquí y ahora, la decisión del jugador. Pero está condicionada a lo que deseamos, por lo tanto, queremos tener la posesión de la pelota y el pivote está marcado, por lo que no va a arriesgarse con un pase para él y va a jugar para el central. ¿Y está condicionado a qué? A querer jugar con seguridad para que mantengamos la posesión del balón. No sé lo que va a suceder en el aquí y ahora, pero sé que mi equipo va a tener determinadas interacciones por lo que construyo en el proceso de entrenamiento.
>
> (Gomes, 2007 citado por Campos, 2008, p. 36).

A partir de la modelación, la vivencia y el entrenamiento de los principios que estructuran su idea de juego (dimensión macro), Marisa induce a las jugadoras implícitamente a interactuar de acuerdo con sus

---

25 **Cibeles:** La Plaza de Cibeles, situada en el centro de Madrid, es el tradicional punto de encuentro de los hinchas del Real Madrid en las conmemoraciones de los títulos del club merengue.

códigos, es decir, a un nivel macro se busca reducir esa imprevisibilidad (existente a nivel micro) inherente al juego, determinando las acciones e interacciones de los jugadores para un determinado sentido. En este caso, el de gestionar la posesión de balón para pasarla preferiblemente a quien tiene mejores condiciones de recibirla. Hace que el caos sea determinístico.

Sin embargo, en el nivel de la concretización, es decir, en el 'aquí y ahora', siempre imprevisible, son los jugadores los que toman las decisiones. Ellos son libres para actuar e intervenir pero sin actuar libremente, ya que están sujetos a esa idea colectiva. De esta manera no hay mecanización. El entrenador no puede caer en el error de querer controlar lo incontrolable. Como dice el profesor Vítor Frade: "Para el detalle no hay ecuación".

Tamarit (2013b) resalta que la creatividad-algo fundamental no sólo en el juego de fútbol, sino en la especie humana- deberá ser potenciada en cualquier *jugar*. Sin embargo, la imprevisibilidad promovida por la creatividad deberá siempre ser determinada por la previsibilidad del *jugar*.

En el fondo se debe promover y fomentar el desorden creado dentro del orden. Se trata de maximizar la redundancia concomitantemente con la variabilidad (Frade, 2013a), lo que podrá permitir, de cierta forma, que el caos sea determinístico.

Por eso, cuando nos referimos al fútbol de calidad debemos hablar de sistemas caóticos determinísticos, pues presentan patrones de acciones e interacciones que se repiten en el tiempo, denominados invariantes o regularidades. A estos patrones 'ocultos', Stacey (1995, p. 546) los denomina de autosimilitud, es decir, "*un grado de variación constante, una variabilidad consistente, una irregularidad regular, o de forma más precisa, una dimensión fractal constante*".

En otras palabras, la aleatoriedad y la variabilidad de estos sistemas presentan un modelo de acción consistente (Oliveira *et al.*, 2006).

Objeto fractal. Tomado de Zambiasi, 2012.

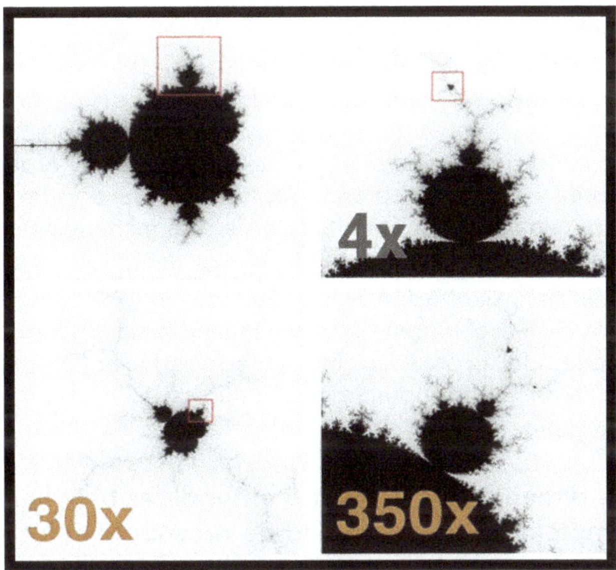

Evidencia de la autosimilitud evidenciada por los fractales. Independientemente de la escala donde se observa, el todo puede ser representado. Adaptado de Wikipedia.

Los sistemas caóticos (equipo de fútbol) se caracterizan por un conjunto de agentes en interacción (jugadores, entrenadores), que cooperan, con objetivos y comportamientos (interacciones intencionalizadas)

comunes coordinados, haciendo emerger un cierto orden (organización funcional, patrones de interacción individual y colectivos) y estabilidad en un contexto caótico, de desorden e inestabilidad permanente (Stacey, 1995 citado por Amieiro, Frade & Guilherme Oliveira, 2008).

En otras palabras, se puede decir que los equipos de fútbol pueden ser sistemas organizados en interacción, en los que las condiciones de funcionamiento de dichos sistemas pueden hacer que intenten generar desorden preservando un cierto orden que permite tomar decisiones congruentes a los referenciales colectivos en un contexto no completamente previsible a priori, determinándolo en la mayoría de las veces.

En virtud de los motivos aquí expuestos,entiendo que el juego de fútbol puede ser considerado como un enfrentamiento entre dos sistemas caóticos determinísticos con organización fractal.

En síntesis, tal como ya he expuesto, a pesar de que toda acción del juego contiene incertidumbres, el partido de fútbol no está condenado a transcurrir de forma aleatoria. El azar no debe orientar la actividad de los jugadores, pero para que esto suceda se hace necesaria la vivencia y la somatización de una idea de juego de manera estructurada y coherente.

En ese sentido, el entrenamiento es extremadamente importante y debe tener la representación de la realidad, proporcionando a través de los ejercicios un conjunto de estímulos que permitan actuar e interactuar en condiciones aleatorias y adversas, guiando y organizando a los jugadores y al equipo para un determinado sentido (el de la idea de juego del entrenador), permitiendo de esta manera determinar los momentos del partido, en función de la idea colectiva deseada.

De hecho, la organización es un elemento indispensable para que los equipos de fútbol logren dar cumplimiento a un *jugar* de calidad, y para Frade (2013a), la organización de juego de los equipos emerge en la concretización como supradimensión táctica.

2.3.2 Las dimensiones del juego entendidas bajo la luz de la complejidad. La necesidad de reconocer el fútbol como un juego regido por la (supradimensión) táctica

> Dimensão tática
> É cultural é postura...
> Habituação adquirida na prática,
> É a identidade que se procura.
>
> (Frade, 2014a, p. 150).

La táctica es lo que nos identifica.

(Frade, 2013a, p. 415).

Hace mucho tiempo que los entrenadores, investigadores y profesionales involucrados con el fútbol vienen tratando de entender la red y la interacción de las diversas dimensiones que influencian el desempeño deportivo. Como ya mencioné, es comúnmente aceptado que la calidad de las manifestaciones de las interacciones del juego de fútbol está relacionada con cinco dimensiones: táctica, técnica, fisiológica, psicológica y estratégica.

Si para la mayoría de los entrenadores, preparadores físicos, periodistas, comentaristas, toda la lógica del proceso de 'entrenar' debe ser coordinada por la dimensión física (Oliveira et al., 2006), en este momento, según refleja Maciel (2011a), el fútbol puede estar lentamente pasando por el punto de mutación, donde diferentes entrenadores han venido a proponer otro modo de mirar y operacionalizar -especialmente a la luz del pensamiento complejo- el entrenamiento del fútbol, sugiriendo un cambio de paradigma que transgrede lo tradicionalmente institucionalizado.

Según estos entrenadores todo tipo de acción e interacción que el(los) jugador(es) ejecuta(n) en el juego debe estar subordinada a la dimensión táctica. Esta es la dimensión que da sentido, que unifica y consecuentemente emerge bajo la forma del *jugar*.

Para este tipo de entrenadores, el juego de fútbol es un fenómeno esencialmente 'táctico', ya que las interacciones que ocurren durante un partido se consubstancian a través de esta dimensión.

Para Frade (2013a), la dimensión táctica emerge de la relación de la denominada dimensión física, de la denominada dimensión psicológica, de la denominada dimensión técnica y de la denominada dimensión estratégica. "*Por lo tanto, ella no es ninguna de ellas, pero sin ellas no existe, porque ella emana de éstas*", afirma.

Imaginemos una situación de juego en la que un jugador está por recibir la pelota y realizará un pase a otro compañero: al recibir el esférico, el jugador tendrá que optar por una solución que considere posible para aquel instante (toma de decisión: ¿pase a un compañero? ¿Conducir la pelota hacia adelante? ¿Dribla al adversario?). Y decide hacer el pase a un compañero, que está bien posicionado y recibirá el balón con libertad, y así podrá dar continuidad al juego.

Ahora bien, dentro de este pase está presente la dicha dimensión técnica (gesto motor), pero también el desgaste fisiológico implicado para controlar, comandar y ejecutar tal acción (y en su acción subsiguiente, un *sprint*, por ejemplo, para recibir la pelota otra vez), así

como dicha dimensión psicológica, dado que dicho jugador se decidió por el pase seguro teniendo como base un sentimiento (deseo de garantizar la eficacia y la eficiencia).

Todas estas acciones cuando se interrelacionan, de manera intencionalizada (intención posibilitada por la vivencia jerarquizada de un *jugar* a través de la modelación), hacen emerger lo que llamamos supradimensión táctica. En este caso, el todo está en la parte, que está en el todo.

Por lo tanto, todas estas dimensiones que tradicionalmente fueron separadas son definitivamente inseparables, siendo de las conexiones que establecen que resulta la identidad del todo, o sea, de la supraentereza, que es el *jugar* del equipo, o sea, la táctica (Maciel, 2011a).

Por eso, al abordar el asunto del entrenamiento (exclusivo) de la dimensión técnica, Frade (1985) subraya que sólo el 'juego' sobre todos sus aspectos proporciona el conveniente entrenamiento 'técnico', porque la 'técnica' por sí sola no existe en el vacío, ya que, como resalta Amieiro (2007), cualquier gesto técnico tiene subyacente una intención táctica (que es coordinadora). Partiendo de este presupuesto en un contexto de juego o entrenamiento, no hay sentido en utilizar el término 'técnico-táctico', sino solo 'táctico' (aunque sea posible estandarizar la dimensión técnica), porque se trata -o debería tratarse, según nuestra perspectiva- de una ejecución con una intencionalidad colectiva subyacente.

Además de la dimensión técnica, está también la cuestión del entrenamiento físico, lo que para mí se trata de una cuestión débil, ya que incluso tomando como modelo los principales movimientos de desplazamiento de los jugadores en sus diferentes expresiones (marcha, trote, corrida rápida,*sprint*), se constata que tales acciones e interacciones tienen su génesis basadas en una situación creada por el juego (donde se pretende que tal situación sea determinada por el *jugar*), es decir, una situación contextual que determinó la manifestación de determinada gestualidad, soportada y determinada muchas veces por la intencionalidad colectiva referente al *jugar*.

García (2006 citado por Cervera, 2010) evaluó el comportamiento de la frecuencia cardíaca durante un partido de fútbol y pudo verificar que ésta presenta una clara asimetría, siendo que sus picos se manifiestan predominantemente en situaciones en que el jugador está participando directamente de las jugadas, ya sea con la posesión del balón o no. Esto hace que el autor sugiera que la oscilación de los niveles de la frecuencia cardíaca está directamente relacionada con el sistema nervioso central y lógicamente a los constreñimientos derivados del partido.

En ese sentido, Oliveira et al. (2006) lanzan una pregunta: ¿Cuál será el intervalo de frecuencia cardíaca ideal para el desplazamiento del

bloque defensivo a la derecha, para presionar al lateral izquierdo adversario que tiene el balón? ¿Cuál será el intervalo de frecuencia cardíaca ideal para que, en transición defensa-ataque, el volante pase la pelota, con regularidad, para jugadores que estén más alejados de la zona de la recuperación del esférico?

"*¿Será que la relación frecuencia cardíaca/potencia es la misma sobre el terreno de juego y en la «máquina de correr»?*", cuestiona Frade, en 1985 (p. 26).

De este modo, el mismo Vítor Frade (1985, p. 30) sugiere: "¿No será una determinada concepción de juego que determina el razonamiento de determinadas cualidades físicas como necesidad?". Y poetisa:

> ¿Qué preparadores físicos tienes, y pides, oh fútbol? ¿Será que el simple hecho de vestir un uniforme de astronauta permite asumirse como tal? ¿Será que cualquier epidemia (pulmonar, por ejemplo) en un país sería adecuadamente develada, sólo por "enfermeros"? ¿Sólo por médicos generales? ¿O mejor por "especialistas pulmonares"? El peso de la institucionalización de la ignorancia. El atrevimiento, su principal síntoma.
>
> (Frade, 1985, p. 34).

SOUS KLOPP	BORUSSIA DORTMUND	SOUS TUCHEL
53%	POSSESSION	60%
119	KMS/MATCH	111
240	SPRINTS/MATCH	198
697	COURSES INTENSIVES/MATCH	587

Cuadro comparativo entre el Borussia Dortmund liderado por Thomas Tuchel y Jürgen Klopp.

Durante una transmisión del campeonato alemán, por un canal de televisión francés, este diagrama fue exhibido. El equipo del Borussia Dortmund, que bajo el mando de Jürgen Klopp, predominantemente tenía como punto fuerte la organización defensiva agresiva, las salidas rápidas en contraataque y, principalmente el *gegenpressing* (determinadas interacciones colectivas en situaciones que involucran la pérdida de la posesión de la pelota, intentando recuperarla lo más rápido posible), tenía en promedio menos posesión de balón, más kilómetros recorridos (por juego), más *sprints* (por juego) y más carreras "intensas" (por juego) que el Borussia Dortmund de su sucesor, Tomas Tuchel, que predominantemente basaba su juego en un ataque posicional, intentando causar desequilibrio en el adversario a través de la circulación

exhaustiva de la pelota, en la búsqueda paciente por el mejor espacio para atacar. Es decir, la manifestación regular de una determinada idea de juego y de un patrón de interacciones lleva a un determinado y correspondiente tipo de demanda, adaptación y expresión física/fisiológica/bioenergética.

Por eso, no puedo entender las razones por las que las periodizaciones y planificaciones de entrenamiento son predominantemente físicas, cuando en el fútbol todas las dimensiones que compiten para mejorar el desempeño (incluyendo la denominada física) están siempre integradas y subyugadas por la dimensión táctica, a la organización de juego. Se trata, por tanto, de un fenómeno cuya supradimensión es táctica.

> La manifestación regular de la organización de juego del equipo es el gran indicador de la forma deportiva. ¿Para qué, entonces, la realización de las tradicionales pruebas físicas? ¿Será que la organización del juego se ve por indicadores como los "kilos" de lactato, las series de *yoyo*, la frecuencia cardíaca registrada en los cardiofrecuencímetros o el VO2 máximo?
>
> (Oliveira et al., 2006, p. 98).

Para Frade (citado por Martins, 2003), todas estas concepciones derivan "*de un mismo mal conceptual, que es la separación de las cosas y la lógica ascensional de las etapas, de las fases*".

Ya decía Benedict (citado por Mlodinow, 2012), que "*el ojo que ve no es un mero órgano físico, sino una forma de percepción condicionada por la tradición en la cual su poseedor fue creado*".

Por esta razón, Frade alerta que ver no es lo mismo que entender, no basta con estar bien de salud visual. Para este autor, donde la 'esfera' (en este caso el fútbol y el entrenamiento) es compleja, no puede predominar sino el pensamiento complejo (1985, p. 37). "*Para sistemas complejos, un enfoque en complejidad: el fútbol y el hombre son como las cebollas, si los picasen pedacitos, ¡nos hacen llorar!*" (Maciel, 2011a, p. 168).

En el mundo del fútbol existen entrenadores que además de ver, entienden:

> No sé dónde termina el físico y comienza lo psicológico o lo táctico. Para mí, el fútbol es global, al igual que el hombre. No consigo separar las cosas. De la misma manera, me cuesta entender la evolución de un jugador al margen de la evolución del equipo.
>
> (Mourinho citado por Oliveira *et al.*, 2006, p. 153).

Cuando la revista *Ideas y Negocios* le preguntó (2003 citado por Oliveira *et al.*, 2006 p. 40) sobre el porcentaje que atribuía a cada dimensión del juego, Mourinho respondió:

> Yo digo que para tener éxito en un equipo de fútbol éste tiene que estar 100 por ciento preparado. Y cuando digo 100 por ciento no puedo disociar lo que es físico de lo que es táctico o de lo que es psicológico. Para mí, un jugador es un todo, tiene características físicas, técnicas y psicológicas que tengo que desarrollar como un todo. No logro separar.

Por lo tanto, si en el juego de fútbol ocurren interacciones complejas, no se puede decir que una situación es sólo física, o solamente técnica o solamente psicológica, es 'simplemente' una situación táctica.

Sin embargo, la definición de táctica comúnmente es distorsionada y confundida, principalmente con la dimensión estratégica. Esto hace que no exista un consenso en la literatura y mucho menos en el entendimiento, discurso y práctica de los profesionales involucrados con el fútbol.

Para aclarar y definir una solo lenguaje -en lo que se refiere a la Periodización Táctica- Frade (2013a) sostiene que la dimensión táctica es lo que nos identifica como equipo, es la emergencia proveniente de la interacción de las otras dimensiones (física, técnica, psicológica, estratégica), pero es sobre todo una emergencia intencionalizada, es decir, es deliberada, hay una intención previa de actuar de acuerdo con esa intención, uniendo, por lo tanto, la pretensión (intención previa) con aquello que sucede en el aquí y ahora (intención en acto). "*Yo pretendo que mi equipo venga a jugar así, de modo que la dimensión táctica para mí es eso*" (Frade, 2013a, p. 415).

Maciel (2011b, p. 2) amplía que "*la táctica es una realidad dinámica y compleja que se manifiesta como interindependencia organizacional intencionalizada*". De igual manera, la táctica es mucho más diacrónica que sincrónica, es decir, "*tiene que ser* (debe transformarse en) *una cultura táctica, es identitaria*" (Frade, 2013a, p. 414).

En otras palabras, cuando esta intencionalidad colectiva compartida e intencionalizada (táctica), al manifestarse de tal forma y con regularidad, se revela como una emergencia asumida, como un aspecto cultural por parte de aquellos (jugadores) que la comparten (Maciel, 2011b).

Por eso, de acuerdo con Jorge Maciel, la táctica tiene que ver con el compartir de una intencionalidad y no sólo la necesidad de tomar decisiones -contexto táctico- para la norma. Pienso que es tomar decisiones (elegir entre las diferentes hipótesis posibles la que más se ajuste a la intencionalidad y funcionalidad colectiva del equipo), jugan-

do de acuerdo con valores compartidos que al ocurrir con regularidad se manifiestan como cultura, haciendo así emerger una determinada dimensión táctica, un *jugar*.

En la misma línea de raciocinio está Mourinho. Oliveira *et al.* (2006) aclara que para este entrenador la táctica no es algo abstracto, sino algo muy concreto, es decir, el conjunto de interacciones intencionalizadas que se pretende para el equipo, y que se desea que se manifieste con regularidad en las competiciones. Es una cultura de interacciones específicas, que requiere aprendizaje, siendo, por lo tanto, una propiedad emergente, lo que implica la necesidad de periodizar el proceso de emergencia del táctico: Periodización Táctica.

Se puede decir que la dimensión táctica como cultura es lo que permite identificar a los equipos, es decir, la organización (predicada) que los equipos revelan con regularidad es lo que los hace evidenciar una identidad.

"*Es lo que existe cuando usted ve al Barcelona* (de Guardiola) *jugando, incluso haciéndolo mal, o hasta perdiendo. Usted dice: 'No, estos tipos incluso podrían jugar con camisetas amarillas y sabría que es el Barcelona'. ¡Esto es la dimensión cultural!*" (Frade, 2013a, p. 415).

La dimensión táctica es eso, y es una organización intencionalizada, porque hay una intención previa, que es la idea de juego, la forma como queremos que el equipo venga a jugar.

Así como Frade, Mourinho también entiende que la dimensión táctica no es ni técnica, ni física, ni psicológica, ni estratégica, pero que necesita de éstas para manifestarse, y defiende que:

> Al privilegiar la vertiente táctica, por lo tanto, la organización que yo pretendo, estoy privilegiando todos los demás componentes del rendimiento, pues es por necesidad del «táctico» que surgen todas las demás. Es a partir del trabajo táctico, de la operacionalización de mi modelo de juego, que voy a conseguir una adaptación específica en los otros componentes. Si nuestro «táctico» es singular, todo lo que deriva de él es singular también. Por eso digo que no creo en equipos bien o mal preparados físicamente, sino en equipos identificados o no con una determinada matriz de juego, adaptados o no a una determinada forma de jugar. Porque la adaptación fisiológica es siempre específica, singular, de acuerdo con esa forma de jugar.
>
> (Mourinho, citado por Oliveira *et al.*, 2006, p. 111).

Por eso, cuando un reportero del diario portugués *A Bola* le preguntó sobre lo que pensaba del debut del mediocampista Tiago en el Chelsea FC, Mourinho fue taxativo:

> Estuvo bien, pero se cansó. Jugamos de forma muy específica y demostró una inadaptación fisiológica a nuestro ritmo. Estuvo un mes y medio entrenando con otro equipo, pero eso no significa que haya venido mal preparado físicamente. Simplemente llegó inadaptado.
>
> (Mourinho, citado por Oliveira *et al.*, 2006, p. 41).

Esto va perfectamente al encuentro de lo que comentó Frade en 1985, cuando ya cuestionaba si no sería una idea/concepción de juego que determinaría el razonamiento y el llevar a cabo de determinadas 'cualidades físicas' como necesidad.

Según José Mourinho, si la base del rendimiento es la organización de juego, la forma deportiva, de ningún modo, puede circunscribirse sólo a la dicha dimensión física. La forma no es sólo física, es mucho más que eso. "*Sin organización y talento en la explotación de un modelo de juego, las deficiencias son explícitas, pero poco tienen que ver con la forma física*", dice el entrenador portugués.

> No consigo hablar en forma deportiva sin hablar del equipo y de lo que quiero para él. Para mí, estar en forma es jugar bien, es que el equipo juegue como yo pretendo. La interpretación de un modelo de juego, no de una forma individual, sino colectiva, es la base de apoyo de la forma del equipo y de las oscilaciones individuales de la forma de cada jugador. Por eso digo que la base de apoyo de la buena o mala forma de un jugador es la organización del equipo. Por ejemplo, la mala forma de un jugador puede ser disfrazada por la organización del equipo.
>
> (Mourinho, citado por Oliveira *et al.*, 2006, p. 98).

La referida organización de juego, para Mourinho, va al encuentro de los efectos causados por la manifestación de una cultura táctica en el seno del equipo, pues:

> El equipo que deseo es aquel en que, en un momento dado,frentea una determinada situación, todos los jugadores piensan en función de la misma cosa al mismo tiempo. Eso es lo que es jugar como equipo. Eso es tener organización de juego.
>
> (Mourinho, citado por Oliveira *et al.*, 2006, p. 121).

De ahí que sea fácil comprender por qué no es posible cuantificar y asignar porcentajes a dimensiones que no existen en el vacío. En el proceso de entrenamiento, la dimensión táctica debe condicionar la dimensión física, técnica y psicológica, desarrollándolas de arrastre, como consecuencia de la operacionalización de la dimensión táctica, de un *jugar*, confiriéndoles un determinado sentido en su vivencia.

Por otro lado, mientras que la táctica como dimensión y cultura puede definirse en estos términos, según Frade (2013a), la estrategia puede entenderse bajo dos prismas, la estrategia en sentido lato y la estrategia en el sentido restricto.

El profesor señala que la dimensión de la estrategia en el sentido restricto puede definirse como "*un conjunto de maniobras o de estratagemas, de apuestas/estrategias circunstanciales*". Apuestas y estratagemas que se crean en función de un adversario, que tiene sus particularidades (debilidades, virtudes, patrones) y teniendo como base la matriz de juego del propio equipo (ésta, circunscrita en el sentido lato de la estrategia).

Para Oliveira *et al.* (2006) es fundamental que se entienda que, a pesar de que el entrenador José Mourinho desmenuza los patrones de interacción del adversario que va a enfrentar en el próximo juego, él nunca deja de tener como preocupación principal aquello que es su modelo de juego, su forma de jugar.

Antes del lado estratégico (en el sentido restricto de las estratagemas circunstanciales) siempre estará salvaguardada la presencia del patrón de juego. Y es en la presencia de su matriz de juego que se realizan pequeños matices estratégicos de circunstancia, es decir, el lado estratégico restricto del juego.

> Imagínate que en un partido nosotros vemos que el rival es muy bueno en los desmarques en profundidad, buscando la espalda de nuestra última línea, que tiene buenos pasadores y que consiguen aprovechar esos espacios. Nosotros puede ser que decidamos defender quince o veinte metros más atrás de lo habitual. Trataremos de evitar que ellos saquen provecho de ese potencial que tienen. ¿Eso va a cambiar nuestra forma de defender? No. Podemos defender igual o muy parecido quince metros más atrás. No vamos a pasar de defender zonalmente a individualmente, eso sí sería un cambio en nuestra organización defensiva, en nuestra identidad como equipo. Nuestra organización defensiva seguirá siendo igual, orientar al rival a jugar por los costados y cerrar los espacios interiores, presionar el balón en las zonas que nos interesa, realizar un tipo de coberturas determinado, reducir los espacios y adelantar las líneas

cuando el balón está presionado. El tema estratégico puede modificar nuestro jugar a un nivel contornal, no al nivel de la matriz.

(Tamarit, 2016a)

En resumen, podemos decir que la planificación estratégica de cada juego (en el sentido restricto, como explicamos) se basa y es un aporte cualitativo (luego, sin pérdida de identidad) al *jugar* del equipo.

> Mourinho sabe que siempre tiene que conocer los puntos fuertes y débiles de los equipos que va a enfrentar, sus comportamientos colectivos e individuales estándar, el modo en que el entrenador adversario reacciona a lo largo del juego en función del resultado. Pero no es por eso que va a cambiar su forma de jugar. No es por eso que va a interferir en la táctica, en el modelo de juego, en el compromiso común. Para Mourinho, los matices estratégicos son siempre un aditamento, un complemento. Y una apuesta. No más que eso.
>
> (Oliveira *et al.*, 2006, p. 163).

José Mourinho da un ejemplo de cómo aborda la parte estratégica en su equipo, en aquel momento, el Chelsea FC:

> Yo hago el estudio detallado del adversario, fundamentalmente para ayudar a mis jugadores. Para mí, es imprescindible saber cómo reacciona el entrenador adversario, el tipo de sustituciones que produce, los comportamientos estándar del equipo adversario. Por ejemplo, tengo a Makelele que mide 1,60; Lampard 1,85; Tiago, 1,85. Si yo supiese por adelantado que el equipo adversario promueve la construcción con pase largo para la zona de Makelele, juego con Lampard o Tiago en esa zona y con el Makelele en otra posición, y luego intercambio. Esto es conocer al adversario. Es como cuando vamos a la guerra: tenemos que saber cómo nuestro adversario ataca y defiende, para poder atacarlo mejor. Por ejemplo, yo sé que nuestro próximo adversario juega en fuera de juego, sé que juega con los extremos a pierna cambiada y que, consecuentemente, no salen cruzamientos y que lo que quieren es patear por dentro y, por lo tanto, voy preparar a mi equipo para ello.
>
> (Mourinho, citado por Oliveira *et al.*, 2006, p. 164).

Estos autores subrayan que si el equipo que va a enfrentar tiene puntos débiles y puntos fuertes, la simple sustitución del defensor 'A'

por el defensor 'B' o el atacante 'A' por el atacante 'B' puede ser significativo.

Carlos Carvalhal (citado por Tamarit, 2013b) argumenta que algunas subdinámicas para determinado juego podrán cambiar en función de lo que se pretende para el partido (en términos estratégicos), pero jamás se pierde de vista la identidad del equipo, ni los principios. Sin embargo, existen cosas que se pueden adaptar teniendo en cuenta aquello que con alguna previsibilidad el adversario podrá presentar en la competencia.

La dimensión estratégica debe siempre ser complementar a la dimensión táctica, pero nunca debe estar en dominancia en relación a ésta, pues como veremos más adelante en este libro, la táctica como cultura, se consubstancia en interacciones intencionalizadas, hábitos que requieren tiempo de aprendizaje y los cuales no se adquieren de la noche a la mañana, es necesario algún tiempo para esta adquisición. Por eso, sobreponer la dimensión estratégica a la táctica podrá poner en riesgo la calidad del *jugar* del equipo en la competencia, su fluidez funcional, sobre todo si el equipo aún no ha solidificado la adquisición e incorporación de las ideas de juego.

Resalto que teniendo en cuenta las características del adversario, pueden surgir cambios contornales para el juego, al nivel del *jugar*, pero no al nivel de su matriz. Primero se debe buscar una identidad, a través de la adquisición de los macro principios y meso principios de juego, para después-en caso de ser necesario y conveniente- pasar a tener en cuenta la dimensión estratégica, es decir, "*alterar ciertas cosas de nuestro jugar, en términos de contorno, para beneficiarnos de las debilidades y protegernos de las virtudes del adversario*"(Tamarit, 2013b).

> Usted solo es un buen músico si primero domina el tema para después poder improvisar, no se improvisa sin primero dominar el tema. Por lo tanto, mientras usted no solidifique esa organización intencionalizada que sea del dominio de todos los jugadores (*la táctica*) y que tenga una cierta espontaneidad al acontecer, no tiene absolutamente ningún sentido estar enfatizando este o aquel aspecto de detalle y mucho menos cualquier aspecto que tenga que ver con los adversarios. Es por eso que es un contrasentido que las personas estén hablando de formación (*de jóvenes jugadores, en formación*) y diciendo que es partido a partido, teniendo en cuenta al adversario, eso es una estupidez. Y en relación a los equipos *top*, solo cuando ellos tienen una identidad es que pueden estar pensando en estar preocupados en mitigar lo que es fuerte en el adversa-

> rio o de acentuar sus fragilidades sin pérdida de identidad, sin pérdida de espontaneidad, sin pérdida de organización y sin pérdida de una implantación de una dinámica que le es propia y en la cual el equipo se siente bien.
>
> (Frade, 2010, p. 106-107).

> (El camaleón) puede en función del contexto, al que es sensible, matizar su fenotipo con el fin de mejor preservar su integridad, sin embargo, jamás subvierte su identidad. Y el juego de calidad debe manifestarse de este modo, debe ser sensible al contexto y matizarse para dar mejores respuestas a los diferentes patrones de problemas que enfrenta, pero sin perder su identidad, es decir, manteniendo la concretización de sus regularidades (macro) y que caracterizan sus desempeños. Esta matización sin implicaciones en la dominancia, es decir, de modo que la dominancia esté en las regularidades y no en la novedad que el sistema comporta, pues como se ha dicho, estas interferencias son de extrema sensibilidad. Cuando los equipos sobrevaloran la dimensión estratégica sobre la dimensión táctica, que por ser identitaria se debe asumir como supra, lo que sucede es que el equipo hace metamorfosis no como un camaleón, sino como un payaso. Los payasos se enmascaran pero su identidad es escondida o subvertida. Los jugares 'payasos' creo que pueden muy bien ser motivo de risa, ¡pero de los adversarios!
>
> (Maciel, 2013, p. 17).

¿Un *jugar* al estilo camaleón o un *jugar* al estilo payaso? Escojo el camaleón, es decir, la dimensión táctica conviviendo de manera sana y armoniosa con la estratégica, después de estar solidificada, ¡claro está! Y si todavía hay alguna duda acerca de las diferencias de táctica y estrategia, Frade las disipa:

> A menudo, en la radio y en los periódicos, las personas se refieren, cuando mucho, a los *matices* estratégicos, pero hablan de «táctica». Cuando hablo de táctica, hablo de cultura de juego, hablo de un entendimiento de juego. La cultura tiene que ver con la postura, con aquello que hacemos espontáneamente. Es decir, un grupo de individuos va a hacer algo espontáneamente, pero «obligados» por la misma cultura. Por lo tanto, lo táctico es la adquisición de ese algo, es decir, de una forma de jugar, como una cultura de juego.
>
> (Frade, citado por Amieiro & Maciel, 2011).

Si la táctica es la dimensión que rige el juego de fútbol, también deberá ella coordinar y estructurar toda la lógica procesual del entrenar. Por eso necesitamos de un pensamiento que trate de ser coherente con el nivel que esta realidad exige. Es justamente en el marco de esta lógica, en esta concepción transgresora y en este desafío, que nace la Periodización Táctica.

Capítulo 3.

La Periodización Táctica

La designación Periodización Táctica es un poquito agresiva, provocadora, precisamente para hacer entender que existe una periodización, y que cuando se habla de esa expresión se sepa lo que estoy queriendo decir: es usar un determinado tiempo para llevar a cabo una determinado orden, pero si es Periodización Táctica, ese tiempo es gasto para conseguir dar énfasis al lado táctico, pero incluso aquí continua siendo provocador, en el sentido de que la concepción evidencie un táctico que no está de acuerdo con lo que normalmente se refiere. Es decir, es un aspecto meramente organizativo del jugar e intencionalizado, tiene que ver con la aculturación de principios en la dinámica del jugar de un equipo y si de hecho ese jugar tiene calidad, demora su tiempo para construirse. Esto escapa a toda lógica de la periodización convencional.

(Frade, 2010, p. 106).

La designación que sostengo inicialmente que es precisamente esa, Periodización Táctica, es provocadora, porque ya sabía que prontamente se iba a decir «¡pero periodización es otra cosa, y táctica no es...!» Es precisamente esa la intención, mostrar una cosa de un modo diverso, porque por regla general todo el otro tiempo que se utiliza, toda la otra periodización que se utiliza es en función del físico, es en función, digamos, de las capacidades dichas condicionales, o de las fuentes energéticas, o de las capacidades dichas motoras, o de las cualidades motoras, es todo en función de eso, era, por lo tanto, en realidad una lógica transgresora con un lenguaje y no simplemente, «Periodización Táctica». ¡Eran dos términos que tenían una afinidad con las personas y que la gente veía de otra manera! Por lo tan-

> to, «¿qué quiere decir este tipo con esto?». Complementando terminológicamente muchas veces para hacerles entender mejor, designar o referenciar eso de otro modo, pero no necesariamente, porque creo que incluso en un año de entrenamiento los períodos son diversos, son diversos en función de la singularidad de las circunstancias y tengo que tomar en cuenta esto de antemano, y tengo que arreglar una lógica que sustente esa necesidad. Y la noción de 'táctica' es una noción central para mí en el fútbol. Es la organización, una organización intencionalizada, un «dinamismo de dinámicas», y por lo tanto tiene un plan que es más macro, que es, digamos así, lo que se destaca de los referenciales colectivos, englobando la totalidad de los sectores y las relaciones entre los sectores y, en este caso, un intersectorial, uno que es intra, y luego un plano más micro, que desde mi punto de vista es tanto más diverso, diversificado o interminable, cuanto más cualitativo es este primer plano, ¡que es el plano macro! Pero eso es una organización, es una dinámica construida de varias subdinámicas que tengo que alimentar ininterrumpidamente, respetando una causalidad que tiene, que es tan importante en su lógica ascendente como en su lógica descendente. Por lo tanto, el micro interfiere en el macro y el macro interfiere en el micro. Es la capacidad de sostener esto en el sentido del equilibrio que tiene que ser una constante.
>
> (Frade, 2013b, p. 81).

> No podemos, como entrenadores, estar en esto como si el futuro a alcanzar, en lo que se refiere al jugar, no tuviera un presente. El futuro solo se previsualiza, no se prevé, es decir, se prepara periodizándose metodológicamente.
>
> (Frade, 2012).

> Periodizar...
> É codificar a temporalidade,
> periodização é praticar
> a ideia de jogo na treinabilidade.
>
> (Frade, 2014a, p. 22).

La Periodización Táctica es una metodología de entrenamiento de fútbol creada y sistematizada por el profesor Vítor Frade, que a partir de sus experiencias e ideas, comenzó a crear esta concepción, pues creía que las metodologías de entrenamiento de fútbol que hasta entonces existían no atendían a las necesidades que el fútbol presentaba.

Esta concepción de entrenamiento presenta principios metodológicos propios y concibe el proceso de entrenamiento como un proceso de enseñanza-aprendizaje. Se trata de una metodología cuyo propósito fundamental es la adquisición de una forma de jugar específica (en todos los niveles), sirviéndose para ello de una lógica diferente de la que convencionalmente se adopta para el fútbol y por ello presenta principios metodológicos únicos, transgresores, que salen de los moldes convencionales.

Lógicamente, la creación y la consecuente adquisición de un *jugar* por parte de los jugadores no se hace del día para la noche y, por lo tanto, hay necesidad de distribuir temporalmente tal adquisición, aunque de manera no lineal, en términos generales la temporada, en términos estructurales y operativos el Morfociclo[26], de ahí el sentido de hablar de 'Periodización', y 'Táctica' por ser ésta la dimensión que va a coordinar todo el proceso de entrenamiento, asumiéndose, por lo tanto, como una supradimensión. Es la periodización de un 'jugar'. Aunque es posible hacer un equipo, pensar y jugar como equipo, es decir, establecer la fusión entre la pretensión (intención previa), y lo que de hecho ocurre (intención en acto) entre todos los individuos de un determinado grupo, no es tarea fácil y mucho menos simple.

> De ahí que la Periodización Táctica teniendo tales pretensiones, diferentes a las de las comúnmente referidas por las metodologías de entrenamiento, tenga también presupuestos transgresores, que pasan desde luego por la necesidad de concebir el proceso como una realidad dinámica y compleja, por la necesidad de conocer al ser que juega, con la particularidad de tratarse de una realidad en la que el hombre más que actuar se ve obligado a interactuar, lo que implica a su vez dar importancia no sólo a las estructuras que efectúan el movimiento, sino también a las que lo comandan y controlan. Por lo tanto, implica concebir el Cuerpo[27] como una realidad inteligente.
>
> (Maciel, 2011b, p. 2).

Siendo nuestra preocupación máxima el 'jugar' que se pretende manifestar en competencia, en mi opinión, la Periodización Táctica se presenta como un camino metodológico extremadamente viable, por-

---

26 **Morfociclo:** Concepto que será abordado con mayor profundidad posteriormente.

27 **Cuerpo:** "*La palabra Cuerpo será escrita con la primera letra en mayúscula, para evidenciar la noción de un Cuerpo íntegro, es decir, como un todo, compuesto por el cuerpo propiamente dicho, cerebro y mente, y las relaciones entre estas partes*" (Maciel, 2011a, p. 148). "*Cuando afirmo que el cuerpo y el cerebro forman un organismo indisociable, no estoy exagerando. De hecho, estoy simplificando demasiado*" (Damásio, 1996, citado por Zambiasi, 2012).

que se distingue de las otras metodologías al entender al hombre bajo la luz de la complejidad, es decir, al concebir al hombre como un ser inteligente que interactúa con los demás y entenderlo como un ser que es circunstancias también.

> Desarrollar el "jugar", esta idea de juego, contempla la necesidad de reconocer que el fútbol es un juego colectivo constituido por individualidades que se relacionan y hacen emerger una dinámica como un todo funcional. Es decir, pasa también por el reconocimiento de que el entrenador modela seres humanos en interacción. La Periodización Táctica exige que se respete al hombre como ser humano, es decir, un ser inteligente, sensible, adaptable y capaz de interactuar con los demás.
>
> (Gomes, 2013, p. 318).

Otro supuesto fundamental es el de reconocer los rasgos que hacen que el fútbol sea fútbol: "*En particular por su naturaleza compleja y competitiva, lo que implica que el entrenamiento respete la matriz de la competición, y más precisamente de lo que se desea en competición en términos generales*" (Maciel, 2011b, p.2).

De este modo, la Periodización Táctica será dirigida por una matriz conceptual y metodológica, hablo de una idea de juego (requisito fundamental) y de su operacionalización, teniendo como base sus principios metodológicos (propensiones, progresión compleja y alternancia horizontal en especificidad), con el objetivo de alcanzar una organización colectiva de calidad, teniendo también en cuenta la maximización de lo individual, de manera que la evolución de cada jugador dentro del colectivo interfiera en la mejora del mismo.

Es importante evidenciar que en la Periodización Táctica las preocupaciones no son sólo con el lado colectivo, sino también con el individual (no hay colectivo sin individuos, y éstos necesitan que sus capacidades y cualidades sean desarrolladas, potenciadas y maximizadas), y por eso, durante el proceso, el entrenador deberá contemplar no sólo el plano macro del jugar, sino también el plano meso y el plano micro, de modo que tal interacción contribuya con la mejora del todo.

Por lo tanto, el primado está en el colectivo (como intencionalidad) y al mismo tiempo en el individuo (en la concreción y adquisición).

> Podemos decir que la dinámica evolutiva resultante del entrenamiento, según este modelo es *(co)auto-hetero. Auto* porque se van registrando cambios en el individuo. *Hetero* porque los principios de juego contemplan, fundamentalmente, relaciones entre varios individuos. Es decir, el individuo progresa, pero

> sometido a una lógica que tiene que ver también con la coexistencia y el crecimiento de los demás, en un registro común en lo que se refiere a la concepción del juego (y del entrenamiento). Por eso el *(co).*
>
> (Oliveira *et al.*, 2006, p. 154).

La realidad competitiva del fútbol, precisamente en el rendimiento superior, se caracteriza por un período preparatorio muy reducido y por una elevada densidad competitiva, donde los juegos son constantes y muy próximos temporalmente.

Teniendo en cuenta esta realidad, la operacionalización de la Periodización Táctica tiene como prioridad manifestar de manera consistente una regularidad competitiva, basada en una idea de juego, ofreciendo condiciones para que así como el equipo, como las individualidades que le constituyen, tengan las máximas condiciones y disponibilidad para competir en alto nivel continuamente.

De esta forma, se pretende una estabilización del rendimiento en niveles elevados, que podrá alcanzarse a través del respeto de un patrón semanal, el morfociclo patrón, como veremos más adelante.

Adicionalmente, en relación a las características y la naturaleza del juego de fútbol, otro aspecto que importa entender, una vez que justifica su posible elección como concepción metodológica, es que en el jugar pueden ser develadas algunas regularidades identificando un patrón (sobre todo a nivel macro), logrando por eso ser modelado, aunque el juego sea un fenómeno complejo, aleatorio en términos de detalle y sensible a las condiciones iniciales.

De esta forma, el fútbol puede asumir varias manifestaciones, es decir, se trata de un fenómeno plural, susceptible de ser jugado de diferentes maneras y que, por tanto-frente a los motivos que ya he evidenciado aquí, se constituye como imperativo (al menos debería, tanto a nivel de la formación como del alto rendimiento)-, se opta por una determinada manera de jugar, es decir, seleccionar de las muchas ideas posibles la nuestra (de los varios 'fútboles' que existen).

La operacionalización de estas ideas se debe hacer preferiblemente en contextos de placer y pasión, ya que está más que comprobado que el displacer es contraproducente a los procesos de enseñanza-aprendizaje (Maciel, 2011b), llevando a los jugadores a actuar e interactuar de manera intencional, llevándolos a vivenciar la idea de juego tanto subconsciente como conscientemente.

Para Maciel, la Periodización Táctica es una metodología ajustada para el fútbol porque tiene una validación y un soporte teórico único y cada vez más robusto, cuya aplicabilidad se argumenta y fomenta en la

práctica. Por lo tanto, tiene validez práctica como comprueba el éxito de algunos entrenadores y un soporte científico muy consistente. No es una ciencia de lo abstracto, sino una ciencia *in vivo*.

Esta concepción de entrenamiento podrá definir un nuevo rumbo para el fútbol y para el entrenamiento, pues se identifica con conceptos complejos y sistémicos que permiten comprender el jugar que se pretende crear sin tener que mutilarlo, desarrollando las capacidades colectivas al mismo tiempo que las individualidades son maximizadas.

Amieiro (2012) subraya que frente al modo en que miramos, vivimos y sentimos el fútbol-al reconocer su esencia, su lógica interna, su complejidad, la dominancia de la dimensión táctica como la que guía y estructura todo lo que sucede en el juego y la necesidad de transformar singular que en principio es plural-, se nos lleva naturalmente a ver la Periodización Táctica como una metodología extremadamente viable y ajustada al fenómeno, como *"una concepción metodológica que es una consecuencia trivial del juego de fútbol"* (Resende, 2002), tanto a nivel del fútbol profesional como de la formación de jóvenes jugadores. ¡Solo sentimos necesidad de lo que conocemos!

Aunque para la mayoría de las personas la Periodización Táctica es una novedad, llevándola a designarla como una metodología vanguardista, en realidad no lo es, pues sus pilares fundamentales comienzan a ser edificados en 1970, sobre la base de fuentes de esa época y aún anteriores (Maciel, 2011b).

Es importante señalar también, que aunque esta metodología esté estructurada en una matriz conceptual (idea de juego del entrenador) y metodológica (principios metodológicos), a diferencia de otras, no concibe el proceso de entrenamiento como un 'manual', es decir, no hay recetas. Hay una gran necesidad de adecuación al contexto que le rodea, que siempre es único y singular para cada proceso, en el que el entrenador -principal responsable de la conducción del proceso- debe intervenir y guiar sus acciones de acuerdo con esta lógica, teniendo mucha sensibilidad.

En resumen, la Periodización Táctica es un traje hecho a la medida, pues es singular en todos los sentidos, para cada proceso, cada contexto y cada *jugar*. *"Se encuentra en la estera del pensamiento sistémico y como tal pone el énfasis en las relaciones, en la calidad y en los patrones, sin refutar en su evolución la intuición, mostrando así que tal como el entrenamiento, también la Ciencia de calidad requiere arte"* (Maciel, 2011b, p.3).

En ese sentido, la modelación de un jugar, es decir, la creación de un modelo de juego y su desarrollo, más que ganar un sentido es una necesidad. Incluso, como señala Faria (1999), no hay lógica, es irracional pensar en Periodización Táctica sin pensar en el modelo de juego

que está siendo construido. Definitivamente el modelo de juego es una cuestión absolutamente central en la Periodización Táctica.

3.1 Modelo de juego, ¿qué entendimiento(s)? La estructura de juego y la idea de juego

Al buscar la palabra 'modelo' en el diccionario de lengua portuguesa Priberam, nos encontramos con una gran cantidad de conceptos. Según este glosario, la palabra "modelo" podría estar asociada a alguna imagen, dibujo u objeto que sirve para ser imitado; a una persona que merezca ser imitada; a profesionales del mundo de la moda (modelos o maniquíes), por ejemplo.

Esta variedad de definiciones también se hace presente cuando hablamos de fútbol. Es precisamente en este contexto que surge el 'modelo de juego', un concepto que ha venido a destacarse en la literatura e incluso en la televisión y periódicos. Sin embargo, el entendimiento de este concepto prácticamente varía de persona a persona.

Es muy común escuchar expresiones del tipo: "Mi modelo de juego es el 1-4-3-3"; "El club tiene un modelo de juego definido, todos los equipos juegan en 1-4-4-2"; "El equipo cambió el modelo de juego en el intervalo del partido".

Sin embargo, para la Periodización Táctica, la noción de modelo de juego necesita del debido entendimiento de su significado. En este sentido, me parece importante establecer un lenguaje común. Comenzaré aclarando dos conceptos que a veces se confunden con la noción de modelo de juego. Me refiero a la estructura de juego ya la idea de juego.

La estructura de juego (comúnmente conocida como 'sistema de juego[28]') puede ser entendida como la estructuración/disposición de los jugadores en el terreno de juego, es decir, la forma de colocación de los jugadores en el campo de juego. Inicialmente, se trata de una organización rígida y sin funcionalidad, no teniendo vida propia, pero que, sin embargo, se asume como un aspecto muy importante en el surgimiento y concreción de las dinámicas e intencionalidades colectivas deseadas, de ahí que su elección no puede hacerse de forma ligera (Maciel, 2011b).

---

28 **Sistema de juego:** En el lenguaje futbolístico este término es comúnmente asociado a la configuración geométrica posicional de los jugadores en el terreno de juego, una organización rígida y sin funcionalidad. Teniendo en cuenta lo que ya vimos a lo largo de este libro, el término 'estructura de juego' será lo que tal vez mejor se ajusta a lo que en realidad se pretende definir (y que por norma se define) como 'sistema de juego'.

"Normalmente la gente piensa que hablar de estructuras es una cosa que no tiene importancia, lo que tiene importancia son las dinámicas. Ahora bien, mete una estructura contra una estructura y verás que las dinámicas de compensación son completamente diferentes", dice el entrenador André Villas-Boas (2009).

Por lo tanto, como sugerí, la elección de la estructura de juego deberá ser hecha con mucho cuidado y coherencia, porque en la distribución geométrica de los jugadores generamos diferentes relaciones, diferentes posibilidades de interacciones en el juego, diferentes formas de operacionalizar conceptos. Es decir, podemos facilitar o dificultar la propensión del surgimiento de ciertas interacciones utilizando la estructura A o B (Esteves, 2012).

Van Gaal (2006) añade que la elección de la estructura de juego deberá tener en cuenta, obligatoriamente, la calidad y las características de los jugadores que se tienen a disposición, de manera a maximizar las cualidades de los mismos. Por ejemplo, si estamos entrenando en Brasil y en nuestro equipo hay un jugador diferenciado en términos de calidad como Paulo Henrique Ganso, típico 10 (enganche): ¿sería conveniente optar por una estructura de juego que no contemplara esta posición, como un 1-4-4-2 con dos líneas de cuatro? ¿Estaríamos explorando y potenciando las mejores cualidades de este jugador en favor del equipo? Pienso que no.

Carlo Ancelotti también se explica en esta sintonía. Él relata que al principio de su carrera prefería la estructura 1-4-4-2, *"pero después de las realidades que he vivido, el tiempo y la experiencia me llevaron a concebir el sistema de juego como una especie de traje, posibilidad de ser hecho a la medida, con lo que el entrenador viste al grupo de jugadores que tiene a su disposición, para que éstos puedan manifestar plenamente sus cualidades en un juego optimizado que represente la realidad cultural e histórica del club"* (Ancelotti, 2013).

De esta manera, conviene subrayar que a pesar de que la estructura de juego es algo extremadamente importante, no podemos simplemente comparar y pensar sobre las estructuras de juego sin tener en cuenta (además de los jugadores disponibles) la idea de juego, es decir, el modo como queremos que el equipo juegue. La estructura de juego es fundamental en función de una idea de juego y de los jugadores disponibles.

"Decir que una u otra estructura es mejor que la otra en la manifestación de ciertas interacciones es una abstracción si no miramos para una idea de juego y para las características de los jugadores[29]*en*

29 Las características del grupo de jugadores (atendiendo a las singularidades de cada uno) que el entrenador tiene a disposición, en mi opinión, será uno de los aspectos que influenciará directamente en la formulación y en la manifestación de la idea de juego

concreto", dice Sousa (2009), *scouting* y asistente técnico de André Villas-Boas.

Ejemplo de estructura de juego, en este caso, el 1-4-2-3-1.

A su vez, la idea de juego (o concepción de juego), como ya dije, es las ideas de fútbol que un entrenador posee, o mejor, se trata de la manera que él pretende que el equipo juegue. En otras palabras, la manera como se quiere que el equipo defienda, ataque y realice las

---

del entrenador. No es lo mismo tener a Toni Kroos y Luka Modrić para la posición de centrocampista que tener a Luiz Gustavo y a Paulinho. Debido a sus características e interacciones con el resto del equipo, Kroos y Modrić pueden proporcionar ciertas circunstancias y dinámicas mientras que Luiz Gustavo y Paulinho, otras. En este sentido, la supradimensión táctica es condicionadora y al mismo tiempo condicionada, al nivel de las escalas menores, por las otras dimensiones y debe ser coherente con el conjunto de características que la plantilla ofrece, en el sentido de hacer que la manifestación de la idea de juego del entrenador sea viable por parte de sus dirigidos.

transiciones. Esta idea se basa en los principios de juego[30], que buscarán dar un patrón[31] de juego al equipo, el tal jugar.

En términos concretos y objetivables, Xavier Tamarit (asistente técnico de Mauricio Pellegrino en diferentes clubes de alto nivel) explica su idea de juego a grosso modo, para el equipo que en aquella época estaba entrenando, el equipo femenino del Valencia Club de Fútbol, de España.

Para este entrenador, su equipo en organización ofensiva debería dominar al equipo rival controlando el partido a través de la manutención de la posesión del balón, una posesión más circulada, lograda a través de un buen posicionamiento en el juego; creación de triángulos permanentemente; mucha anchura y profundidad (hacer el "campo grande"); mucha movilidad de las jugadoras, especialmente de las que no poseen la pelota. Xavier también pretendía que su equipo estuviera preparado y atento a la posibilidad de perder la pelota, incorporando una buena capacidad de anticipación a determinados equilibrios posicionales.

---

30 **Principios de juego:** "*Son patrones de intencionalidad relativos al jugar, que sustentan los criterios expresados por las varias escalas del equipo (individual, sectorial, intersectorial, colectivo) y que al manifestarse con regularidad le dan identidad y funcionalidad a los varios momentos del juego. Son, por lo tanto, ideales de interacción (cooperante y conflictivo) que ocurren en términos probabilísticos*" (Maciel, 2011b, p. 11). De este modo, los principios de juego son patrones con variabilidad intrínseca, que deben asumir plasticidad y potenciar la diversidad, siendo por esta razón simultáneamente inclusivos y excluyentes, son abiertos teniendo necesariamente que ser cerrados, selectivamente abiertos y cerrados (Maciel, 2014). Por eso es que hablamos de principios y no de fines, es decir, dan espacio para que la creatividad de los jugadores se manifieste constantemente, permitiendo que interpreten las circunstancias y actúen "libremente". Coloco libremente entre comillas porque aunque los jugadores son libres para actuar y utilizar su creatividad y calidad para dar respuestas eficaces ante los acontecimientos en el "aquí y ahora", lo hacen condicionados por la matriz, que es la idea de juego.

Los **macro principios** se refieren a los contornos generales de la identidad del equipo. Son los que orientan la modelación, "*son los referenciales colectivos que implican a todo el equipo. De ahí que los demás sean todos "sub". "Sub" al nivel de la dimensión meso, y más "sub-sub" a nivel de la dimensión micro*" (Frade, 2013a, p. 413).

De esta forma, los **meso principios (o subprincipios)** son las partes intermedias que soportan y corporizan la identidad macro del equipo (Maciel, 2011b).

Los **micro principios (o subprincipios de los subprincipios)**, a su vez, son los aspectos más micro, aspectos de detalle que a priori son desconocidos, ya que surgen por la dinámica del proceso y emergen determinados por los niveles de mayor complejidad, aunque sin pérdida de identidad o singularidad. En otras palabras, confieren imprevisibilidad a la previsibilidad y surgen en función de las dinámicas de los macro principios y meso principios.

31 **Patrón:** De acuerdo con Gomes (2013), el patrón significa algo que existe siempre, pero comporta una variabilidad que no compromete la finalidad y permite la posibilidad de ajuste, lo que va al encuentro de nuestra perspectiva sobre lo que debe ser el *jugar* de un equipo. Esta, debe evidenciar patrones de funcionamiento, entendidos desde este punto de vista.

Otro aspecto fundamental que el entrenador destaca es que el equipo tiene una buena calidad de pase, donde todas las jugadoras deben saber tener la pelota -incluyendo la portera- destacando que ésta es un elemento fundamental en la dinámica ofensiva de su equipo. *"Pretendo que mientras se mantiene la posesión de la pelota, tengamos la capacidad de descifrar cuándo nuestro adversario sigue estando organizado y cuándo logramos desorganizarlos, para poder entrar en profundidad o no"* (Tamarit, 2013a, 378). A su vez, afirma que la paciencia es algo muy importante para alcanzar sus objetivos. Sin embargo, no debemos confundir paciencia con lentitud, según él mismo subraya: *"No debemos tener prisa, debemos imprimir velocidad en el juego -cuando así las circunstancias lo exijan-, pero sin prisa"*.

Este entrenador español prosigue explicando que los supuestos predicados en organización ofensiva permiten que su equipo actúe dentro de una determinada lógica en los otros momentos del juego (la ya referida articulación de sentido), algo que es fácilmente verificable cuando él mismo cuenta que pretende recuperar la pelota lo más rápido posible tras perderla (transición ataque-defensa), realizando una fuerte presión a la portadora de la pelota y a las posibles líneas de pase adversarias, siendo ésta garantizada por la probable y elevada densidad de jugadoras cerca del balón y del espacio circundante:

> Al final de cuentas todo está conectado, una cosa con la otra, todo tiene conexión. Si tú estás consiguiendo tener posesión de balón, ya te comenté que tenemos un juego posicional muy fuerte y es este juego posicional que nos permite tener muchos jugadores en el campo contrario. Entonces, cuando perdemos la pelota -que suele ser en el campo contrario- en nuestro caso, casi siempre tenemos mucha gente cerca para poder realizar una presión con el objetivo principal de robar la pelota para estar con la posesión del esférico nuevamente.
>
> (Tamarit, 2013a, p. 378).

Xavier Tamarit también plantea que a veces durante el juego hay momentos en los que su equipo no consigue desarrollar el juego posicional deseado, porque no consiguieron tener la posesión de la pelota de la manera que les gustaría, sobre todo por las dificultades que el adversario puede imponer. Esto a menudo hace que no sea deseable presionar a la portadora de la pelota con el propósito de recuperarla inmediatamente, antes, tal vez sea preferible resguardar y proteger la profundidad, retardando la progresión del adversario a través de la presión de algunas jugadoras, dando tiempo para que el equipo se organice defensivamente.

Esta variabilidad funcional se revela importante, especialmente cuando se enfrentan equipos que son extremadamente competentes y eficaces en contraatacar, que lanzan la pelota a la espalda de la defensa.

Por eso, en los instantes posteriores a la pérdida de la posesión de la pelota, las jugadoras deben interpretar las circunstancias de ese instante para decidir mejor, si hay posibilidad o no de presionar inmediatamente de forma colectiva para robar el esférico lo más rápido posible; sise retrasa la progresión del adversario con el propósito de organizarse defensivamente. Según las interpretaciones que las jugadoras hacen en las circunstancias, es decir, el referencial colectivo existe, pero la decisión depende de la interpretación que se hace en el 'aquí y ahora'.

> Después, si el adversario logró mantener la posesión de la pelota, es decir, nuestra transición no tuvo el éxito esperado -si la intención era robar la pelota inmediatamente- o tuvo el éxito evitando la profundidad y ganando tiempo para reorganizarnos, somos un equipo que cuando estamos organizados defensivamente, intentamos condicionar, o sea, mi idea de juego en el momento defensivo es la de un equipo que intenta condicionar al adversario.
>
> (Tamarit, 2013a, p. 379).

Xavier Tamarit en organización defensiva desea condicionar al rival a través de una marcación por zona *pressing*. Sin embargo, la altura en que el bloque defensivo se posicionará dependerá de diferentes circunstancias. Al principio le agrada iniciar el juego en bloque medio, para luego pasar el bloque alto o bajo, dependiendo de las situaciones.

> ¿Y por qué depende de las circunstancias? Porque si mi equipo no está consiguiendo tener la posesión de la pelota durante un juego, no conseguirá realizar presión en bloque alto como me gustaría, porque es un tipo de presión que desgasta mucho y necesitamos tener la pelota, para recuperar la posesión y para estar frescos cuando no la tenemos, por ejemplo. Y todo eso mi equipo ya lo sabe, sabe cuándo podemos y cuándo no podemos, conforme el juego está transcurriendo.
>
> (Tamarit, 2013a, p. 379).

Aunque la altura del bloque defensivo es variable, sus principios de juego en organización defensiva no lo son. Xavier pretende que su equipo provoque el error del rival, recuperando la pelota a través de una gran presión colectiva, lograda por un excelente juego posicional, es decir, un bloque cohesivo y compacto (reducido en anchura y profundidad), con cubiertas permanentes.

Se busca conducir al rival hasta ciertas zonas de interés y presionarlo con mucha agresividad para recuperar la pelota.

> Realizamos una defensa que presiona mucho, que nos permite conducir al adversario hacia donde queremos, al menos eso es lo que intentamos, promover momentos de presión y ganar la posesión del balón en determinadas zonas que nos permiten tener un buen posicionamiento para cuando estamos de nuevo con la posesión de la pelota.
>
> (Tamarit, 2013a, p. 379-380).

Una vez más la articulación de sentido -implicada en la coherencia y respeto por la entereza inquebrantable de la idea de juego- aparece, o sea, se pretende recuperar la pelota de determinada manera, para atacar como se pretende.

Por último, después de la recuperación del balón, Tamarit pretende que su equipo mantenga la pelota segura y que haga una gestión de las circunstancias, es decir, las jugadoras según la situación deben decidir qué hacer, si lo mejor es intentar un pase inmediato a profundidad para intentar llevar peligro al adversario inmediatamente, o mantener la posesión de balón con el propósito de buscar nuevamente el juego posicional acordado, dando tiempo para que el equipo se abra tanto en ancho como en profundidad. Las jugadoras deben estar sintonizadas con la idea, que es mantener la posesión del balón para que cuando vivan diferentes situaciones en el juego sepan cómo lidiar con ellas. Algo que no ocurriría si tuviéramos un jugar de cartilla, donde es 'primero eso, después aquello'. Se periodiza la idea, para que los individuos sintonizados y contagiados con esta idea, puedan actuar e interactuar de acuerdo con los referentes colectivos.

Esta es, a grosso modo, la idea de juego de Tamarit teniendo en cuenta este contexto. Es importante percibir, aunque de forma general, lo que es una idea de juego, para diferenciarla de una noción más compleja, abierta y dinámica, que es el modelo de juego.

3.2 El modelo de juego

Como he dicho anteriormente, el entrenador deberá optar por una manera de jugar, siempre atendiendo al contexto y las circunstancias en que está involucrado.

Cuando un entrenador es contratado para dirigir un equipo, lleva consigo ideas propias sobre la forma de jugar que pretende (al menos debería), lo que no debería ser indiferente a los clubes que lo contratan -que deberían estar atentos a qué tipo de ideas están trayendo al club-, lo que en realidad desafortunadamente no siempre sucede.

Por lo tanto, cuando llega un entrenador, éste traerá consigo una idea, un bosquejo inicial de cómo quiere que el equipo venga a jugar (en términos colectivos, en un nivel macro, matricial), es decir, cómo el equipo va a defender, cómo va a atacar y cómo va a proyectar las transiciones.

Esta idea de juego será condicionada e influenciada por el entorno, el contexto que lo envuelve, o sea, el país en que se va a entrenar, la cultura del club, las características de los jugadores y muchas otras cosas.

Por lo tanto, después de que el entrenador intente entender la realidad que inicialmente lo involucra y sistematizar[32] su idea teniendo en cuenta esas circunstancias, se da la modelación del modelo de juego como intención previa, una vez que tales ideas apenas están en la cabeza del entrenador y no fueron llevadas a la práctica.

La ayudante técnica de la selección portuguesa, Marisa Gomes, deja claro en entrevista a Xavier Tamarit (2013b, p. 21), que la creación del modelo de juego (como consecuencia de la intención previa) está influenciada por el contexto en que nos encontramos:

> Primero, tienes que llegar al contexto y ver lo que tienes, intentar conocer la realidad y para eso tienes que conocer el pasado. Conocer lo que tienes actualmente y lo que ocurrió anteriormente. Lo que motivó tu llegada y lo que se espera con ella. Después ves las condiciones del club, de los jugadores, el campeonato y el contexto macro en que el proceso será desarrollado. Tienes que entender un conjunto de cosas contextuales relacionadas con la cabeza de los jugadores, qué es lo que ellos tienen, qué es lo que han hecho hasta ahora, qué fue lo que les permitió estar allí y la dimensión del contexto. Así, puedes ir dirigiendo el proyecto y las expectativas de las personas involucradas y hacer que el juego sea siempre (*lo más cercano*) (de) aquel que tú quieres. Otro lado importante es el hecho de que por más que deseamos estar ajenos a las cuestiones de la dirección, a las cuestiones del contexto exterior, es

32 **Sistematización de la idea de juego:** Tal como nos comenta Xavier Tamarit, es fundamental que el entrenador reflexione sobre el *jugar* que pretende crear y lo estructure de forma lógica y coherente, sin desmontarlo (desarticulando), debido al carácter complejo y no-lineal del proceso.

> muy complicado porque estás insertado en una realidad, eres parte de un contexto. Puedes desear jugar de cierta manera, pero esa determinada manera es condicionada consciente o inconscientemente por lo que sucede en el contexto. Incluso puedes no poder entender los motivos, pero están allí. En un equipo profesional todavía es peor, porque los jugadores son más viejos, por lo tanto las creencias son más grandes, están más arraigadas y los contextos son diferentes, tienes que tener la conciencia de que hay que dar prioridad a las circunstancias, a aquello que tienes para después adecuar a aquello que piensas. El lado conceptual sólo existe para ayudar a que la realidad sea mejor.

Marisa y Xavier Tamarit hacen una mención especial sobre el fútbol que los jugadores tienen de los pies a la cabeza, o sea, en el Cuerpo entero. Nuestra intención será que todos los jugadores puedan entender el juego que pretendemos, que tengan esa idea de juego colectivo en el Cuerpo entero y para eso será fundamental que esa idea previa, esa idea global, sea vivida desde el principio hasta el final del proceso, lo que les permitirá identificarse con ese *jugar* ya dquirirlo, primero a nivel subconsciente y luego conscientemente, como veremos de modo más detallado en la última parte de este libro.

Tal como resalta Xavier, los jugadores también tienen creencias acerca de la forma de entrenar, algo que debemos tener en cuenta como también veremos adelante.

Con relación al peso que el contexto ejerce sobre la creación del modelo de juego (como intención previa) y también sobre su modelación durante el proceso, tomamos como ejemplo la realidad del Athletic Bilbao, un club con una identidad muy singular, símbolo emblemático de la identidad vasca, por no permitir que jugadores no nacidos o no desarrollados en el País Vasco, Navarra o Iparralde puedan vestir su camisa. Para tener una idea, este club, recién en 2011, tuvo su primer jugador negro en actuar en una competencia oficial.

Esto requiere del entrenador habilidad y perspicacia, ya que la cultura del club invariablemente hará que la modelización del proceso se dé de una determinada manera, desde la formulación de la idea de juego, política de contrataciones, aprovechamiento de los jugadores de la cantera, una manera diferente de la que encontraría en cualquier otro club.

José Tavares, entrenador adjunto del FC Porto, en una entrevista con Xavier Tamarit (2013b) plantea que *"un entrenador que venga al FC Porto, antes de llegar debe ser un entrenador fuerte, que ponga al equipo a jugar de una manera ofensivamente fuerte, que en las tran-*

siciones sea muy fuerte y que el equipo sea dominador porque es eso lo que los socios quieren. El entrenador del FC Porto debe cumplir con eso, si no cumple no conseguirá estar bien aquí. Cuando llega, debe comprender cuál es la realidad del club, qué es lo que la gente del club quiere. Y como dije hace poco, no en el sentido de condicionarse, sino en el sentido de adaptar su idea".

En cuanto a la importancia del respeto a la cultura del club y la forma en que influye en la creación y modelación del *jugar*, Guilherme Oliveira (2011) comenta sobre el paso del entrenador multicampeón Tomislav Ivić, quien orientó el Ajax de Ámsterdam (Holanda) durante las temporadas 1976/78.

Este club es reconocido mundialmente por poseer una cultura muy propia, de un fútbol de ataque, de 'juego bonito', apoyado, con mucha circulación de balón, etc (influenciado en gran parte por las ideas de Rinus Michels y Johan Cruyff). Sin embargo, Tomislav Ivić era un entrenador que tenía una concepción de juego completamente diferente a la del Ajax. Sus preferencias pasaban por un *jugar* basado en una organización defensiva fuertísima y en salidas rápidas en contraataques, con el balón a aprovechar la profundidad de los extremos, con muchos centros.

Lo que sucedió fue que el Ajax le comunicó que para entrenar al club de Ámsterdam, él debía adaptarse a las ideas del club, operacionalizando, por lo tanto, un *jugar* diferente de lo que prefería, de lo contrario tendría que buscar otro entrenador. Ivić aceptó la misión, ganando incluso un campeonato nacional, pero al cabo de dos años en el cargo, el entrenador yugoslavo comunicó al club que se retiraba del Ajax, porque se sentía mal, pues "éste no era su fútbol".

Ese es un ejemplo claro del peso que tiene la cultura de un club, en la modelación de un *jugar*. Es impensable, por ejemplo, hoy hacerse cargo del FC Barcelona y desear jugar dominantemente en contraataques, tal identificación cultural con una forma de jugar específica que este club ha desarrollado a lo largo de los últimos años. De aquí sobresale la importancia de los clubes contratar entrenadores en función de sus ideas.

Al respecto, Guilherme Oliveira (2008) subraya:

> Cuando un club contrata a un entrenador, contrata ideas de juego porque sabe que va a jugar dentro de ciertas ideas (*idealmente hablando*). Pero también el entrenador cuando llega a un club tiene que comprender que va a un club con un determinado tipo de historia, con determinado tipo de cultura, con un determinado historial en un país con ciertas características. Y el entrenador tiene que comprender todo eso y el modelo

> de juego tiene que involucrar todo eso. Y si no se involucra con todo eso, lo que va a suceder es que, por más calidad que pueda poseer, puede no tener el mismo éxito que si todo eso está relacionado.

Como señala Guilherme Oliveira, también los entrenadores deben tener en cuenta el contexto en el que se encuentran. Particularidades como la historia del club, su cultura, sus conquistas, la mentalidad del aficionado, el país, el campeonato, son algunos aspectos fundamentales que hay que tener en cuenta durante la modelación del proceso.

En ese sentido, Marisa Gomes (2013) cita a José Mourinho, un entrenador que demostró capacidad de adecuación a diferentes contextos, al entrenar y ser campeón en campeonatos completamente diferentes (España, Inglaterra, Italia y Portugal). Para ella, trabajar en diferentes contextos genera necesidades diferentes, entonces las vivencias son diferentes y las orientaciones, las modelaciones, tienen que ser necesariamente diferentes, aunque obedeciendo a determinada lógica metodológica. Y tener en cuenta todo esto, es lo que hace que algunos entrenadores tengan capacidad para trabajar fuera de determinado estándar y otros no.

> Conquisté la Liga española con 100 puntos y mi equipo no jugaba como el Barcelona. Si intentas imitar lo que otros hacen, nunca alcanzarás el nivel de ellos. Tienes que respetar el estilo de tus jugadores. Es muy sencillo. Si intentas jugar como los demás y no tienes jugadores para eso, eres muy estúpido.
>
> (Mourinho, 2013).

> Cada entrenador tiene su forma de trabajar y es igualmente respetable. Yo, en particular, siempre tengo en cuenta la idiosincrasia de un país, futbolísticamente hablando, y de un club. Es muy diferente la cultura futbolística de Inglaterra, Italia y España. Para ganar en campeonatos diferentes, tienes que adaptarte a las características culturales del campeonato en que participas. Por pensar así gané en Portugal, Inglaterra e Italia en la primera temporada que llegué. Tienes que reconocer bien a tus oponentes y sus características. ¿Cómo no voy a tener en cuenta una tradición tan importante como la del Real Madrid, el club que más veces ha conquistado la Copa de Europa?
>
> (Mourinho, 2010, citado por Tamarit, 2013b, p. 28).

Por lo tanto, como dije anteriormente, de este intento del entrenador tratar de entender la realidad que lo involucra y sistematizar su idea

teniendo en cuenta esas circunstancias. El entrenador crea el modelo de juego a través de la intención previa, ya que tales ideas todavía están apenas en su cabeza y no fueron llevadas a la práctica.

Esta sistematización debe ser hecha con coherencia y articulación, donde el entrenador definirá *a priori* los macro principios y también parte de los meso principios que orientarán la conducción del proceso, con el objetivo de obtener eficiencia y eficacia en las competencias.

Hecha esta calificación a *priori* vendrá lo que sucede en la práctica, en el día a día, es decir, en los entrenamientos, en los partidos, en fin, durante el proceso. Este tiempo va permitiendo que el entrenador conozca más sobre la realidad inicialmente planteada, en todos sus niveles.

Tal como propone el profesor Vítor Frade (2013a, p.412), "*cuando hablamos del modelo, tenemos que huir del plano de las palabras hacia el plano de la somatización, hacia el plano de la operacionalización. Porque cuando un proceso ocurre, tiene repercusiones en los individuos a todos los niveles*", modelando.

> A morfogênese duma ideia
> é a "marcação somática"
> da coisa nossa e não da alheia
> do modelado na prática.
>
> Vítor Frade.

De esta manera, el modelo no se resume solo al plano conceptual, es decir, a nuestra intención de hacer cualquier cosa. En otras palabras, concomitantemente al plano de los valores (*axiológico*), es decir, el entrenador debe sistematizar una idea de juego teniendo en cuenta sus preferencias internas y el entorno en que su club está envuelto, luego vendrá lo que sucede en la práctica, lo praxilógico[33]:

> Lo que sucede durante los entrenamientos, lo que la interacción entre determinados jugadores te da; cosas que van surgiendo. Durante el proceso mismo, y que al principio no esperabas, y que va modelando el modelo de juego de una forma u otra. La matriz de la idea de juego sigue siendo la misma, pero los contornos de esta idea de juego colectivo, o de este modelo de juego como intención previa, se van modificando. Yo lo llamo modelo de juego como intención en la acción, y pertenece al

33 **Praxiológica:** La praxis (acción y, sobre todo, acción ordenada -en el caso del fútbol diríamos coordinada- para un cierto fin) que se quiere llevar a cabo tiene una *lógica*, que es deliberada, es compatible con el condicionalismo de la idea que queremos plantear, con la idea de juego.

> plano praxiológico, es lo que va sucediendo en el 'aquí y ahora'. Aquí la intervención del entrenador se hace fundamental, para impedir que el proceso tome una dirección que no deseamos, o para potenciar ciertas interacciones que nos interesan. También la reflexión del entrenador a *posteriori*, sobre lo que está sucediendo, se vuelve esencial.
>
> (Tamarit, 2013a, p. 377).

Como propone Tamarit, al operacionalizar el modelo de juego en la cancha y pasar a ser una intención en la acción (acción que se da en el 'aquí y ahora'), se producirán interacciones de pormenor, muchas de las cuales el entrenador no esperaba a *priori*, que podrán hacer que parte de la intención previa se modifique. O sea, algunas de estas interacciones que emergen durante la operacionalización del modelo podrán parecer importantes para el *jugar* y de este modo podemos incorporarlas (e incluso maximizarlas) en la idea de juego, sino también podrán ocurrir interacciones que no nos interesan, las cuales debemos suprimir.

Como hemos visto, la reflexión de lo que sucede y también la intervención del entrenador son fundamentales para impedir que el proceso tome una dirección indeseada y para potenciar ciertas interacciones que sí nos interesan.

Recordando que esta eliminación de los aspectos que no nos interesan y la incorporación de aspectos que si nos interesan deberá ser hecha sólo en los contornos de la idea de juego y no al nivel de su matriz.

> La gestión de este proceso, hecha en el filo de la navaja, hace fundamental la dinámica extremadamente compleja que se establece entre cuantificación a priori y cuantificación a posteriori. La primera se refiere al retrato proyectado, general, que se hace para el proceso, es decir, se hace un análisis a los tres tiempos: pasado, presente y futuro. La segunda, la cuantificación a posteriori se refiere a la necesidad de que cada instante se vaya gestionando y midiendo el rumbo que el proceso vaya tomando, de modo a hacerlo congruente y lo más aproximado posible con el retrato inicial. Y en este punto una vez más, me veo obligado a subrayar la importancia de la sensibilidad del entrenador para gestionar estos aspectos, y fundamentalmente para jerarquizar.
>
> (Maciel, 2011b, p. 6–7).

Al respecto, veamos un ejemplo bastante concreto y esclarecedor:

> Supongamos que determinada idea de juego tiene como idea para el momento de organización ofensiva, atacar haciendo uso de una posesión y circulación de balón predominante en el mediocampo adversario. En términos ideales, esta intención pasaba por la participación de dos defensas en la circulación del balón hasta hacerla llegar al mediocampo adversario y en su continuidad. Pero cuando deparado con la realidad de la plantilla, se verifica que la eficacia de tal intención, por falta de calidad individual en el sector, será extremamente comprometida. Debido a la imposibilidad de adquirir nuevos jugadores, el entrenador tiene que solucionar la situación, y conociendo mejor el plantel, verifica que tiene puntas de lanza muy eficaces cuando son solicitados en balones largos y directos, capaces de sostener la pelota y esperar por el apoyo de los colegas. A la vista de esta configuración, el entrenador decide aprovechar esa potencialidad de estos jugadores y, por ejemplo, pasa a construir después de salidas directas de atrás, dando continuidad a la posesión a partir de ahí y haciéndolo en el mediocampo del adversario. La intención más global (macro) no se altera, el modo en que se concreta es, sin embargo, diferente del inicialmente conjeturado, pero el equipo no se aleja de su intención más general para ese momento. Lo que hace es conferirle en términos de detalle otros matices en determinados instantes, que permiten una gestión más armoniosa y mejor lograda del trinomio estética/eficacia/eficiencia.
>
> (Maciel, 2012a, p. 4).

Tal como dice Jorge Maciel, la gestión de todo el proceso de modelación del *jugar* (el 'modelo' concreto) exige del entrenador mucha habilidad y sensibilidad para percibir y captar lo esencial, con la intención de que las bifurcaciones emergentes del proceso puedan ir al encuentro de lo esencial y nos conduzcan, aunque por muchas curvas, al futuro aspirado.

De aquí sobresale la importancia de la reflexión por parte del entrenador sobre lo que ocurre durante el proceso de la modelación del *jugar*. Se debe tener sensibilidad en la conducción de la misma, siendo que las modificaciones que podrán ocurrir en medio de ésta deberán hacer que siempre haya una aproximación al retrato inicial, en suma se debe hacer que la intención en la acción tenga congruencia con la intención previa.

Por lo tanto, como suele decir Jorge Maciel, el modelo de juego es todo, pero no puede ser todo y cualquier cosa: es esa idea de juego teniendo en cuenta el contexto que la rodea, siendo que de ese encuentro resulta la creación de un referencial colectivo, es lo que sucede durante su operacionalización que va moldeando esa idea de juego colectiva a nivel de los contornos, y es también la reflexión (y la operacionalización conforme con ésta) por parte del entrenador.

Es lo que existe en términos estructurales y funcionales, que proporciona que regularmente un equipo se identifique como tal. Por eso se suele decir que el modelo de juego es algo que se construye, pero que nunca está acabado, está siempre siendo modelado.

Se forma por lo tanto una espiral del modelo de juego, es decir, el modelo de juego sin perder su matriz se estará reconstruyendo permanentemente, formando una espiral entre esa intención previa del *jugar*, su intención en la acción y su reflexión que nos llevará a una recreación (no matricial) de la intención previa más las nuevas circunstancias que a lo largo del proceso van emergiendo (Tamarit, 2013b).

> La relación organizada y coordinada entre los jugadores de un equipo hace emerger algo que está más allá de la suma de las partes y por lo tanto también evoluciona, el jugar, la identidad. Esto resulta de la exponenciación de los grandes principios, pero tiene que ver con la cada vez mejor articulación entre los subprincipios y los sub sub y eso se hace en el día a día. Muchas de las veces la potenciación de esto resulta de haberse enfrentado a adversarios y haberlos superado y ganado con eso. Esto permite incluso sacar a flote las capacidades que ellos mismos y los propios entrenadores desconocían y esto es todo lo que es el modelo. Todo esto, que después va surgiendo de una forma más complementaria en el sentido del crecimiento de un equipo y de los jugadores, tiene esta consideración u otra consideración en función del condicionamiento de los grandes principios. Es ahí que el modelo crece, por eso es que yo digo que el modelo es cualquier cosa, que no existe en ningún lado y que todavía intento encontrarlo, parece una paradoja. No existe en ningún lado como tal porque él también se construye, ahora no se modifica en su matriz. Anteriormente hablé en causalidad lineal y causalidad no-lineal y esto está relacionado porque esta forma de pensar tiene que ver con la modelación sistémica, estoy modelando una operacionalización en función de ciertos valores o principios pero el sistema acontencimental también permite emergencia, si no, no diríamos que el todo es mayor que la suma de las partes, sino también es en ellas diferente, porque ellas dejan de ser partes, como cuando son

> partes como tal para ser partes fruto de su relación con el todo, por eso es que suelo decir que el primado está en el individuo, pero él tiene que evolucionar relacionándose con otros, por eso es que llamo auto-eco-hetero.
>
> (Frade, 2010, p. 107-108).

La modelación del *jugar* basada en el referencial colectivo, la matriz, posibilita una relación organizada y coordinada entre los jugadores del equipo, haciendo surgir algo que está más allá de la suma de las partes, lo que hace que el *jugar* también evolucione.

Esto, como comenta Frade, resulta de la exponenciación de los macro principios, que a su vez evoluciona cada vez más fundamentado por el ajuste y mejor articulación de éstos (los macro) con los mesos y los micro principios. Todo eso como consecuencia de la vivencia y la experiencia del proceso a lo largo del tiempo, que siempre permite emergencia.

Una vez más, no por casualidad, el profesor Frade se refiere a la importancia del individuo, donde esta evolución y maximización del lado individual se hace teniendo como base la relación con los otros jugadores, condicionado por un referencial colectivo. De este modo, el proceso asume un carácter auto-eco-hetero.

Esta vivencia colectiva altera el subconsciente de los jugadores, como veremos más adelante, haciendo que ese *jugar* se vaya incorporando en ellos mismos, desde los pies hasta la cabeza, en la carne y los huesos, y por lo tanto, estructurándolos y somatizándolos.

> Aparente paradoxo então
> a auto-eco-hetero afirmação
> no crescer colectivo
> exalta o da individualidade
> mas sem equipa consigo
> nenhum jogador é bom,
> e o inverso pode também
> ser verdade
> e assim qualidade tem.
>
> (Frade, 2014a, p. 32).

Como comenta Tavares, en una entrevista con Xavier Tamarit, mientras mejor sea su equipo, que es constituido por jugadores, más fácilmente las individualidades aparecerán. De esta manera, los jugadores crecen dentro del contexto del equipo. Basta recordar la potenciación evidente de los talentos de Messi comparando sus actuaciones en el Barcelona y en la selección argentina dirigida por Maradona.

> Es por eso que hablo de calidad de juego, de mi idea, y que esa evoluciona cuando logro maximizar la redundancia concomitantemente con la variabilidad, la redundancia pertenece más a lo macro, a las grandes referencias colectivas, ¡después tenemos el meso y el micro! ¡Lo que nos lleva a poder decir que ni con el Barcelona existen dos juegos iguales y eso no tiene nada que ver con lo macro!
>
> La redundancia no es como la gente suele decir, los llamados 'grandes principios'. ¡Son los macroprincipios! ¡Lo que es el norte de la modelación son lo smacro principios! Son los referenciales colectivos que implican a todo el equipo. De ahí que después los otros sean todos sub. Más sub al nivel de la dimensión meso, y más sub sub al nivel de la dimensión micro.
>
> Y como tanto equipo como jugadores, debemos pensarles en la posibilidad de que evolucionen interminablemente, entonces él es abierto.
>
> (Frade, 2013a, p. 413).

Por lo tanto, se debe entender el modelo de juego como un todo, no siendo sólo el *jugar* que queremos evidenciar y que se va modificando, alterándose, modelándose y trascendiendo, evolucionando de forma no-lineal (debido a la evolución que ocurre mientras el emerger del proceso, de lo inesperado, así como a la constante reflexión en el plano de los contornos de la idea, lleva a su recreación permanente), sino todo lo que ocurre a lo largo del proceso, que acaba por influenciar lo que efectivamente ocurre en el campo (en las competencias) regularmente, lo que existe en términos estructurales y funcionales, que permite identificar al equipo como tal.

> Cualquier entrenador tiene una idea de juego. En función de la forma como ve el juego, elige una idea, y esa idea, la dicha Especificidad, es el esbozo inicial a partir del cual él va construyendo poco a poco el proceso de crecimiento del equipo, y de acuerdo con la Periodización Táctica, lo hará según principios metodológicos que están perfectamente sistematizados. Y teniendo en cuenta también el contexto, por lo tanto la realidad, el 'aquí y ahora', el instante, aquello que es la realidad en aquel club, desde los jugadores que tiene, el país donde está, la cultura de los aficionados, el estado del césped, todo influye, ¡todo! El contexto es interminable y es indescifrable en su totalidad. Todo esto en conjunto con el esbozo inicial, junto con la lógica procesal, va a llevar a tal emergencia y ahí sí vamos

> a tener la aparición de una funcionalidad. Una funcionalidad que nos permite distinguir el juego del Barcelona, del juego del Real Madrid; el juego del Oporto, del juego del Benfica, del juego del Sporting. Por lo tanto, si logramos identificar diferencias en los equipos, es porque algo que ellos expresan es diferente y ese algo es el modelo del juego.
>
> (Amieiro & Maciel, 2011).

La interacción de diferentes aspectos tales como la propia idea de juego del entrenador; la cultura del país en que se está trabajando; cultura del club; objetivos trazados por la dirección; características de los dirigentes; características de los jugadores; condiciones de trabajo; la metodología de entrenamiento; gestión del grupo; liderazgo; sensibilidad del entrenador; afición; prensa; resultados obtenidos a lo largo del proceso, hacen que la modelación se dé de una manera muy particular, de modo que el mismo entrenador en un club modele de una manera y en otro club modele de otra (aunque debe, en nuestro entendimiento, mantener las mismas premisas en lo que se refiere a los principios metodológicos), así como en un mismo club la modelación de un entrenador será diferente de la modelación que otro entrenador hubiese hecho si estuviera en su lugar.

Jorge Maciel cuenta que su experiencia en el mundo árabe, como asistente técnico,le planteó grandes desafíos en la modelación del *jugar* de su equipo, como por ejemplo entrenarse durante el mes del Ramadán, un período religioso en el que los musulmanes deben ayunar.

Además de ser desafiante planificar un entrenamiento para jugadores que no se alimentan, gestionar la dinámica entre el esfuerzo y la recuperación, tener que adaptarse a la interrupción de entrenamientos para horarios de rezos, existía la incapacidad de comunicarse en árabe, lo que le trajo a Maciel desafíos adicionales para el desarrollo del proceso.

También es muy diferente ser un entrenador que ya ganó mucho en la carrera y ser entrenador que nunca ganó nada, que está recién comenzando, o que nunca jugó al fútbol a nivel profesional. La aceptación de las ideas del entrenador multicampeón, por parte de los jugadores, tendencialmente se facilita cuando se compara al entrenador que nunca ganó títulos o un desconocido.

Un ejemplo de ello fue cuando Mourinho llegó al Chelsea:

> Cuando Mourinho llegó al Chelsea la gente también preguntaba, «pero ¿entonces no vamos a hacer esto o aquello?» Y él decía, «aquí quien ganó fui yo, no fueron ustedes». Es diferente

> si yo llego allí y no he ganado nada, pasamos a la teoría del café con leche[34]. Esto es una cuestión de inteligencia, es un pensamiento estratégico, digamos así. Se suele decir que si voy a enfrentar un buey para darle de comer no voy a tirar del buey hacia abajo por el cuello para llevarlo al pesebre, tengo que traer el pesebre al buey.
>
> (Frade, 2013b, p. 93).

Tampoco es lo mismo entrenar a un equipo que ganó todo en la última temporada y entrenar a otro que no ganó nada, ¿por qué los jugadores de un equipo que ganó todo jugando de determinada forma van a querer seguir por un camino diferente con otro entrenador?

> ¿Por qué Del Neri salió nada más llegar al FC Porto? Había estado aquí Mourinho, habían ganado todo, habían sido campeones europeos y eran los mismos jugadores... Ellos estaban contrariados y «rechazaban» el modelo de juego, por eso ni siquiera empezó el campeonato. ¡Ellos incluso sacaban los paralelepípedos de las rampas con la cantidad de repeticiones que hacían! Y los jugadores entre ellos se decían: "Ganamos todo y no precisábamos estar haciendo esto. Nunca fuimos al gimnasio,era todo balón, que es lo que nos gusta. Es evidente que estaban todos con mala cara hasta que la cosa se salió de las manos y el presidente tuvo que demitir al hombre. ¿Y él no tiene prestigio? ¿No tiene currículum? ¿No ha hecho cosas?
>
> (Frade, 2013b, p. 102).

---

34 **Café con leche:** El profesor Vítor Frade engendra esta metáfora para "*subrayar que siendo nuestra pretensión colocar a los jugadores a beber leche (representan la Periodización Táctica), sin que su motivación vaya en ese sentido, porque quieren y están habituados al café (metodología convencional), el paso del café definitivamente a la leche debe realizarse de forma gradual. Es decir, sabiendo que la leche tiene poca aceptación, fruto de la cotidianidad y de la creencia generalizada relativamente al café, el entrenador siente necesidad de atender eso sin dejar de tener la pretensión de acostumbrarse a la leche, pero al mismo tiempo teniendo la sensibilidad para que el paso no se haga de forma conflictiva por no tener esa costumbre. Sin embargo, es importante subrayar que este destete, ese pasaje del café para la leche, debe hacerse ya teniendo en cuenta la lógica metodológica que pretendo implementar, aunque a veces con contenidos marcadamente más ligados con el café que con la leche. Es decir, la lógica metodológica debe obedecer a los pilares de la leche, el modo en que la llevo a efecto, disimuladamente, es que puede contemplar contenidos más analíticos. Contenidos que debo saber mezclar con la leche, pero ojo, sin mezclar la lógica metodológica, y que deben ser irrelevantes al nivel de la adaptabilidad que podrán inducir en los jugadores, para que no se constituya como estorbo a lo que considero esencial. Es una gestión difícil de hecho, pero necesaria*" (Maciel, 2011b, p. 50-51).

En 2009, el sitio del diario *Diário de Notícias* trae la información de que Luiz Felipe Scolari, entrenador que fue campeón en casi todos los lugares que pasó, reveló que algunos jugadores del Chelsea, sobre todo los ingleses, no estaban muy de acuerdo con su metodología de entrenamiento y que eso acabó por generar cierto desgaste.

Ahora no hablando de metodología de entrenamiento y sí de ideas de juego, tuvimos la oportunidad de presenciar lo que Pep Guardiola hizo en el Bayern de Múnich, que ganó el triplete en la temporada anterior a su llegada jugando de una forma diferente (en términos meso y micro) de la que el entrenador español implantó (y con éxito) desde el primer entrenamiento. Varios jugadores del club bávaro dijeron a reporteros que inicialmente había cierta desconfianza en el vestuario, pero que terminaron todos contagiados y convencidos por la manera como Guardiola transmitió sus ideas (y claro, por el peso de su historial como entrenador, conseguido debido, entre otras cosas, por su filosofía de juego).

De ahí una vez más la necesidad del entrenador de tener habilidad en la gestión del proceso (divina proporción) y tener bien presente el *jugar* que se desea.

Cuando me refiero a la necesidad de tener capacidad de adecuación al contexto, obviamente no estoy hablando solo de diferentes países, culturas y pasado reciente.

Mara Vieira, entrenadora portuguesa, ejerció un trabajo en la cantera del FC Porto, con edades de sub 8 a sub 11 y explica que debido a la poca capacidad de abstracción para los términos y nomenclaturas que los niños pequeños tienen, cuando se comparan a los mayores y los adultos, tuvo que encontrar soluciones para que la idea de juego del club fuera transmitida (y consecuentemente somatizada) de la manera más eficaz para las edades en cuestión. Teniendo en cuenta la espantosa capacidad de aprendizaje de los niños más jóvenes y sus increíbles poderes de imaginación y creatividad, Mara pasó a crear historias de fantasía que transportaran a los niños a una realidad palpable y entendible para ellos, teniendo como telón de fondo el *jugar* que el club pretendía desarrollar. Se trata de una adecuación a las circunstancias impuestas por el contexto.

> Sabemos que la historia se asume como vehículo precursor de la imagen del niño, que se construye con símbolos extraídos de la realidad. Más allá de eso, la necesidad de hacer reflexionar a las personas del mundo real, de fácil asociación para el niño, conduce a la interpretación de los personajes como parte del real y parte del imaginario. La historia creada permite desde

> muy temprano representar en rasgos generales nuestra dinámica funcional.
>
> (Vieira, 2011, p. 3–4).

El *jugar* que el FC Porto pretende desarrollar desde las edades más tempranas hasta el más alto escalón pasa fundamentalmente por determinar y subyugar al adversario, con un fútbol de ataque, teniendo siempre que sea posible la posesión del balón para desorganizar al adversario y marcar gol.

Se buscan equipos equilibrados, que también defiendan con calidad (sin la posesión del balón), más allá de hacer una buena gestión en los momentos de transición. En transición ataque-defensa, se busca una presión inmediata al portador de la pelota y al espacio circundante. Primero, para intentar robar la pelota inmediatamente, y si no es posible, dar tiempo para que el equipo se organice defensivamente.

Así, las historias contadas por la entrenadora dan exactamente la noción de lo que será desarrollado, en rasgos generales, con los niños:

> Érase una vez 'un reino mágico' donde vivían guardias, guardaespaldas, dragones, un policía y un rey. ¡En ese reino hay un balón mágico, un castillo y una casa! El equipo del FC Porto es el más fuerte porque guarda el balón mágico que tiene poderes especiales. Transforma las casas en grandes castillos. Castillos que tienen un hermoso jardín, muchas habitaciones, salas y grandes torres. En la torre más alta está presa una princesa que necesita nuestra ayuda. Sólo se puede salvar si conseguimos llevar el balón mágico hasta allí. ¿Y cuándo nos quedamos sin la pelota? ¿Qué pasa? El gran castillo se transforma en una casa pequeña. ¿Dónde queremos vivir?
>
> (Vieira, 2011, p. 3).

"La historia creada permite desde muy temprano representar en rasgos generales nuestra dinámica funcional: con pelota, hacer un castillo grande; sin ella, hacer una casa pequeña", dice Mara.

Sabemos que para que se tenga éxito en el juego, dominando al adversario a través de un *jugar* basado, sobre todo en la conservación de la posesión del balón, algunos aspectos clave pasan por tener paciencia para encontrar los espacios, creando una relación de cooperación entre todos los jugadores, pasando la pelota a quien tiene mejores condiciones de recibirla, logrando hacerla llegar a zonas adelantadas en condiciones para finalizar con éxito.

Lógicamente, si habláramos en estos términos crearíamos grandes dificultades de entendimiento para los niños y, por lo tanto, Mara transmite lo que pretende a través de historias:

> Cuando tenemos el balón mágico,¿dónde queremos llegar?
> ¿Cómo es que el balón logra llegar hasta la torre de la princesa?
> ¿Vamos a buscar caminos con mucha o poca gente?
> ¿En los caminos donde hay mucha gente es fácil o difícil que la pelota se mueva?
> Imaginen que van a la escuela y llevan una pelota para jugar en el descanso. Pero en el camino están niños mayores, de otra escuela, que les quieren robar la pelota para que ellos puedan jugar. ¿Qué hacemos? ¿Arriesgamos y pasamos en medio de ellos o buscamos otro camino?
>
> (Vieira, 2011, p. 6).

Es importante señalar que no basta con crear historias de fantasía si tales historias no se llevan a cabo a través de la creación y vivencia de contextos en entrenamiento, para que puedan salir del campo del imaginario y promover la adquisición, el hábito y por consecuencia funcionalidad.

Como diría Bela Guttman, entrenador húngaro, citado por Campos (2008): *"Se han escrito tratados sobre estrategias y tácticas, pero el jugador no es un estudiante universitario, es sobre todo un práctico y sólo pasa a creer en esta estrategia o en esa táctica si ella se le demuestra en campo".*

Son por estas razones que la modelación del modelo de juego requiere arte.

> Hablamos de arte porque en el arte tenemos un ejemplo espectacular: existen artistas que hacen obras de arte originales y existen los artistas que sólo hacen copias. Con los entrenadores pasa lo mismo: hay entrenadores que sólo sirven para orientar para determinada cosa, y en un contexto diferente en que las solicitudes son diferentes, ya no logran hacer la modelación con éxito. A pesar de que los artistas pintan extremadamente bien, no es suficiente para producir un arte completamente diferente de otros que también pintan bien, pero logran hacer otras cosas.
>
> (Gomes, 2013, p. 314).

Uno de los aspectos determinantes para que la modelación se procese de la manera que deseamos es la intervención y el liderazgo del entrenador, el modo cómo conduce al grupo de jugadores.

> En aquello que es nuestro proceso, un entrenador debe saber que en cierta altura tiene que dar un grito a un jugador; debe saber que en un momento dado no debe poner a un jugador a jugar; debe saber cómo lidiar con un jugador que llega tarde a un entrenamiento. ¡Hacerlo en aquel momento, en aquel *timing*! Y eso es difícil porque tiene que hacerle sentir ciertas cosas y percibir qué repercusiones eso genera en el contexto. Si tiene que hacer de él un ejemplo para el equipo o no. Por lo tanto, esto es ser entrenador porque es modelar. Y quien dice que ser entrenador es sólo percibir de juego y entrenamiento, es mentira, no sabe lo que es modelar.
>
> (Gomes, 2013, p. 308).

> Modelar es reconocer la importancia de dar un determinado *feedback* a un jugador, de tener una intención en una determinada situación de entrenamiento, de hacer 'aquella' sustitución concreta, entre otras cosas.
>
> (Gomes, 2013, p. 305).

> Por eso es que el entrenador tiene que percibir si un jugador necesita ser motivado de una determinada forma o ser motivado de otra, porque esto también es modelar.
>
> (Gomes, 2013, p. 308).

Xavier Tamarit bien plantea que algunos entrenadores ven en las ruedas de prensa oportunidades para crear climas y atmósferas que les traigan beneficios y/o perjuicios a los rivales. Nos parece que Mourinho es un ejemplo bastante claro de eso, con sus *mind-games.*

Otro aspecto importante que se revela fundamental son las intervenciones que el entrenador va dando durante los ejercicios en el entrenamiento, para dirigir al equipo al *jugar* que se pretende, pues las interpretaciones que pretendemos que los jugadores adquieran son hechas a lo largo del tiempo y especialmente fruto de los contextos específicos vividos en entrenamiento.

El entrenador debe ser capaz de conducir a toda la gente a interpretar las circunstancias de determinada forma y no de otra. Los jugadores deberán somatizar las ideas, los referenciales colectivos. De esta manera, para Gomes (2013), un entrenador también tiene que 'estar' y

'ser' contexto, y señala que si durante un entrenamiento, un ejercicio está sucediendo y no se interviene en nada, podría ser un momento de ganancia que de este modo se pierde. Concluye que entender de juego y de entrenamiento no es suficiente para ser buen entrenador, pues el lado de la modelación está mucho más allá de la interpretación de lo que sucede. Nos referimos a la somatización de la modelación, es decir, de lo que emerge como modelo de juego.

> Por ejemplo, existen muchos buenos analistas de juego que no pueden ser entrenadores porque el lado de la modelación es mucho más que la interpretación de lo que sucede. Es hacer que los demás interpreten, es llevarlos a estar de determinada forma, es hacerlos vivir las circunstancias de acuerdo con las creencias que se van instalando en todo el cuerpo a través del contexto que lo modela.
>
> (Gomes, 2013, p. 307).

La dinámica de relaciones que el modelo de juego establece con lo que lo envuelve se refleja en la operacionalización del proceso, tanto en el campo como fuera de éste.

> El modelo es cualquier cosa que no existe en ningún lado, todavía yo busco encontrarlo. ¡Parece una paradoja! No existe en ningún lado porque no se agota. Porque el modelo tiene también mucho que ver con las circunstancias, con la realidad. ¡Cosa que ni yo ni nadie domina completamente! Y es sobre esta realidad que nunca domino completamente, que voy a ejercer la modelación. Por lo tanto, hay, por ejemplo, algunas cosas que pienso que no existían, y al estar sucediendo pueden estar haciendo que la modelación no se dé. ¡La qué aspiro!
>
> (Frade, 2013a, p. 412).

Imaginemos un entrenador que dirige un club de cuarta línea en Europa, como el Montpellier, de Francia. Este club recientemente ganó el campeonato nacional por primera vez en su historia (2011/12), superando todas las expectativas posibles. En teoría, esto hace que muchos jugadores sean valorados y sean codiciados por clubes más grandes y mucho más poderosos, tanto en el contexto nacional como internacional, como el París Saint Germain (PSG), Lyon, Olympique de Marseille, Manchester United, Real Madrid. Imaginemos ahora que, cerca del cierre de la ventana de transferencias, el Montpellier recibe innumerables propuestas -extremadamente ventajosas para los jugadores- para que venda sus estrellas.

Sin embargo, el club desea mantener a sus jugadores y no permite la salida de ellos, a menos que algún club pague la cláusula de rescisión completamente irreal y fuera de los estándares del mercado.

Ahora, imaginen la reacción y desilusión de algunos de los principales jugadores del club, que llegan a la sala del presidente y le dicen: *"OK, presidente, vencemos un título que el club nunca había vencido, alcanzamos resultados más allá de lo que el club preveía y ahora nos gustaría salir a otro club, un club más grande, de mayor visibilidad, donde recibiremos cuatro veces más de lo que recibimos aquí y disputaremos todos los campeonatos para ganar"*, y el presidente les niega el pedido, siendo irreductible.

¿Cómo funciona un jugador en las semanas siguientes después de una situación como esta? ¿Cómo puede afectar el *jugar* del equipo?

El entrenador, por más que tenga una idea de juego bastante evolucionada, que sepa operacionalizar sus ideas adecuadamente, puede ser que tenga dificultades en la manifestación de su *jugar*, porque suponiendo que más de la mitad del equipo titular probablemente estará con la 'cabeza en otro lugar', irritados y decepcionados con el club, posiblemente la calidad de entrenamiento y juego del equipo caerá, tal vez el empeño y la dedicación no sean las mismas de antes.Es decir, la idea pregonada es la misma, los jugadores son los mismos, la metodología de entrenamiento es la misma, pero por cuestiones circunstanciales la modelación puede no suceder de la manera que se aspiraba.

Por lo tanto, como coloca Jorge Maciel (2012a), siendo el modelo de juego una realidad abierta, simultáneamente redundante e imprevisible, coloca al entrenador ante la aparente paradoja de tener que gestionar una realidad que en su esencia es imprevisible y, en parte, también invisible a sus ojos y a los ojos de los que intervienen en el proceso, pero que estando allí presente podrá interferir en la modelación conjeturada por el entrenador.

> En la superficie, es decir, la cara visible, parece ser una realidad circunscrita a una dimensión y complejidad, pero en realidad es mucho más compleja y edificada sobre muchos aspectos que no son visibles a la superficie, pero que se asumen como fundamentales para la dimensión visible del modelo.
>
> (Maciel, 2011b, p. 7).

Así, el modelo de juego es un 'imposible necesario' que el entrenador en términos ideales concibe, pero que después en su concretización no logra reproducir tal y cual se pretende, pues a nivel del detalle él va a asumir contornos únicos resultantes de la interacción con lo que el proceso implica. Sin embargo, no deja, o no debe dejar de tener la

configuración general, los rasgos generales de lo que fue proyectado inicialmente.

"*Muchas veces cuando se habla de Periodización Táctica se acude a la siguiente cita: 'El camino se hace caminando'. El modelo es eso, se hace modelando*" (Maciel, 2011b, p. 8).

Por eso, paradójicamente, aun teniendo en cuenta que nunca existirá una reproducción fiel de nuestras ideas, de nuestra concepción de juego y de las cosas 'tal y cual' aspiramos, el modelo de juego idealizado debe estar siempre siendo visualizado. En suma, se debe constituir como el ideal a ser alcanzado, habiendo por lo tanto la necesidad de modelar el presente en función de lo que se proyecta, teniendo la certeza de que el proceso nunca estará concluido.

Por lo tanto, el modelo de juego va siendo permanentemente modelado y remodelado (en sus contornos) en virtud de lo que va ocurriendo en el transcurso del proceso. Es lo que existe en términos estructurales y funcionales, que proporciona que regularmente un equipo se identifique como equipo.

> El modelo es este lado, esta evidencia empírica, es efectivamente lo que un equipo revela como regularidad cuando sucede. Y eso es fruto de un conjunto de coordenadas. Pero es una emergencia, es cualquier cosa que necesita tiempo para aparecer, necesita una idea que la sustente y precisa de un proceso que oriente esta adquisición.
>
> (Frade, 2013a, p. 412-413).

Como dice Jorge Maciel, se trata de una resultante de la interacción dinámica entre los aspectos visibles y decibles con los aspectos invisibles e indecibles que lo componen. De ahí decir que es todo, pero no es todo y cualquier cosa, dada nuestra intención previa, nuestra matriz, que estará siempre presente guiando y determinando el proceso.

Por eso, el modelo de juego, aunque sea permeable a la realidad que lo envuelve, es más selectivo en esta permeabilidad, así como más consistente y coherente sea la compleja y dinámica operacionalización del proceso (Maciel, 2012a).

En este sentido, el modo en que se lleva a cabo el proceso, es decir, cómo saldremos de las ideas para llegar a la funcionalidad regular, la matriz metodológica es un aspecto clave en la modelación, ya que posibilita la somatización de los referenciales colectivos por parte de los jugadores.

> Cuando digo que quiero que mi equipo juegue de determinada forma,es lo mismo que un cocinero diga que quiere hacer

> una masa a la boloñesa. Pero después tiene que hacerla, ¿no? Y el proceso de hacerlo es para quien sabe. Unos saben hacer una masa genial y otros hacen una masa normal.
>
> (Gomes, 2013, p. 315).

Por lo tanto, para jugar un determinado tipo de fútbol es necesario entrenar ese tipo de fútbol que queremos jugar y para la Periodización Táctica el modo en que se intenta llegar al *jugar* pretendido tendrá necesariamente que obedecer a tres principios metodológicos: el principio de la alternancia horizontal en especificidad, el principio de la progresión compleja y el principio de las propensiones, siempre en interacción.

El cumplimiento de esta matriz metodológica es lo que permite distinguir claramente quién entrena según la Periodización Táctica y quién no. Sin embargo, antes de abordar estos principios metodológicos hay que referirse a la noción de especificidad, que más que un concepto se afirma como un imperativo categórico, supraprincipio.

3.3 Supraprincipio de la especificidad

> La especificidad no es un principio metodológico, es mucho más un imperativo categórico. Es una necesidad que tengo que buscar para estructurar las cosas, para dirigir el proceso, para orientar la dirección del proceso.
>
> (Frade, 2013a, p. 412).

> Las adaptaciones humanas son específicas, es decir, realizamos lo que se nos coloca, que es lo mismo que decir: si corremos alrededor del piano, seremos mejores corredores alrededor del piano; si tocamos piano, seremos mejores pianistas (aunque hay que tener resistencia para tocar una gran obra).
>
> (Gaiteiro, 2006, p. 149).

Como ya explicité, es de suma importancia que un entrenador tenga una idea de juego y estructure el entrenamiento en función de ésta. Sabemos que la idea de juego surge en función del modo como un entrenador ve y entiende el fútbol y el contexto en que está inserto, valorando algunos conceptos en detrimento de otros, tratándose, por

lo tanto, de una idea Específica[35], que a nivel macro es singular e identificable.

La idea de juego, en conjunto con la matriz de los principios metodológicos, permite que haya una coherencia y una lógica en la orientación de todo el proceso de entrenamiento. Esta idea Específica (que inicialmente es abstracta; necesita ser operacionalizada, vivenciada y somatizada), a través de los principios de juego que le dan cuerpo, es lo que podrá permitir la identificación de patrones que definen y distinguen a los equipos.

El supraprincipio de la Especificidad implica respetar esto en todos los momentos del proceso, es decir, crear contextos de propensión[36] ("ejercitación") durante las sesiones de entrenamiento que se reporten a la matriz de la idea de juego, del *jugar* que se pretende desarrollar con los futbolistas, pero sin descuidar la forma en que esto es realizado. Es decir, quiero con ello alertar sobre la necesidad del respeto por los principios metodológicos de la Periodización Táctica durante el proceso en que se está llevando a cabo.

En este sentido, la Especificidad es lo que estructura toda la lógica de direccionamiento del proceso, asumiéndose no como un principio metodológico, sino más bien como un imperativo categórico[37], una

---

35 **Idea de juego/Jugar Específica(o):** Usaré el término Específico, con E mayúscula, para diferenciar la Especificidad relativa a un *jugar* (o a una idea) de determinado equipo de la especificidad relativa a la modalidad.

36 **Contexto de propensión versus contexto de ejercitación:** Aunque habitualmente en el fútbol hablamos de 'contextos de ejercitación', 'ejercicios de entrenamiento', la nomenclatura que más se acerca a lo que quiero decir es contexto de propensión o propensionalidad, una vez que el contexto de entrenamiento creado se remite a una(s) determinada(s) propensión(es), relacionada(s) con la idea de juego y la lógica del día del morfociclo en que se está y de lo que se pretende entrenar.
Quiero con ello evidenciar la Especificidad relativa al proceso, a diferencia de una 'ejercitación' genérica, en términos de idea de juego y de una lógica metodológica. Por eso abordaremos el tema utilizando propensión/propensionalidad, o, cuando mucho, 'ejercitación', entre comillas.

37 **Imperativo categórico:** Término creado por el filósofo alemán Immanuel Kant (1724-1804). El profesor Savater (2010) cuenta que, además de su teoría del conocimiento, Kant centró sus estudios en la doctrina de la moral humana, dedicándose a estudiar la moral humana y en buscar cuál sería el núcleo esencial de la misma.
Savater propone que la moral está relacionada con la acción, con la actividad, y explica que nosotros no somos dueños de todas las consecuencias provenientes de nuestras acciones, o sea, no podemos predecir con exactitud lo que nuestra acción va a generar. *"Constantemente hacemos cosas cuyos resultados son opuestos, o al menos diferentes de lo que habíamos buscado. Entonces, eso podría de cierta manera inhibirnos como seres humanos, es decir, ¿por qué voy a intentar realizar tal cosa, si los resultados de tal acción podrían ser diferentes de los que idealicé?". Para Kant, lo que es verdaderamente moral en cada uno de nosotros es la buena voluntad. La única cosa a la que un ser humano no puede renunciar es la de tener buena voluntad. Si yo actúo con buena voluntad, sean cuales fueran las consecuencias de mis actos, nadie podrá reprocharme moralmente.*

obligatoriedad, una necesidad. Permite transformar las circunstancias en un contexto, es decir, dar un sentido, un significado y coherencia a lo que se tiene, que se practica y que emerge.

Es un concepto clave, pues encierra un verdadero sentido que transporta para todos los entrenamientos (Resende, 2002). En resumen, la Especificidad contextualiza todo lo que se hace.

Maciel (2011, p. 3) refuerza y sostiene que el supraprincipio de la Especificidad "*resulta de la concretización interactiva de los principios de juego, de los principios metodológicos y de todo lo que implica tal operacionalización*".

Es claro que para la Periodización Táctica entrenar en Especificidad no es sólo entrenar en función de la idea de juego, sino entrenar de manera sostenida y estructurada por principios metodológicos únicos -principio de las propensiones, de la progresión compleja y de la alternancia horizontal en especificidad, siempre en interacción- en todos los momentos del proceso, teniendo como objetivo el emerger de un determinado *jugar.*

Este supraprincipio se basa en un raciocinio y una premisa lógica: "*Si queremos jugar de una determinada manera, según una determinada idea de juego, ¿qué debemos entrenar?*".

> Lo que pasa es que el objetivo final es jugar. Y, si es ese el objetivo, entrenar sólo puede tener un significado: hacerlo jugando.

Sin embargo, ¿en qué se basa la buena voluntad moral? Toda la moral está formada por imperativos, es decir, por órdenes, mandamientos. "Debes hacer eso, debes hacer aquello, debes evitar eso, no puedes hacer eso".
Estos imperativos están presentes diariamente en nuestras vidas. Constantemente damos órdenes a nosotros mismos, teniendo en cuenta algún proyecto, algún objetivo que poseemos. Por ejemplo: "Si quiero tomar un avión que despegue muy temprano del aeropuerto, tendré que levantarme temprano". Así que este imperativo es "tengo que despertar temprano si yo quiero embarcar en el avión", porque si no quiero no hay necesidad de despertar temprano.
Lo verdaderamente moral, por lo tanto, serían imperativos que no estuvieran condicionados por nada, solo porque somos seres humanos, que nuestra condición humana condicionara, obligara a ciertos imperativos. Y entonces, este imperativo que todos deberíamos asumir, porque somos humanos, es decir, porque somos racionales. Kant lo expresa de varias formas, pero el conjunto, el núcleo de la cuestión, es que cada uno de nosotros actúe de acuerdo con una máxima que deseamos que se convierta en ley universal para todos, es decir, que si voy a actuar de un modo determinado, "ojalá que todo el mundo, sometido a estas mismas condiciones, actúe de la misma manera que yo voy a actuar" (Savater, 2010).
Por eso la Especificidad es un imperativo categórico, es decir, un supraprincipio, pues estructura y orienta la dirección de todo el proceso. Deberá ser una ley universal (*concretización interactiva de la idea de juego,creando un sentimiento común a todos los jugadores, una intencionalidad/moralidad compartida de los principios metodológicos*), que condiciona y obliga su cumplimiento por parte de los involucrados en todos los momentos de dicho proceso. Parece como algo absolutamente imprescindible y necesario.

> Si el objetivo es mejorar la calidad de juego y de organización, esos parámetros sólo se logran concretizar a través de situaciones de entrenamiento o de ejercicios donde se pueda trabajar esa organización.
>
> (Faria, 2003 citado por Oliveira *et al.*, 2006, p. 46).

> No veo otra posibilidad que no sea esa repetición sistemática en Especificidad de los principios de juego porque es fundamental percibir que la organización es el éxito y en cuanto más organizado es el equipo, más probabilidades de éxito habrá.
>
> (Faria, 2008, p. 186).

Tal como coloca Rui Faria, ¡debemos entrenar justamente nuestro *jugar*! Pero de ninguna manera esto debe ser entendido como hacer siempre partidos de 11 contra 11. Debemos entrenar los macro principios, meso principios y micro principios de juego con su respectiva interacción y articulación en los diferentes momentos del juego, en los niveles colectivo, intersectorial, sectorial, grupal e individual, revelando una organización fractal en su desarrollo. Es decir, todos los contextos creados y vivenciados, en cualquier escala, deberán ser representativos de la totalidad: léase idea de juego, llevando a la manifestación de la 'autosimilitud' divulgada por la teoría de los fractales.

"*La Especificidad se asienta en el concepto de globalidad, que comprende la relación todo-partes, contextualizada en una organización*" (Gomes, 2008, p. 31).

Destaco y refuerzo una vez más que desde el inicio del proceso (incluso en la 'pretemporada') está la necesidad de crear un contexto macro que nos direccionará siempre para un mismo sentido, donde las especificidades de la Especificidad estarán presentes en cualquier escala (sirviendo como base de todo el proceso), sea en un ejercicio más micro, sea en una ejercicio más macro, salvaguardando permanentemente la relación desempeño-recuperación, tal como procuraré evidenciar durante este libro.

"*No puedo concebir ningún ejercicio que no tenga que ver con lo que quiero de mi equipo en términos de interacciones intencionalizadas. Hasta el calentamiento tiene que estar directamente relacionado con lo que voy a hacer después*", comenta Vítor Pereira, ex entrenador del FC Porto, en una entrevista para Xavier Tamarit (2013b).

Por lo tanto, podemos decir que la Periodización Táctica, en cuanto concepción metodológica, en ningún momento pierde de vista la idea del *todo*, es decir, del *jugar* que se pretende desarrollar en sus múltiples niveles de organización. No tiene como centro de preocupación el desarrollo de las denominadas 'capacidades condicionales' como fuerza, resistencia, velocidad y sus inúmeras divisiones y subdivisiones (resistencia aeróbica, resistencia anaeróbica, fuerza resistente, fuerza explosiva), sino, antes, busca el desarrollo del *jugar* que se pretende, parte del presupuesto de que las adaptaciones fisiológicas y bioquímicas resultantes de este procedimiento serán una consecuencia de lo ocurrido del mismo, y por lo tanto, serán Específicas para aquel proceso, permitiendo,de este modo, que el equipo como un todo y los jugadores individualmente movilicen dicha dimensión física en la singularidad que el *jugar* demanda.

Las personas que creen que en la Periodización Táctica no hay preocupaciones con la dimensión física están mal informadas. Existen tanto o incluso más que en las otras metodologías de entrenamiento, incluso las convencionales, tal como seguiré evidenciando durante el abordaje de los principios metodológicos.

La diferencia de la Periodización Táctica con las otras concepciones es que la brújula procesal de todo el entrenamiento se basa en los referenciales colectivos y, por lo tanto, en todo lo que da vida a los mismos, estando la dimensión física circunscrita en este proceso, siendo desarrollada en la gran mayoría de las a veces a través de formas jugadas, en situaciones de juego, pero no de un juego cualquiera, sino del *jugar* que se pretende llevar a cabo. De ahí que por consiguiente emerja una adaptabilidad biológica, a todos los niveles, en cada jugador implicado en este mismo proceso.

Por lo tanto, la Periodización Táctica está basada en un concepto de modelación sistémica, una vez que surge como una forma de entender, percibir y tratar un fenómeno complejo (el *jugar*), sin necesidad de descomponerlo analíticamente.

> Esto quiere decir que si entendemos el concepto de modelización sistémica como un concepto de Periodización Táctica, éste aparece como forma de interpretación, conocimiento y modelización del juego, sin que para ello sea necesaria su reducción en aspectos de orden táctico, técnico, físico o psicológico.
>
> (Faria, 1999, p. 36).

> Con el enfoque del entrenamiento en la repetición sistemática del conectar de los diferentes principios fundamentales de un jugar, el entrenamiento organizacional comprende una determinada expresión física, técnica y psicológica que define el concepto de organización intencionalizada de un equipo. En este contexto, el modelo de juego idealizado es adquirido teniendo en vista la dimensión táctica, la cual presupone el desarrollo de

> los principios de juego del equipo que inducen como emergencias las adaptaciones específicas a nivel físico, técnico y psicológico en el jugar creado para cada condición particular de las acciones inherentes al patrón de juego deseado para cada situación. Teniendo en vista los contextos propensos creados para el entrenamiento táctico de los diferentes principios de juego y de sus referidas articulaciones, un determinado equipo debe tener un conjunto de principios que proveen organización colectiva, y por eso las preocupaciones físicas, técnicas y psicológicas surgen por arrastre y la respectiva singularidad. Esto quiere decir que, al crear *jugares* contextualizados específicamente para la adquisición de determinados principios de juego,que se transforman en hábitos, teniendo como referencia los momentos o un contexto en particular de partida, la exigencia física, la técnica contextual y el estado cognitivo-emocional del jugador necesario para el desempeño óptimo requerido para esa situación particular,son incorporados de la manera más específica posible. En los ejercicios propuestos, las dinámicas de contexto viabilizan que las adaptaciones bioquímicas y neuromusculares sean específicas al cumplimiento colectivo de cada uno de los principios de juego. Además, las técnicas individuales exigidas son concordantes con aquellas utilizadas en orden de la unidad colectiva del equipo en un determinado contexto. Es importante mencionar que el equilibrio emocional y cognitivo necesario para las exigencias psicológicas comunes a las situaciones de confrontación, con presión espacial y temporal, están acorde con los principios de juego objetivados.
>
> (Pivetti, 2012, p. 124-125).

Se puede decir, por lo tanto, que la Especificidad que emerge de la vivencia y experimentación de la ***supradimensión táctica*** durante el proceso de entrenamiento, desde que vivenciada y experimentada de acuerdo con la lógica del morfociclo patrón (tema que abordaré más adelante),permitirá alcanzar una Especificidad total y concreta, a todos los niveles, es decir, técnicos, físicos, psicológicos, etc.

En cuanto a esta temática, Marisa Gomes (2008) sostiene que en la Periodización Táctica las repercusiones del entrenamiento son concretas y específicas en cada jugador, por el rol que desempeña en el seno del *jugar* y por las relaciones e interrelaciones que establece con los demás jugadores.

Si las adaptaciones ocurren en función de los estímulos vivenciados, las adaptaciones promovidas por el equipo A serán necesariamente diferentes de las adaptaciones promovidas en el equipo B, a todos los niveles, ya que se tratan de procesos diferentes, aunque desarrollados con la misma metodología de entrenamiento (Periodización Táctica, por ejemplo).

Por lo tanto, sigamos la siguiente línea de raciocinio: la denominada 'dimensión física' requerida para la manifestación del *jugar* del Barcelona de Guardiola (temporada 2009/10), un equipo que entre otras innumerables cosas, defendía fundamentalmente en bloque alto, con mucha presión al portador de la pelota y al espacio circundante, robando el esférico casi de manera instantánea, y que, con la posesión de la misma subyugaba (casi) a todos sus adversarios, a través de un buen juego posicional, aliado a una gestión paciente de la posesión de balón (basado en este buen juego posicional), con elevados índices de posesión de balón (normalmente por encima del 70%), ¿es la misma que la denominada dimensión física requerida para manifestar el juego del Manchester United de Alex Ferguson (temporada 2009/10)? Un equipo que, entre otras muchas cosas, se sentía extremadamente cómodo defendiendo en bloque bajo, alternando salidas en velocidad en el contraataque a través del juego más directo, con el mantenimiento de la posesión pelota para encontrar espacios en la defensa adversaria, manteniéndola y circulándola por el terreno de una manera más directa, pero no por ello con menos criterio.

¿Será que la dimensión física requerida para la manifestación de estos "jugares", en cuanto regularidad, son iguales?

Rescatemos lo que en 1985 el profesor Frade ya lo cuestionaba: *"¿No será una determinada concepción de juego" que determina el razonamiento de determinadas cualidades físicas como necesidad?".*

> El jugar es una dinámica colectiva que se repercute a un nivel individual en alteraciones bioquímicas, musculares, físicas, pero consecuencia de propósito más amplio, el de jugar de una determinada forma. Es, por lo tanto, un físico supracondicionado a lo táctico que se pretende instituir. Significa esto, que el crecimiento táctico, debidamente consubstanciado a la propuesta de juego a que se aspira, cuando concretado, implicará alteraciones a nivel físico positivas. Son funciones del desarrollo de los principios y subprincipios inherentes a cada uno de los momentos. No presupone un conocimiento ampliado sobre un físico genérico, sino importa el dominio sobre los aspectos inherentes al físico en que su forma de jugar se sostiene.
>
> (Frade, 2005 citado por Gaiteiro, 2006, p. 135).

Es por este motivo que Mourinho (citado por Oliveira *et al.*, 2006) enfatiza que al privilegiar la vertiente táctica, por lo tanto, la organiza-

ción de juego preconizada, está privilegiando e incidiendo en todos los demás componentes del rendimiento, pues es por necesidad de lo táctico que surgen todos los otros. Es a partir de la incidencia sistemática en los principios de juego que dan vida a la idea de juego idealizada (teniendo en cuenta las dimensiones y niveles emergentes)-proceso soportado por la lógica del morfociclo- que se alcanza la verdadera Especificidad.

Si vamos más a fondo en esta cuestión, la organización defensiva, las adaptaciones fisiológicas, mentales, técnicas de un mismo grupo de jugadores que defienden por zona *pressing,* ¿serían las mismas que si fueran a defender de manera individual por zona, o hombre a hombre? ¿El sentimiento inherente para la consecución del macro principio de organización defensiva sería el mismo? ¿Es lo mismo para un grupo de jugadores en términos de concentración defender zonalmente o hombre a hombre? Y "físicamente", ¿también?

> Si nuestro 'táctico' es singular, todo lo que deriva de él es singular también. Por eso digo que no creo en equipos bien o mal preparados físicamente, sino en equipos identificados o no con una determinada matriz de juego, adaptados o no a una determinada forma de jugar. Porque la adaptación fisiológica es siempre específica, singular, de acuerdo con esa forma de jugar.
>
> (Mourinho, citado por Oliveira *et al.*, 2006, p. 111).

Por este motivo, vuelvo a la declaración de Mourinho sobre el rendimiento del centrocampista Tiago, recién llegado a su equipo:

> Estuvo bien, pero se cansó. Jugamos de forma muy específica y demostró una inadaptación fisiológica a nuestro ritmo. Estuvo un mes y medio entrenando con otro equipo, pero eso no significa que haya venido mal preparado físicamente. Simplemente llegó inadaptado.
>
> (Mourinho, citado por Oliveira et al., 2006, p. 41).

Imaginemos ahora el Real Madrid (temporada 2011/12): la 'dimensión física' requerida para llevar a cabo dicho *jugar,* demandada por Cristiano Ronaldo, un jugador que permanentemente es capaz de estar junto con el equipo en bloque bajo defendiendo, y en el momento en que recuperan el balón, ser el jugador más accionado para el contraataque, *sprintando* constantemente 40, 50 metros hasta el arco adversario para rematar (haciendo esto durante el juego varias veces), ¿es la misma que la 'dimensión física' demandada por Varane, que no necesita acelerar tantos metros y tantas veces como Ronaldo, y que cuando tiene el balón, se limita a pasar la pelota a un compañero cercano, al contrario del portugués, que tiene una variabilidad contextual mucho mayor de movimientos y habilidades técnicas?

¡Creo que no poseen las mismas exigencias denominadas 'físicas' para jugar dentro del mismo equipo! Entonces, si es así, ¿por qué deben entrenar de la misma manera? Tal como sugiere Frade, el fútbol está impregnado con la lógica del 'Caldo Knorr', ya viene todo listo, como si todos fueran iguales y necesitaran las mismas cosas (a todos los niveles).

Como ya dije, para la Periodización Táctica se debe entrenar el *jugar* que se pretende, articulando sus diversos niveles de organización. Por eso, por el hecho de que los jugadores estén vivenciando constantemente sus funciones y posiciones, que son específicas aunque complementarias, las repercusiones provenientes de la adaptabilidad promovida por el entrenamiento y la evolución del equipo, son registradas de manera singular por cada jugador, en todos los niveles.

Esta adaptabilidad, en mi opinión, no se alcanza entrenando de manera genérica.

Los efectos de la adaptación tienen una relación estrecha con los estímulos que la provocan, es decir, entrenamientos genéricos (*inespecíficos*) generan adaptaciones genéricas y, como ya vimos, ante el carácter que el fútbol evidencia, de ninguna manera podemos aspirar a ser un equipo sin identidad, sin una adaptabilidad estándar.

Por eso el proceso de entrenamiento es extremadamente importante, ya que las adaptaciones generadas por él ocurren desde un nivel más macro a un nivel más ínfimo, tanto del equipo como de los jugadores, como verificamos en la producción y gestión del ATP, por ejemplo.

3.3.1 ATP y Especificidad

Hoy se sabe que el ATP (adenosina trifosfato) tiene una doble función. Si el ATP se consideraba 'solo' como una molécula responsable del suministro de energía a las células, una avalancha de descubrimientos en los últimos 15 años demostraron cómo desempeña otra función, pero no menos esencial, fuera de las células.

Se trata de la transmisión y transporte de información entre las células, asumiéndose, por lo tanto, como una "*importante molécula que señaliza y permite la comunicación entre las células y los tejidos por el cuerpo. En la práctica, el combustible universal sirve también como un lenguaje universal*" (Khakh & Burnstock, 2011, p. 36).

Estos dos autores sostienen que la actividad de transmisión de señales por el ATP fue detectada por primera vez entre células nerviosas y tejido muscular, pero hoy se sabe que opera en una gran variedad de células por el cuerpo. Está presente en el cerebro, modulando la comunicación entre neuronas[38], y entre ellas y las células de apoyo llamadas glia[39]. También está presente en los órganos sensoriales, corazón, huesos, piel, sistema inmunológico y muchos otros órganos, siendo, por lo tanto, un 'supremo mensajero'.

"*Las señales transmitidas por el ATP y su subproducto, la adenosina, están involucradas en el sueño,en la memoria, en el aprendizaje, en el movimiento y en otras actividades cerebrales*" (Khakh & Burnstock, 2011, p. 42).

Maciel (2011c, p. 2) aclara que el ATP desempeña un papel muy relevante como trasmisor de información, actuando como informante de los múltiples estados que el cuerpo experimenta en diferentes instantes, "*siendo por eso una molécula determinante para la propioceptividad y como tal asegura la funcionalidad conforme y juiciosa de los millones de cerebros que nos componen*".

En este sentido y hablando específicamente sobre fútbol, Marisa Gomes (2013) entiende que esta transmisión y decodificación de información deben ser hechas en función de un contexto, orientado por un determinado sentido, es decir, por los referenciales colectivos del equipo. Cuestiona: ¿qué valor tendrá el ATP al portar la información y no ser decodificada en el momento justo?

Por eso no tiene ningún sentido vivenciar en el entrenamiento contextos desconectados y desprovistos de sentido, en lo que se refiere a

---

38 **Neuronas:** Unidad básica del sistema nervioso, la neurona es una de las células formadoras de este sistema, siendo fundamental en la conducción y almacenamiento de informaciones del sistema nervioso. También posee función de captación de estímulos del medio ambiente (sensoriales o aferentes), función de envío de estímulos a la periferia (motor o eferente) y de comunicación con otra neurona (interneurona) (Vaz, 2010). El ser humano posee aproximadamente 100 mil millones de neuronas. "*Cada una de estas neuronas puede hacer entre mil y varios cientos de miles de sinapsis. Una sinapsis es la unión entre dos neuronas. Por lo tanto, nuestro cerebro es capaz de producir cerca de 1.000 trillones de conexiones. Todas estas conexiones son significativas y cada una de ellas tiene su propia historia y su propio objetivo*"(McCrone, 2002, p.6). Es posible clasificar las neuronas en cuatro tipos: (1) unipolares, con un solo axón; (2) pseudo-unipolar, con un axón único y cuerpo celular adyacente al axón; (3) bipolar, con dos axones; y (4) multipolar, que posee diversos dendritas y terminaciones nerviosas periféricas (Vaz, 2010).

39 **Células de Glia:** *Es uno de los mayores tipos de células nerviosas. El otro es la neurona. Las células de la glia sobrepasan en número las neuronas en una escala de 10 a 1 y también se conocen como interneuronas. Transportan nutrientes, permiten la recuperación rápida de las otras células nerviosas y pueden formar su propia red de comunicaciones. Glia es la abreviatura de 'neuroglia'* (Jensen, 2002 citado por Tamarit, 2013b, p. 127).

un *jugar* específico. La vivencia de una situación desprovista de sentido provoca un desgaste bioquímico diferente del pretendido por el *jugar* (con sentido), ante a la función informativa del ATP, así como su retención y utilización. Por el contrario, al vivenciar contextos provistos de lógica (con sentido) sistemáticamente, asentados dentro de la lógica del morfociclo, posibilitaremos la adaptabilidad de la funcionalidad de esta molécula.

> Hoy en día no hay absolutamente ninguna duda de que el ATP tiene una doble función. No tiene solo aquella que se pensaba, de proporcionar energía. Y, incluso ésta, puede ser transmitida por diversos metabolismos o por una relación relativa entre ellos. Esta función es incuestionable y todo el mundo lo sabe. Pero tiene un papel 'mucho más importante', que es la transmisión de información frente al modo en que está funcionando. Esto llevado a las últimas consecuencias está relacionado con la «proprioceptividad». Allí está, volvemos otra vez, cuando funcionando de esta manera se da una modelación en función de lo que se transmite.
>
> (Frade, 2011, p. 13-14).

> El ATP es la molécula más importante para todo lo que se realiza, ¿no lo es? Pero también sabemos que el ATPtiene información que se utiliza en función de un contexto. Así vamos hacia el supraprincipio de la Especificidad, que nos dice que el sentido, o sea, ¡el contexto tiene que estar siempre presente! Por lo tanto, aquí el lado de la información es mucho más complejo. Quien debe controlar la energía es la información. ¡Y a esta quién la debe controlar es el sentido!
>
> (Gomes, 2013, p. 342/364).

Se trata de acceder a los niveles más ínfimos de la Especificidad, de la adaptabilidad en función de un *jugar* y, por lo tanto, de todo lo que le anima. No se trata de una cosa abstracta, desprovista de sentido, sino de algo concreto y objetivable.

Por lo tanto, estoy de acuerdo con Fernandes (2003) cuando defiende que el proceso de adaptabilidad debe tener muy en cuenta el concepto de Especificidad y, concretamente para la Periodización Táctica, se trata de una adaptabilidad para y en la Especificidad/especificidades, estando incluso, por el modo como se lleva a cabo el proceso de entrenamiento, la gestión y el suministro del ATP circunscrito en este proceso.

En suma, esta concepción metodológica, teniendo en cuenta la realidad completa y concreta de la modalidad, promueve la verdadera adaptabilidad, a todos los niveles, teniendo en cuenta el desempeño a que se aspira manifestar en competición.

3.3.2 Musculación versus especificidad

> "Neymar viene jugando muy bien, hace lo que quiere dentro del campo. Pero pido que le metan pesas. No tiene que ser culturista, sino jugador de fútbol".
>
> (Maradona, 2013).

> Para la Periodización Táctica la «perfección del automatismo no consiste en que se haya fijado definitivamente un cierto encadenamiento de acciones musculares, es, por el contrario, una libertad creciente en la elección de las acciones musculares a encadenar».
>
> Gomes (2013, p. 350).

Por los motivos expuestos no solo en la sección anterior, sino en varios otros trechos de este libro, es que en la Periodización Táctica el entrenamiento con máquinas de musculación y también con pesos libres no es contemplado, ya que éstos plantean una serie de cuestiones.

> A veces, las personas están tan obsesionadas con la vertiente física que sólo ven el músculo como un órgano generador de trabajo y no como un órgano sensible. Se olvidan de que es un órgano sensible con una capacidad absolutamente fantástica de adaptación al entorno regular.
>
> (Mourinho, citado por Oliveira *et al.*, 2006, p. 115).

Para Maciel (2011b), el entrenamiento de musculación y, en especial, el vértigo por aumentar los índices de masa muscular de varios jugadores parte del presupuesto, erróneo, de que el músculo es exclusivamente un órgano efector de movimiento, pero no, el músculo (y todo lo que le da vida) tiene inteligencia, sensibilidad y al sufrir alteraciones en el sentido de haber más músculo, habrá allí una parte nueva que es extraña que necesita ser educada. Hay pérdida de propioceptividad en lo que se refiere a la manifestación de una actividad específica (el fútbol), principalmente porque esos cambios se hicieron teniendo como base una estimulación que en nada se asemeja a lo que luego será exigido.

Así, por la descompensación en la forma de entrenar/adquirir, por ladescompensación entre el cuerpo y el cerebro (el cuerpo no tomó conciencia de las alteraciones), la propensión a las lesiones y la descoordinación es mucho mayor. Es común ver jugadores que en pocos meses observaron incrementos significativos, manifestar pérdida de fluidez de movimientos, mayor descoordinación con la pelota y en algunos casos se acentúan significativamente el número de lesiones.

A este respecto, Casarin & Greboggy (2012a) sostienen que durante las actividades de musculación se priorizan contracciones diferentes, velocidad de movimiento y tensiones diferentes de lo que realmente un juego de fútbol exige, más aún de un *jugar* Específico.

Además, según estos autores, la despolarización, repolarización e hiperpolarización ocurren de forma diferente en comparación con la especificidad promovida por la repetición sistemática y jerarquizada de los principios de juego. Así como la activación de canales de calcio, potasio, sodio; así como la cantidad de unidades motoras involucradas en los movimientos; la propioceptividad[40], la forma en que la información se transmite entre las células, y la coordinación intermuscular e intramuscular, que por consecuencia lógica también será diferente, pudiendo por consiguiente desembocar en una inadaptabilidad para el *jugar* que se pretende.

> Basta saber lo que son los mecanoreceptores[41], lo que es la propioceptividad y saber que el músculo por el huso neuro-

40 **Propiocepción:** Capacidad de percibir, discriminar la posición de las partes del cuerpo en el espacio y en los cambios de posición (Vaz, 2010). "*También denominada como cinestesia, es el término utilizado para nombrar la capacidad en reconocer la localización espacial del cuerpo, su posición y orientación, la fuerza ejercida por los músculos y la posición de cada parte del cuerpo en relación a las demás, sin utilizar la visión. Este tipo específico de percepción permite el mantenimiento del equilibrio postural y la realización de diversas actividades prácticas. Resulta de la interacción de las fibras musculares que trabajan para mantener el cuerpo en su base de sustentación, de informaciones táctiles y del sistema vestibular, localizado en el oído interno*"(Wikipedia). "*Es la aferencia dada al sistema nervioso central (SNC) por los diversos tipos de receptores sensoriales presentes en varias estructuras. Se trata del input sensorial de los receptores de los husos musculares, tendones y articulaciones para discriminar la posición y el movimiento articular, incluso la dirección, la amplitud y la velocidad, así como la tensión relativa a los tendones*"(Martimbianco et *al.*, 2008, p. 1). Algunos hallazgos en la literatura sugieren que los receptores musculares (husos musculares y el órgano tendinoso de Golgi) y los receptores presentes en la cápsula, ligamentos y meniscos son los principales responsables de la propiocepción (Aquino et *al.*, 2004).

41 **Mecanoreceptores:** "*Receptores especializados que se encuentran en las más diversas estructuras del cuerpo (piel, músculos, tendones, ligamentos, cápsulas articulares, y muy posiblemente también en los huesos) y tienen la finalidad de enviar permanentemente al sistema nervioso informaciones acerca de los estados del cuerpo a cada instante. El huso neuromuscular y los órganos tendinosos de Golgi (OTG) son receptores musculares, habiendo aún receptores articulares como los corpúsculos de*

muscular y no solo por eso es fundamentalmente un órgano que debe estar receptivo a los pequeños cambios del entorno que la gente no puede prever o prevé, pero mucho de eso en términos de pormenor es inopinado y se tiene que interiorizar para responder. Es decir, hay un *timing* de ajustamiento en la co-contractibilidad[42] muscular y hay otro *timing* que ajusta ese a las circunstancias, ¡en el esfuerzo de enfrentarlas! Este segundo *timing* es denominado de anticipatorio, ¡de ahí la relevancia de la historia de las contracciones de cada uno !Las máquinas sacan precisamente eso, por más sofisticadas que sean, ¡y lo son! Y más, máquina es para lo individual, no para la relación con los demás, por lo tanto eso es un sinsentido.

(Frade, 2013b, p. 103).

Personalmente no defiendo (*la utilización de la musculación*), yo creo que la mejor adaptación es aquella que se logra a partir de lo que va a plantear una determinada competencia. Si usted quiere competir de una determinada forma y semanalmente trabajas en un contexto encaminado hacia lo que es la compe-

Pacini, los corpúsculos de Meissner (ambos de adaptación rápida), los corpúsculos de Ruffini y los receptores de Merckel (ambos de adaptación lenta). También es importante subrayar la existencia de receptores cutáneos a nivel de las diferentes capas de la piel, en particular los corpúsculos de Meissner y los corpúsculos de Paccini" (Tamarit, 2013a, p. 123). Proporciona al SNC la información sobre el estado mecánico muscular (Vaz, 2010).

42 **Co-contractividad:** *"Mecanismo de contracción muscular en el que un músculo recibe mensaje de inervación en el sentido de contraerse, pero en el que la excitación es más intensa para los agonistas que para los antagonistas. Una coordinación contradictoria que implica de forma determinante el papel de los mecanoreceptores, y no menos, a su debida aculturación"*(Tamarit, 2013b, p, 124). De acuerdo con Johansson et al. (1991, citados por Aquino et al., 2004) el mecanismo de co-contracción (en conjunto con la contribución de los mecanoreceptores periféricos, para el ajuste continuo y dinámico de la misma) contribuye decisivamente a la estabilidad articular, ya que este mecanismo aumenta la robustez muscular y consecuentemente conduce a una ganancia de estabilidad (Cholewicki, Panjabi & Khachatryan, 1997, citados por Aquino et al., 2004).

Aquino (2004) coloca que descubrimientos en la literatura traen a la discusión el concepto de robustez (Duan, Allen & Sun, 1997; He et al., 1988; Kovanen, Suominen & Heikkinen, 1984; Markolf, Graff-Radford & Amstutz, 1978), que hoy, parece ser lo que más se aproxima del concepto de estabilidad articular (Richardson, 1999).El mecanismo de co-contracción, a través del sistema huso-muscular-gamma puede ser usado por el individuo para ajustar la robustez articular (Johansson, Sjölander & Sojka, 1990). En ese contexto, el organismo estaría siempre preparado para lidiar con perturbaciones externas, ya que la robustez puede ajustarse continuamente. Además, este mecanismo presenta flexibilidad suficiente para lidiar con la gran variabilidad de la demanda de estabilidad articular existente en los diferentes tipos de tarea. Esta variabilidad tiene un considerable valor adaptativo, ya que permite a los individuos experimentar situaciones diferentes de inestabilidad y actuar apropiadamente de acuerdo con el contexto ambiental (Reed, 1982, citado por Aquino, 2004).

> tencia, creo que toda la estructura fisiológica se adapta concretamente y de forma dirigida al final de cuentas para lo que son los objetivos de la competencia. Del trabajo con máquinas podemos plantear una serie de cuestiones, una de ellas podría ser hasta qué punto el desarrollo que se logra con la máquina se identifica con las sinergias musculares que la propia modalidad necesita. Creo que es la adaptación concreta a partir de las situaciones de juego que permite dirigir mejor la preparación del atleta, teniendo como objetivo la competencia. Ahora no digo que no haya personas que sigan esos caminos, hay personas que siguen esos caminos y que logran también resultados. Ahora cada uno opta por los caminos que están más orientados hacia lo que es el objetivo final.
>
> (Faria, 2002).

El mismo Rui Faria, cuando lo preguntaron si consideraba como potencialmente importante para la operacionalización de la idea de juego otras cosas que sea no la repetición sistemática en especificidad de los principios de juego, estructurado por la operacionalización del morfociclo patrón, fue contundente:

> No veo otra posibilidad que no sea esa repetición sistemática en especificidad de los principios de juego porque es fundamental entender que la organización es el éxito y cuanto más organizado es el equipo, más probabilidad éxito habrá.

"En una temporada extremadamente competitiva, donde a veces la falta de tiempo para entrenar nos obliga a hacerlo en una supraespecificidad con respecto al modelo, la única preocupación que tenemos es entrenar las interacciones intencionalizadas del jugar, es entrenar principios, es atender al lado estratégico en función del adversario en una perspectiva de anticipar lo que va a ocurrir en siguiente partido, corregir aspectos del partido anterior. Tenemos que rentabilizar al máximo el tiempo que tenemos para entrenar, para potenciar al máximo el patrón de interacciones (intencionalizadas) que queremos y ¡no pensamos en nada más!", plantea Rui Faria (2008).

Así como Rui Faria, Mourinho (citado por Oliveira *et al.*, 2006) defiende que el entrenamiento promovido por la Periodización Táctica es lo que verdaderamente adapta al máximo los jugadores para el esfuerzo en competencia. "*Eso es lineal, es pragmático y es básico*", pero cada uno es libre para escoger su camino, según lo que juzgue más correcto, y como ha dicho Rui Faria anteriormente, muchos optan por diferentes caminos y también alcanzan resultados.

Lo que debemos comprender es que un músculo 'fortalecido' por las máquinas de musculación no significa que necesariamente esté adaptado para reaccionar eficazmente en los cambios de direcciones, *sprints* con o sin balón, frenadas, fintas rápidas, dribles, *overlapping*, saltos, finalizaciones, pases, en fin, para las acciones que el juego de fútbol exige, y más precisamente para concretizar lo que un determinado *jugar* demanda.

Las máquinas de musculación promueven ejercicios cerrados que predisponen al músculo a una realidad carente de sentido para el juego de fútbol. Se tratan de ejercicios que 'ciegan' y 'engañan' el músculo, adaptándolo hacia algo descontextualizado.

> Sería como aprender a conducir un tren que recorre el trayecto sobre raíles de manera 'automática', siendo que después vamos a tener que conducir un autobús."*En un contexto de mucho tránsito, donde las reglas existen, pero los contornos de la conducción y de los tramos que se transitan son muy variables*"
> (Maciel, 2010).

Xavier Tamarit plantea que en un ejercicio para el desarrollo de los cuádriceps en una máquina de musculación, por ejemplo, de tres series de doce repeticiones, dos veces por semana, se desarrolla el mismo tipo de contracción repetidamente (prácticamente siempre las mismas fibras implicadas, las mismas conexiones neurales actuando), llevando al músculo a acostumbrarse a una realidad que no encontrará en el campo de juego, donde se exigen de los cuádriceps una diversidad en las contracciones, es decir, diferentes fibras ahora, diferentes fibras después, contrario al caso de la musculación que sonrevividas varias veces y de manera idéntica, lo que posibilita robustecer la formación de ciertas conexiones que incluso pueden llevar al músculo a equivocarse ante determinadas situaciones que exigen otras conexiones, llevando, por lo tanto, a un aumento en las posibilidades de lesiones.

Por eso no hay mejor prevención de lesiones que llevar el músculo a la habituación de la imprevisibilidad y de la espontaneidad características del juego de fútbol, y más específicamente de un *jugar* (a nivel micro).

> Cada día más, en la lógica convencional, se hacen ejercicios de potenciación ('*fortalecimiento*') de los aductores, abductores, antes, durante o después del entrenamiento. O sea, un músculo que es muy demandado en el juego, y el cual precisa descanso,

lo que hacemos es darle 'trabajo extra' para potenciarlo. ¿Más? ¡Si es ese su problema!

(Tamarit, 2013b, p. 41).

Con respecto a esta (a veces, indiscriminada) práctica de 'fortalecimiento/potenciación' muscular, con máquinas de musculación, el profesor Vítor Frade refiere:

> O reforço,
> o reforçar...
> põem-no torto
> p'lo treinar
> ao músculo quando,
> no jogo está jogando...
> Meio caminho andado
> p'rá lesão...
> premissas p'ra lesionado
> terás assim bem à mão!
>
> Neuronal
> ou muscular,
> a plasticidade é genial
> antagônica do reforçar
>
> Plasticidade na expressão do gene
> é anti-flexibilidade...
> p'ra síntese das proteínas é leme,
> p'ra lá da genética
> a epigenética!
> O reforço
> isoladamente proposto,
> o corpo põe-se aflito
>
> Atormentado na continuidade
> entra em aflição...
> agindo o corpo p'lo grito
> de desejo de liberdade,
> p'ra que a identidade
> vete a potencialidade de lesão
>
> Não tem rosto
> o reforço...
> não é gente é multidão
> p'ró indiviso

no indivíduo,
mutilação...
sem "fio-de-jogo" é alienação!

(Frade, 2016).

La mecanobiología ha estado mostrando la importancia del proceso para generar una adaptabilidad. Según el investigador Stefano Piccolo (2015), existe una tendencia de la biología a centrarse en el papel de los genes en el control de los mecanismos celulares, pero señala que son las fuerzas mecánicas que las células sufren en el organismo las que regulan su actividad y su función. De acuerdo con su investigación, las fuerzas físicas y mecánicas ejercidas por el entorno originan los procesos fundamentales en la conexión y función de las células. De acuerdo con este autor, el modo en que las células se disponen y el espacio existente entre ellas es muy importante para desencadenar o no la división celular. Siendo así, la hipertrofia celular que muchos jugadores buscan en la sala de musculación tiene influencia en este proceso de espacio de las células y de sus necesidades. Así, el aumento de las masas musculares creado en las salas de musculación -tenido como fortalecimiento complementario- no solo no ayuda, sino que perjudica esta funcionalidad celular porque interfiere con las dimensiones de las células, con sus funcionalidades. Por eso, el fortalecimiento/ potenciación muscular tiene un papel concreto y real en el funcionamiento de las células, dinamizando un conjunto de informaciones que no es la misma que la del jugar.

(Gomes, 2016, p. 15).

La musculación busca retratar una realidad irreal, es un contexto postizo, desde luego porque no permite estar en relación con la pelota y el contexto de juego, por lo que tendrá necesariamente pérdidas. La propiocepción es algo concreto, contextual y los estímulos que emanan del contexto de juego no son pasibles de ser reproducidos en una sala de musculación. La propiocepción tiene que ver con la configuración en que suceden las circunstancias, con el modo en que yo las identifico e interactúo con éstas, con el modo en que me ajusto y en algunos casos reajusto para poder actuar o anticipar de acuerdo con lo que esa solicitud exige. Yo entiendo el Cuerpo como una realidad inteligente y como tal necesita de ser desarrollado/ habituado. Se trata innegablemente de una realidad plástica, sobre la cual el entrenamiento puede actuar. Pero ¿qué entre-

> namiento? Para mí, la plasticidad[43] tiene que rimar con selectividad y consecuentemente con Especificidad. Nos volvemos selectivos por lo que hacemos, así como la adaptabilidad que emana de lo que hacemos tiene que ver con esa selectividad. Si mi proceso de adaptabilidad actúa sobre la plasticidad en un determinado sentido, o de una determinada forma, es esa la modelación que voy a conferir al Cuerpo. Por lo tanto, si es en función de un jugar, que aspiro que la adaptabilidad se instale en los Cuerpos que componen a mi equipo, la selectividad del proceso tiene que ir en ese sentido, y solo así sí es orientado por la Especificidad, por la vivencia y experimentación continuada de un jugar respetando los principios metodológicos.
>
> (Maciel, 2011b, p. 30–31).

En el fútbol, debido a su dinámica, un músculo jamás trabaja solo, siempre lo hace interactuando con una determinada cadena muscular, de manera que cuando el músculo trabaja y evoluciona, lo hace equilibradamente con toda la cadena muscular involucrada en estas acciones. Esto es algo que no ocurre cuando se trabaja en una máquina de musculación, ya que se ejercitan músculos aislados de las cadenas musculares que le acompañan en las varias acciones de un partido de fútbol, lo que va contra la propia propioceptividad, que deja de solicitar información del exterior, ya que el contexto es siempre idéntico (Tamarit, 2013b).

> *La musculación* altera la relación del cuerpo con el cuerpo. Hay dos tipos de *timing*: el *timing* coordinativo de los músculos entre sí, que es la co-contractibilidad, por lo tanto, van a existir cadenas que pasan a luchar entre sí, pasan a estorbar unas a las otras. Es una coordinación que se coloca contraria a la fluidez que sugiere y solicita la espontaneidad del juego de fútbol. Además de eso, hay otro tipo de *timing*, que tiene que ver con el ajustamiento muscular a la alteración sistemática regular que

43 **Plasticidad:** Propiedad del sistema nervioso de adaptarse en función de la experiencia, envolvimiento y estímulos repetidos (Gomes, 2016). Para una mayor profundización sobre el tema, se recomienda la lectura de las obras de Catherine Malabou, autora que defiende la existencia de una *cuarta plasticidad neuronal*, una vez que el sujeto es 'programado' genéticamente para 'desprogramarse', para reconfigurarse y adaptarse, en función del entorno, de los hábitos y de la educación (Gomes, 2016). Según Billat (2016), el desempeño es 90% proveniente del adquisitivo, desvalorizando la genética, en detrimento de lo que se practica. Así, Gomes (2016) defiende que en este mismo entendimiento percibimos que el proceso de entrenamiento y competencia tiene un papel fundamental para concretar la idea de juego, en la creación de una adaptabilidad a todos los niveles. De esta manera, entrenar el jugar (operacionalizar la idea de juego) de manera coherente y sistematizada, nos lleva a una adaptabilidad concreta y específica, a una cuarta plasticidad neuronal.

el entorno coloca. Al hacer musculación va a estar interfiriendo con eso, se estará engañando el sistema nervioso. Por lo tanto, va a obstruir el abanico de posibilidades de manifestación que el cuerpo tenía jugando al fútbol. Y si lo hiciese durante su desarrollo, va inclusivamente a bloquear el crecimiento, por ejemplo, de los huesos y de otras estructuras. Va a hipertrofiar una zona que es muscular cuando sabemos que los tendones no se desarrollan de la misma forma... ¡Porque no es natural!

Quien sepa un poco sobre aprendizaje motor, sobre coordinación motora, sobre *timing* de manifestación muscular y de coordinación muscular, acaba por alejarse de esa forma de pensar, que es mutiladora. Pero incluso aquí en la universidad hay profesores que dicen que el músculo es ciego. Ciegos son ellos, porque el músculo es, visiblemente, mucho más un órgano sensitivo que un órgano generador de potencia. Y, quizás, al mismo tiempo que dicen que el músculo es ciego, defienden que es importante la propioceptividad. Es decir, no saben lo que están diciendo. Porque la propioceptividad es precisamente lo que hace del músculo fundamentalmente un órgano sensitivo. Por lo tanto, una serie de mecanoreceptores que se alteran para captar, digamos así, la evolución del cuerpo en el tiempo y en el espacio.

(Frade, 2009).

Digamos que la fuerza tiene que contextualizarse en lo que es la acción del jugador en el juego. En ese contexto es para nosotros fundamental el trabajo realizado de acuerdo con la especificidad de nuestro juego. Si queremos una predominancia que la fuerza esté en evidencia, buscamos un conjunto de situaciones y puedo decir situaciones de juego donde la mayoría de ese trabajo se realiza en situaciones de juego (***del jugar al que se aspira***), por un condicionamiento del número de jugadores, por el espacio de juego, tanto por la duración del ejercicio en sí, buscamos que exista la dominancia de las acciones que nosotros denominamos como fuerza. Ahora, no tenemos la preocupación de cuantificar si el jugador hace diez cambios de dirección, nuestra preocupación es que la propia situación en sí traiga, arrastre consigo, una dominancia de esas acciones que al final de cuentas van a constituir como fuerza. No tenemos la preocupación del entrenamiento de la velocidad desde el punto de vista fisiológico concretamente, juzgo que las situaciones de juego que trabajan la especificidad van a traer consigo una dominancia de esa necesidad fisiológica pero como una ne-

> cesidad para una organización de juego, de la misma forma en relación a la resistencia, pues resistir al final de cuentas es adaptar a un concepto de juego, es usted tener la capacidad de identificarte con ese modelo, ser capaz de realizar esas necesidades de juego. Nuestra preocupación y nuestra perspectiva se insertan de nuevo en una preocupación por encontrar en un contexto de las situaciones de juego una adaptación específica para lo que pretendemos en nuestro jugar. Esto es fundamental.
>
> (Faria, 2002, p. iii-iv).

Por lo tanto, las máquinas de musculación y/o pesos libres pueden ser incapaces de promover el soporte muscular y bioenergético (sin hablar en otras cosas como la concentración, sentimentalidad) inherente a la manifestación fluida de un *jugar*.

> Yo normalmente decía que nadie hacía en el mundo más musculación que yo con los jugadores, porque la hacía todas las semanas, pero no era con máquinas. Era sensibilidad muscular, o sea, sensitivo en la aprehensión y concretización del *jugar*, en función de la evolución individual del jugador para el crecimiento de mi equipo, teniendo en cuenta las funciones de cada uno. Ahora, eso no es algo fácil.
>
> (Frade, 2013b, p. 102)

Por eso, la Periodización Táctica, al tener como epicentro procesal el *jugar*, vivido y experimentado a través del respeto por la lógica del morfociclo patrón, permite la promoción de la verdadera adaptabilidad. Esta adaptabilidad no se logra solo en la dimensión física, sino en todas las dimensiones del desempeño.

Se trata de otro modo de ver y sentir las cosas, una lógica diferente, no significando ser correcto o equivocado, sólo se constituye como un camino diferente, pero con el mismo objetivo final de todas las otras metodologías de entrenamiento: estar apto para competir, pero en este caso aspirando a competir jugando de una determinada forma.

3.3.3 La manifestación de la Especificidad a través de los ejercicios

> Un ejercicio, más que un ejercicio, debe ser un contexto. Un ejercicio tiene información potencial, pero para ella constituirse en capacidad funcional, tiene que usarse varias veces y el ejercicio tiene que concretar una determinada dinámica. La responsabilidad del desarrollo de esta dinámica son de los que intervienen directamente, los cuales tienen que constituirse en un sistema o mecanismo determinado, para que la calidad capacitiva/funcional crezca, para que sea un mecanismo no-mecánico.
>
> (Frade, 2011, p. 14).

La adquisición y somatización de la idea de juego del entrenador por parte del equipo podrá ser promovida de diferentes maneras, ya sea a través de conferencias, conversaciones, imágenes, videos, entre otros recursos, pero en mi opinión, sin duda es máximamente potenciada a través del proceso de entrenamiento, de la operacionalización de la idea de juego a través de los ejercicios (contextos), proceso en que el entrenador asume un papel fundamental.

De este modo, podemos decir que el ejercicio es protagonista en la manifestación de la especificidad, por el sentido que le atribuimos y, fundamentalmente, por la vivencia de este sentido por parte de los jugadores, una vez que el *jugar* es materia de acción y principalmente interacción.

Mourinho solía decir que entrenar solo es bueno cuando se logra operacionalizar lo que es su idea de juego, o sea, el entrenador debe crear ejercicios que induzcan a su equipo a hacer lo que se pretende presentar en competencia, sea con contextos más o menos complejos. La verdad es que la estructura de acontecimientos del *entrenar* tiene que reflejar la naturaleza de estructura de acontecimientos del *jugar*.

Si pretendemos jugar de una determinada manera y durante los entrenamientos hacemos otras cosas que no están relacionadas con nuestra idea de juego, en mi opinión estos entrenamientos no tendrán gran utilidad. Desconectar la realidad del entrenamiento con la competencia, y precisamente a lo que entrenamos y lo que pretendemos presentar en competencia, sería como si una compañía de teatro quisiera exhibir al público una comedia, pero ensaya todos los días o casi todos los días una tragedia. Probablemente el día del espectáculo el resultado de esto no será ni una cosa ni la otra. Esto simplemente no tiene sentido.

Sin embargo, debemos tener bastante atención y entender que a pesar de que los ejercicios son los principales inductores de la especificidad pretendida, ellos son potencialmente específicos. Esto es porque el cumplimiento de la(s) especificidad(es) en los ejercicios depende(n) de muchas cosas, como que los jugadores entiendan los objetivos y las finalidades de los ejercicios (como lo haría el *jugar* del equipo y su propio individual mejorar, lo que tendencialmente los haría entrenarse de manera intencional frente a lo que se pretende); que mantengan un alto nivel de concentración durante el ejercicio y el que entrenador intervenga de manera adecuada y en el tiempo oportuno ante los acontecimientos que ocurren en medio de la 'ejercitación' (Amieiro, Frade & Guilherme Oliveira, 2008).

En este sentido, es muy importante que los jugadores desarrollen y mantengan una intensidad máxima relativa permanente para que los propósitos del entrenamiento se realicen con la eficacia que pretendemos. Es importante destacar la noción de intensidad máxima relativa, pues para la Periodización Táctica este concepto rompe con lo que es comúnmente aceptado.

3.3.3.1 Intensidad máxima relativa y concentración

En terminología convencional, la intensidad es tradicionalmente asociada a la dimensión física, al desgaste energético proveniente de la actividad que se está desarrollando, pero para la Periodización Táctica cuando se habla de intensidad se debe considerar que ésta tiene que ver con la necesidad de un ajustamiento eficaz con respecto a las condicionalidades circunstanciales que el contexto va planteando, se trata, pues, de un problema de elección y criterio, teniendo en cuenta la intención previa.

Como muestra Maciel (2011b), un jugador puede tener una velocidad de desplazamiento muy alta, pero no hacer de ella el mejor uso, es decir, no aprovecharla de acuerdo con lo que las circunstancias demandan.Messi no es más rápido que Theo Walcott y Aaron Lennon, pero tiene mucho más criterio en el uso que hace de la velocidad, tiene *timings* más ajustados, aceleraciones, frenazos y cambios de dirección en conformidad con lo que el contexto le 'pide' por eso juega regularmente en intensidades máximas relativas, porque frente al contexto él va ajustándose para responder con el desempeño más eficaz y eficiente. Para eso es imprescindible estar concentrado.

Y estar concentrado no se trata 'solo' de tener capacidad para pensar y tomar decisiones eficaces, sino de lograr establecer una fusión entre la intención previa, el contexto y la concretización (es decir, en la

intención en acto). La capacidad de tener y desarrollar esta concentración está directamente relacionada al jugador estar implicado (individualmente, aunque en co-implicancia) e involucrado en la vivencia de los ideales colectivos y en las interacciones del equipo.

> Ahora bien, conseguir estar concentrado el máximo de tiempo posible en el juego implica entrenamiento y aprendizaje, es decir, exige un determinado volumen de intensidades de concentración. Y hay que percibir que hay ejercicios poco «intensos» desde un punto de vista más «físico» que, por la concentración que exigen, son extremadamente intensos.
>
> (Oliveira *et al.*, 2006, p. 104).

Por ejemplo, correr por correr tiene un desgaste energético natural, pero la complejidad de ese ejercicio es nula. Como tal, el desgaste en términos emocionales tiende a ser nulo también, a diferencia de las situaciones complejas, donde la supradimensión táctica está presente, que exigen permanentemente la necesidad de ajustes ante las circunstancias y las limitaciones impuestas por el contexto.

Como dice Carvalhal (2002), podemos correr una cierta distancia en nuestra máxima velocidad de desplazamiento, sin embargo, si quisiéramos realizar esa misma distancia con una bandeja llena de vasos, y si hiciéramos ese recorrido a la máxima velocidad posible sin que los vasos caigan, posiblemente lo haremos con menos velocidad, pero más intensamente que en el primer ejemplo. Esto es porque la necesidad de ser eficaz en el ajuste frente al contexto exige una concentración mucho mayor, llevando a que la intensidad también sea mayor.

Por lo tanto, ser intenso muchas veces implica parar, ralentizarse y no correr a gran velocidad, siempre buscando ser eficaz teniendo en cuenta el contexto.

En suma, la concentración decisional implicada en la acción y en la interacción por la exigencia del desempeño en el contexto, por la exigencia en términos de desgaste 'mental/emocional' que ese desempeño representa, hace que una situación, tanto en juego como en entrenamiento, sea más o más menos intensa.

> Por lo tanto, cuando hablamos en intensidad, no nos referimos a una intensidad abstracta, más o menos cronometrable, sino a una intensidad decisional asociada a la concentración, calibrada por el instante singular de cada ejercicio que se vivencia -porque los jugadores tienen, permanentemente, que planear la gestión del aquí y ahora-. Y debemos hablar en una concen-

> tración táctica, porque es necesaria para que el juego deseado se manifieste.
>
> (Oliveira *et al.*, 2006, p. 105).

Tal como propone Jorge Maciel (2011b), lo que se pretende en la Periodización Táctica es que la intensidad en la vivencia de un *jugar* sea siempre máxima (entendiéndose la intensidad asociada a la concentración y también a la calidad del desempeño), pero se trata de una intensidad máxima relativa, ya que el mayor o el menor grado de intensidad estará relacionado con el mayor o menor grado de complejidad emergente, y de conformidad con la intencionalidad colectiva que la determina.

En lo que se refiere a las unidades de entrenamiento del patrón semanal, como la configuración estandarizada de cada día es diferente, también la intensidad implicada en las diferentes unidades de entrenamiento difiere. Ella sigue siendo máxima, pero relativa. Por eso es importante relativizar la noción de intensidad máxima.

> El entrenamiento del miércoles (*asumiendo una semana de partido domingo a domingo*) tiene en los ejercicios menos elementos en interacción que el de jueves, lo que hace que la intensidad de jueves sea 'más intensa', por la mayor complejidad que presenta, que la del miércoles que sin embargo, para aquél patrón de desempeño tiene que ser máxima. Lo mismo sucede con los demás días delmorfociclo patrón, las intensidades tienen que ser relativizadas en función del patrón de 'ejercitación' y de adquisición implicados en la respectiva sesión, siendo que la intensidad máxima en cada día emerge de la calidad de los desempeños manifiestos, o sea, de la forma con la que los jugadores se ajustan y reajustan a los estímulos que determinan sus acciones en los contextos de 'ejercitación'.
>
> (Maciel, 2011b, p. 43).

Ahora vamos a profundizar un poco más esta idea a través de un ejemplo, una situación hipotética: de acuerdo con la idea del entrenador X, un jugador (volante) debe tener una intensidad de concentración máxima para que, en un ejercicio de 4 vs. 1 (en el que el objetivo es el simple mantenimiento de la posesión de la pelota dentro de un cuadrado de 15 metros cuadrados) cuando recibe la pelota, consiga hacer un pase a un compañero mejor colocado para dar continuidad a la posesión del balón, es decir, actúe con eficacia, obteniendo éxito a través del ajuste ante este determinado contexto.

Esto exige una concentración máxima para esta acción, que es diferente (aunque sea en función de la misma idea en términos macro), por ejemplo, de la concentración requerida para que, en un ejercicio de 10 vs. 8 (con el mismo objetivo de mantener la posesión del balón, teniendo que hacer goles), este mismo volante consiga posicionarse permanentemente en líneas de pase seguras, para que cuando reciba la pelota pueda dar progresión a la misma y ayudar a su equipo a mantenerla por más tiempo y con calidad, pasándola a compañeros que permitan que esto suceda, a través de su (buen) posicionamiento.

Ahora bien, ¿la intensidad exigida para obtener el éxito en las dos situaciones arriba descritas, no fue la máxima (una vez que implicó en constantes ajustes y reajustes proyectando la eficacia, exigiendo mucha concentración)? Pero mantener la posesión de la pelota y visualizar compañeros mejores colocados en una situación de 4 vs. 1 no es lo mismo que en una situación 10 vs. 8, donde casi siempre hay presión sobre el volante, donde hay una complejidad relacional y espacial mucho mayor que en un ejercicio de 4 vs. 1, y por eso, hablo de intensidad máxima relativa.

Por lo tanto, tenemos que necesariamente contextualizar la intensidad, pues como dije anteriormente, en determinadas situaciones el jugador para tener éxito debe estar parado, otras veces correr mucho, otras veces correr poco o incluso dar un sombrero, un caño, una finta en el adversario, pisar sobre la pelota, esto depende de los instantes, de las circunstancias y del ajustamiento necesario para determinarlas.

Entonces, la intensidad reside en la parte cualitativa del juego y del *jugar*, y no tiene que ver solo con la ejecución, sino también con la intencionalidad que determina la ejecución. O sea, en la relación entre lo que se hace y lo que son los referentes colectivos, que permite al jugador tener éxito en la situación en que se encuentra, siendo lento o rápido, pero fundamentalmente criterioso, ajustando y reajustando para obtener eficacia en la concreción/manifestación del *jugar*.

Por eso es de suma importancia que los jugadores estén permanentemente concentrados y que mantengan una intensidad máxima relativa durante los ejercicios y los partidos, pues eso además de permitir potenciar la adquisición y la especificidad del proceso, posibilita el desarrollo y el crecimiento constante de esta capacidad de concentración por parte de los jugadores a lo largo del tiempo.

Aunque la concentración puede ser incrementada, no se trata de una concentración cualquiera, es una concentración que el *jugar* pide para manifestarse de manera fluida y constante.

Como comenta el profesor Frade (2011), el Dalai Lama logra meditar por dos horas, se concentra, pero no es la concentración de juego, y mucho menos la necesaria para llevar a cabo un *jugar*.

Por eso debemos estar atentos al proceso de entrenamiento, en crear ejercicios (contextos) que hagan al jugador estar permanentemente en modo de alerta, envueltos completamente para que estén concentrados subconscientemente. Como suele referir Jorge Maciel, recordemos a los niños que juegan fútbol en la calle, allí nadie les exige concentración, pero más concentrados que ellos no hay.

Aquí está uno de los desafíos y una de las misiones de los entrenadores.

3.3.3.2 La importancia de la intervención durante los contextos de propensión

Como ya dije, es muy importante que los jugadores perciban los beneficios que el ejercicio traerá para el *jugar* del equipo y para el fútbol de cada uno individualmente ('saber sobre el saber hacer'), porque tal entendimiento tendencialmente los hará entrenar de manera intencional y quizás más implicada y sintonizada frente a lo que se pretende.

Schmidt y Wrisberg (2010), conocidos autores en el campo del aprendizaje motor, explican que la motivación y la predisposición intencional para aprender son fundamentales para adquirir los contenidos a ser vivenciados por el individuo. Difícilmente alguien hace algo bien hecho cuando no cree que esto le traerá beneficios. Como ya decía Frade en 1985, solo el movimiento intencional es educativo.

Sin embargo, y aunque lo que mencioné anteriormente sea cierto, inicialmente, el foco del entrenamiento deberá centrarse sobre todo en el 'saber hacer', es decir, primero el jugador deberá hacer y después, con el tiempo y los estímulos vivenciados en los entrenamientos y partidos, ir tomando conciencia de lo que se hace. Tal proceso, adquisición y somatización ocurre en concomitancia, es decir, se hace haciendo, en este caso jugando, entrenando y reflexionando sobre lo que se hace.

Como ya dije, el *jugar* y su adquisición, además de ser no-lineal, es una materia de acción y sobre todo de interacción, de ahí que el papel del entrenamiento y del cuerpo técnico se presentan como algo fundamental para que la adquisición y somatización de la idea de juego por parte de los jugadores se facilite, sea en la creación de contextos propicios para determinado 'acontecer', sea en sus intervenciones durante los ejercicios, guiándolos hasta las interacciones pretendidas.

Como pretendo evidenciar más adelante, las emociones tienen un papel fundamental en la transmisión y adquisición de las ideas de juego y, por lo tanto, cuanta más empatía emocional el entrenador(y las ideas que lleva consigo, así como la forma en que las transmite/opera-

cionaliza) logre crear con los jugadores, sea durante los ejercicios, sea en el día a día, mejor será.

Por lo tanto, la calidad del entrenamiento está también claramente dependiente de la intervención del entrenador, ya que el ejercicio por sí solo no tiene tanto valor como tiene cuando el entrenador interviene y lo dirige hacia los propósitos congruentes con la intención previa. Por eso, estoy de acuerdo con Carvalhal (2003) cuando dice que un ejercicio no vale sólo por él, no basta simplemente hacerlo, dejar que suceda y no intervenir. Es por eso que el mismo ejercicio, con los mismos objetivos y los mismos jugadores, puede tener una eficacia diferente con diferentes entrenadores.

Creo que la intervención del entrenador en la conducción de los contextos (ejercicios) vivenciados por los futbolistas se hace fundamental, porque los *feedbacks* transmitidos a los jugadores pueden hacer el ejercicio más rico y más eficaz. También sirven los *feedbacks* transmitidos al entrenador por parte de los jugadores.

Castelo (2000 citado por Fernandes, 2003) sugiere que es posible comparar las actividades profesionales que realiza un médico con las de un entrenador de fútbol, en donde el ejercicio en el proceso de entrenamiento y el medicamento para el tratamiento de enfermedades aparecerían como cosas similares.

Sin embargo, en mi entendimiento, tal como el de Fernandes, esta comparación es reduccionista en la medida en que la relación que la aplicación del ejercicio permite establecer entre entrenador y jugadores es más compleja que la relación establecida entre el médico y el paciente en el momento de la prescripción del medicamento. Queremos decir que el médico realiza un diagnóstico y prescribe un remedio a su enfermo, pero un ejercicio no se 'toma' y listo.

Entiendo que el entrenador no se debe limitar a 'prescribir' un ejercicio y esperar el efecto en el jugador, por el contrario, deberá ser partícipe en la adquisición de sus ideas, apostando mucho más a la 'prevención que a la curación[44]', a través de la presencia constante de

---

44 Podemos relacionar la medicina preventiva con el principio metodológico de las propensiones, que de antemano-a través de su configuración contextual- intenta anticipar y potenciar la manifestación de determinadas circunstancias mucho más veces que cualquier otras, siendo una especie de vacuna, en la que el 'agresor 'estandarizado) se da a conocer para que el organismo reaccione para superarlo.

Imagine que durante una semana de entrenamientos, el entrenador enfatiza algunos aspectos de su organización defensiva (creando contextos que permitan la aparición dominante de éstos), donde pretende que los jugadores realicen un marcaje zonal y presionante, con movimientos sincronizados.

Dentro de la idea del entrenador, cuando un mediocampista sale para presionar al portador de la pelota, los jugadores de atrás deben hacer el mismo movimiento, atacando el espacio que fue dejado por el medio que salió, acortando y realizando coberturas.

una idea de juego coherente y el entrenamiento de la misma, donde el entrenador deberá elegir y alimentar de manera precisa e idónea los ejercicios.

Durante la realización del ejercicio, el entrenador deberá adoptar, cuando sea necesario, una actitud intervencionista y cargada de emoción, en el sentido de reforzar las acciones e interacciones que corresponden a la intención previa del *jugar* e inhibir las acciones e interacciones que no se pretenden. De ahí que en el fútbol el mismo ejercicio funciona de forma diferente con diferentes entrenadores (y también jugadores).

Es por eso que Mourinho (2002 citado por Fernandes, 2003) afirma no preocuparse por el hecho de que veinte entrenadores asistan a sus entrenamientos,"*porque el mismo ejercicio de entrenamiento liderado por una persona y liderado por otra no tiene nada que ver*". Rui Faria (2003) también cree que un ejercicio liderado por diferentes personas no es lo mismo. Para él, el aspecto de la intervención es fundamental, sobre todo en el aspecto emotivo de la intervención.

> Hay varias formas de intervenir. Hay formas poco emotivas, más pasivas, decir cuál es el objetivo del ejercicio e ir interviniendo. Pero creo que si se hace con una mayor emotividad y una mayor expresividad, de alguna forma inculca un espíritu diferente al ejercicio. Puedo decir lo mismo de una forma tranquila, pasiva, o puedo decirlo de una manera activa, bastante expresiva, la cual tiene claramente influencia en el rendimiento de los jugadores en la realización de los ejercicios. Una vez más, el ejercicio puede ser diferente de acuerdo con la persona que lo orienta.
>
> (Faria, 2003, p. LXXX).

Imaginemos un ejercicio en tres cuartos de campo, en que el objetivo es entrenar fundamentalmente los instantes que suceden a la pérdida de la posesión del balón del equipo blanco (intentar cambiar

---

Durante el juego, los jugadores lograron desempeñar con calidad hasta cierto período, después, con el cansancio y la fatiga, y aún por no tener esas acciones e interacciones incorporadas/habituadas acabaron por no conseguir trabajar como una unidad, dejando espacios entre líneas que el adversario consiguió aprovechar.
Por lo tanto, siempre teniendo en cuenta que la competencia es algo abierto y no controlable por los entrenadores en varios aspectos, muchas veces los ejercicios también están diseñados y creados a partir de las necesidades del momento, es decir, durante la próxima semana de entrenamientos el entrenador podrá incidir nuevamente sobre estos aspectos, lo que en este caso podríamos también interpretar –más allá de la medicina preventiva– como curativa (las dos deben estar juntas), una vez que los meso e micro principios (aspectos de detalle) deben siempre estar siendo considerados, diagnosticados y potencializados de forma cualitativa, de tal forma que no pongan en riesgo la salud general del sistema, los macro principios.

rápidamente de actitud y presionar inmediatamente el balón y el espacio circundante, para intentar robarlo en el menor tiempo posible, necesitando, por lo tanto, de un cierre de espacios, tanto en ancho como en profundidad, etc.), la organización defensiva y transición defensa-ataque de los grises.

En este contexto, los 11 jugadores del equipo de blanco (en una estructura de 1-4-3-3) salen siempre jugando e intentan marcar goles al equipo gris, que se defiende con solo ocho jugadores (portero + línea defensiva + triángulo del mediocampo), porque sus tres atacantes no participan en la organización defensiva, se quedan en *stand-by*.

En este ejercicio, cuando los blancos pierden la pelota, tendrán solo cinco segundos para recuperarla y continuar el ataque, ya que, si la recuperación no ocurre en el tiempo estipulado, el equipo de blanco perderá a sus tres atacantes para defenderse, y los tres atacantes del gris que estaban esperando, pasan a jugar, generando una situación de 11 grises frente a 8 blancos.

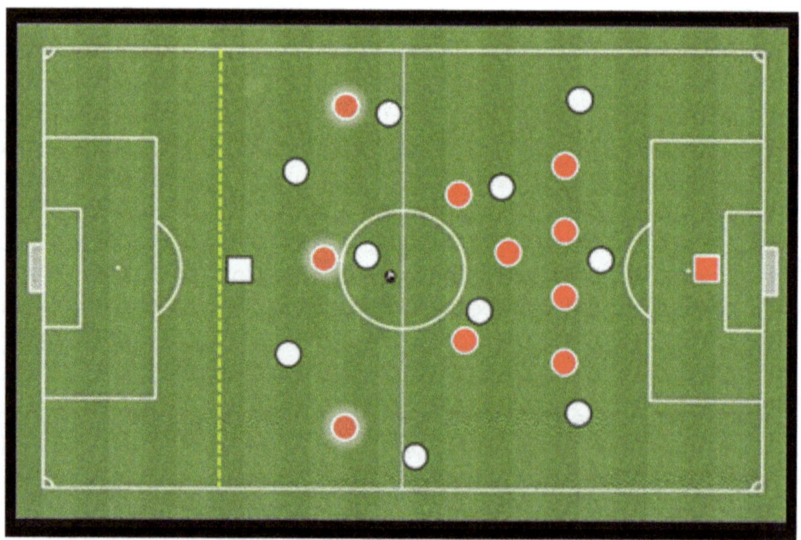

Primer momento del ejercicio antes mencionado. En la figura anterior, la pelota está en posesión de los blancos, que con 11 jugadores atacan a sólo 8 grises, pues sus tres atacantes (como se observa en la figura) no pueden participar de la organización defensiva.

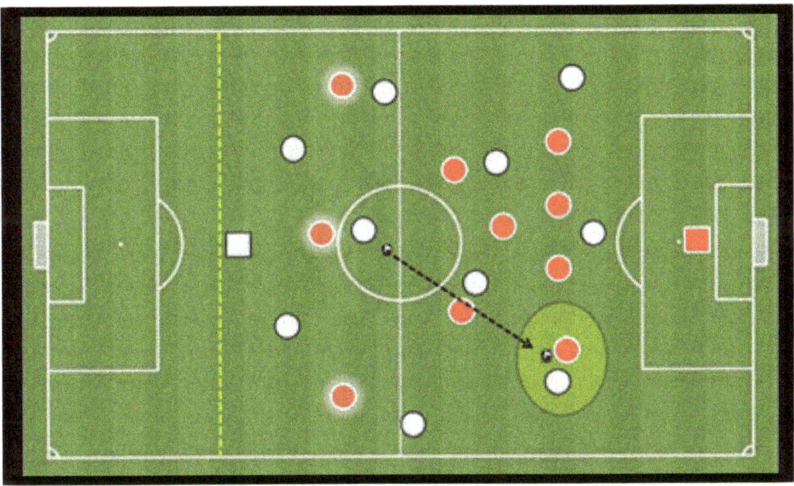

Segundo momento del ejercicio citado. En este momento, a partir de un error de pase de los blancos, se produce el desarme por parte del equipo gris. Si los blancos no consiguen retomarla posesión en hasta cinco segundos, sus tres atacantes no podrán participar de la organización defensiva, y los tres atacantes grises que están en modo de espera pasarán a jugar.

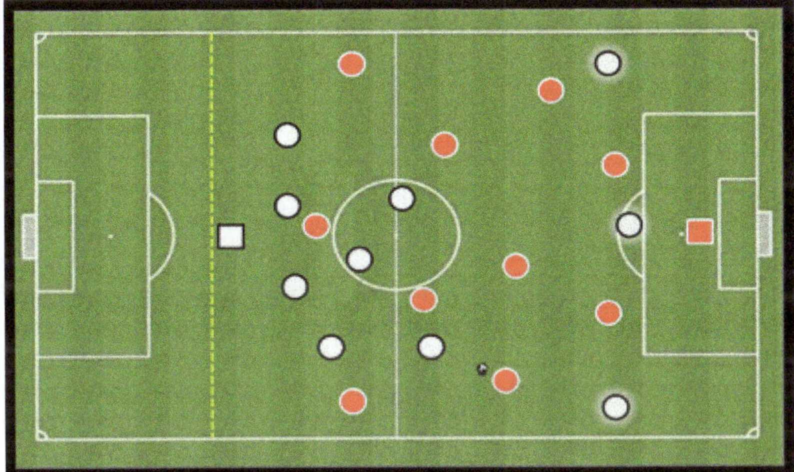

Como los blancos no consiguieron reanudar la posesión del balón en cinco segundos, sus tres atacantes se quedaron en modo de espera, no participando en la organización defensiva (como se observa en la figura), mientras que los tres atacantes de gris, que antes estaban en modo de espera, pasan a jugar, promoviendo una situación de 11 grises frente a 8 blancos.

A partir de esta configuración se desarrolla el ejercicio. Una cosa es que el entrenador simplemente presencie el entrenamiento y no intervenga ante determinados acontecimientos que ocurren durante la 'ejercitación' (*propensión*). Muy diferente es que sí interactúe con las situaciones que transcurren, positivas o negativas, guiando a los jugadores hasta los objetivos pretendidos, exigiendo una rápida y agresiva reacción ante la pérdida de la pelota.

Seamos más concretos: imaginemos que los azules están consiguiendo crear situaciones de gol y mantener la posesión de balón con relativa calidad, pero en el momento en que pierden el esférico (transición ataque-defensa), no evidencian un cambio de actitud en el sentido de ser agresivos y colocar presión para intentar recuperar inmediatamente el balón.

Aunque están iniciando un cierre posicional con calidad, esto no está siendo suficiente para que recuperen la pelota rápidamente, en otras palabras, de esta manera,ante a lo que se propuso, el ejercicio no está alcanzando su objetivo. Si esto ocurre con frecuencia, y si el entrenador permite que esto suceda sin emitir ningún tipo de *feedback* de corrección, este ejercicio no estará promoviendo la especificidad, pues estará permitiendo la adopción de actitudes que son contradictorias a la idea de juego y, por lo tanto, si se repiten sistemáticamente pueden convertirse en hábitos perjudiciales en la funcionalidad deseada en competición.

De esta forma, la intervención del entrenador podrá tener un efecto impactante en la consecución de los objetivos propuestos en el ejercicio y, por consecuencia, en la adquisición de la idea de juego. Imaginemos que cada vez que el equipo blanco pierda el balón, el entrenador insista y a través de intervenciones verbales y gestuales (antes, durante o al final de la 'ejercitación') incentive y ayude a los jugadores a recuperar el esférico en hasta cinco segundos, reforzando los aspectos positivos y corrigiendo los negativos.

Creo que así los jugadores van a reaccionar mucho más rápidamente a las situaciones, dirigiendo su atención hacia las interacciones preconizadas, dando un sentido Específico a los acontecimientos del ejercicio, facilitando el aprendizaje y la adquisición de los contenidos, interiorizándolos e incorporándolos más fácilmente que si no hubiera ningún *feedback* del entrenador.

Por lo tanto, podemos decir que la actuación y la modelación del entrenador ante las circunstancias es fundamental, pues *"el modo como la interpretación que se van adquiriendo a lo largo del tiempo es fruto de nuestra interacción en las circunstancias, porque un entrenador que está en una situación en curso también tiene que estar y ser contexto"* (Gomes, 2013, p. 308). De este modo, cuando un ejercicio está siendo ejecutado y el entrenador no realiza ningún tipo de intervención, se pierde lo que podría ser un momento de ganancia.

Por eso, las especificidades podrán ser evidenciadas si el entrenador presenta un tipo de intervención que pueda transformar la información potencial de cada ejercicio en información efectiva. Estoy hablando nuevamente de la importancia de intentar siempre aproximar laintención en la acción, en otras palabras, lo que sucede en el 'aquí y ahora', con lo que es nuestra intención previa.

En caso de que esto no ocurra, si el entrenador no consigue intervenir adecuadamente o simplemente no interviene durante un ejercicio cuando algo desajustado sucede, se va a quedar vacío de cualquier especificidad, por más que inicialmente esté de acuerdo con la idea de juego.

En resumen, aunque el ejercicio frente a su configuración inicial (espacio de juego, número de jugadores, reglas) ya esté propenso para determinado 'acontecer', eso no es garantía de que las cosas se deriven de la manera que el entrenador pretende, lo que le confiere un papel de primacía en el sentido de guiar y potenciar al máximo las interacciones de los jugadores en función de la idea de juego pretendida.

Si en el juego el agente principal es el jugador, durante el proceso de enseñanza-aprendizaje (entrenamiento) el entrenador tiene una mayor dominancia, un papel de extrema importancia, porque él es principal responsable por la creación del proceso, es el que direcciona el sentido, es el promotor del sentimiento del equipo, es el catalizador o el inhibidor de interacciones, es el gestor de la articulación interactiva de la creación de los nuevos conocimientos con los conocimientos ya existentes de los jugadores (Guilherme Oliveira, 2004). Él tiene la capacidad de dar significado a los acontecimientos a través de la manipulación de los contextos y de su intervención.

La manipulación de los contextos de propensión, así como su modelación en medio del ejercicio, es un aspecto fundamental que posibilita la adquisición y la somatización de lo que está siendo entrenado, como veremos de modo más profundo durante el abordaje del principio metodológico de las propensiones.

Resalto que la intervención del entrenador no se limita a dar *feedback* a los jugadores y también a escucharlos, sino a estar atento a todo lo que sucede, como por ejemplo, al espacio de propensionalidad.

Muchas veces el entrenador en su oficina, en la planificación del ejercicio, cree que el espacio de propensionalidad preconcebido permitirá potenciar las interacciones pretendidas, pero lo que se verifica cuando el ejercicio efectivamente se realiza es que el espacio necesita ser ajus-

tado. Algunas veces debe ser ampliado o acortado, con el propósito de promover y potenciar la manifestación de las interacciones deseadas.

Otras veces, durante la operacionalización de un determinado ejercicio, el entrenador deberá estar atento a la manipulación de las limitaciones de éste, a veces retirando alguna(s), añadiendo otra(s), para optimizarlo de acuerdo con la necesidad emergente.

Por lo tanto, es fundamental que el entrenador esté alerta y logre modelar con eficacia el contexto (no me refiero solo al espacio de propensionalidad, reglas, sino a todo lo que le es inherente), con el fin de orientar a sus jugadores hacia las funcionalidades y las interacciones deseadas.

El profesor Vítor Frade propone que la dinámica del proceso es una 'fenomenotécnica' de naturaleza no lineal. Esto porque, como ya he dicho, el entrenador tiene un papel determinante como creador y gestor de un proceso que es no-lineal.

En ese sentido, la intervención del entrenador y la modelación que ejerce sobre el contexto de propensión en sus diferentes posibilidades, en el sentido de guiar a los jugadores a la funcionalidad pretendida, es algo destacable.

> Para Frade (2004), la gran condición de la Periodización Táctica es ser una 'fenomenotécnica' en la operacionalización del entrenamiento. Esto quiere decir que no es suficiente decir que la naturaleza de esta realidad se caracteriza por la extrema sensibilidad a las condiciones iniciales y después deja correr el proceso sin ninguna intervención. La causalidad no lineal consiste precisamente en el hecho de que la intervención tiene el poder de alterar mucho, lo que, aplicado al entrenamiento en el fútbol tiene todo el sentido y tiene enorme pertinencia dando la clara indicación que la intervención del entrenador durante los ejercicios será un factor fundamental para el correcto direccionamiento en función del modelo de juego.
>
> (Campos, 2008, p. 70).

Gladwell (2007 citado por Campos, 2008) sostiene que nuestras primeras impresiones son generadas por experiencias anteriores y por el ambiente, lo que quiere decir que podemos cambiar las primeras impresiones cambiando las experiencias que forman tales primeras impresiones.

Así, el entrenamiento debe proporcionar un conjunto de experiencias que por su configuración dirijan el patrón de acciones e interacciones del equipo para lo que es la idea de juego del entrenador. Cuanta más rica sea esa idea y su operacionalización, mejor será.

Debo resaltar que la intervención del entrenador para guiar a los jugadores hasta las interacciones pretendidas no significa comandarlos, en el sentido de quitarles la creatividad y darles soluciones estereotipadas y robotizadas, creando un mecanismo mecánico; por el contrario, los jugadores deben ser autónomos al desarrollo del entrenamiento, ya que es así que se desea que suceda en la competencia, pero deben ser 'autónomos' con comillas, es decir, libres para actuar sin actuar libremente.

Aunque parezca paradójico, no lo es, porque el jugador debe ser libre de actuar, porque para el aquí y ahora no existe ecuación, pero no actúa libremente porque sus intenciones deben tener como telón de fondo el *jugar* que se pretende (Oliveira *et al.*, 2006). Así, el ejercicio deberá contener, en una dimensión micro, el plano del aleatorio, del contingente, de lo imprevisible.

El entrenador, a través de sus intervenciones, deberá dar el tema para que los jugadores hagan una redacción, y no un dictado, es decir, la sujeción constante del equipo a los principios de juego va a generar una dinámica específica en su juego, creando un mecanismo, pero un mecanismo no mecánico (Oliveira et al., 2006). De esta manera los jugadores se orientan hacia los principios de relación que generan un *jugar* concreto, con una lógica y no con jugadas mecanizadas que no consideran las circunstancias.

> No sé si el lateral derecho al recibir la pelota va a jugar con el extremo o va a jugar con el central, porque eso es lo que es la variabilidad, es el aquí y ahora, la decisión del jugador. Pero está condicionada a lo que deseamos, por lo tanto, queremos tener la posesión de la pelota y el pivote está marcado, por lo que no va a arriesgarse con un pase para él y va a jugar para el central. ¿Y está condicionado a qué? A querer jugar con seguridad para que mantengamos la posesión del balón. No sé lo que va a suceder en el aquí y ahora, pero sé que mi equipo va a tener determinadas interacciones por lo que construyo en el proceso de entrenamiento.
>
> (Gomes, 2007 citado por Campos, 2008, p. 36).

En resumen, como dice Marisa Gomes (2008), debemos tener en cuenta que el entrenamiento concede un espacio de maniobra al entrenador, que le permite gestionar las situaciones como pretende, pero eso no sucede en la competencia, donde el entrenador poco puede interferir. Esto confiere al entrenamiento una importancia brutal.

Como abordé al inicio de este capítulo, es importante tener en cuenta durante el proceso la forma en que se configura el contexto. La

Periodización Táctica es una metodología muy compleja de ser llevada a cabo, porque la creación de los contextos de entrenamiento, su modelación y la conducción del proceso involucran diversas variables que interactúan constantemente. En resumen, el entrenamiento y el *jugar* se caracterizan por contener múltiples dimensiones.

Además de la falta de intervención adecuada y en el momento oportuno, otro aspecto que podría conducir a una 'inespecificidad' para el proceso es la forma en que se fabrica el contexto. Imaginemos la siguiente situación: un entrenador configura una sesión de entrenamiento dedicada para la recuperación activa de los jugadores (veremos más adelante con profundidad este tema), con uno de los ejercicios incidiendo en la organización colectiva del equipo, una situación más compleja, donde los jugadores tienen un desgaste, sobre todo a nivel mental, bastante grande y se ejercitan por un período relativamente largo. Imaginemos también que durante este determinado ejercicio el entrenador, tal como sugerí anteriormente, corrige y dirige las interacciones de los jugadores a través de sus intervenciones.

Ahora bien, aunque este ejercicio vaya al encuentro de la idea de juego pretendida, y el entrenador intervenga guiando a los jugadores hasta los objetivos pretendidos, el cómo este ejercicio se asienta en un carácter más complejo, eso pone en riesgo la Especificidad del proceso, porque en primer lugar posiblemente generará una inadaptabilidad para lo que se pretende. Los jugadores 'mentalmente' y también 'físicamente' no serán capaces de corresponder con eficacia a lo que el entrenador propuso.

En segundo lugar, promover desempeños como este, en este día, teniendo en cuenta que hubo un desgaste importante resultante de un partido dos días antes y la extrema necesidad de recuperación, podría perjudicar la capacidad de adquisición del equipo en los entrenamientos subsiguientes durante la semana, así como (y por consiguiente) el desempeño individual y colectivo en la próxima competencia.

Es por estas razones que el supraprincipio de la Especificidad resulta de concretización interactiva de los principios de juego y de los principios metodológicos -que dan vida a los primeros- y de todo lo que implica tal operacionalización (Maciel, 2011b).

Por lo tanto, es evidente que el concepto de Especificidad va mucho más allá del simple entendimiento entre idea de juego y entrenar en función de la idea de juego."*No es que esto no contemple todo lo que podemos proponer a continuación, sino porque entendemos que el paradigma de la simplificación puede llevar a un empobrecimiento precoz de este principio de condición superior, supraprincipio*" (Sousa, 2007, p 113).

Por lo tanto, entrenar en Especificidad no implica 'solo' contemplar lo que se hace (entrenar) con lo que se pretende (idea de juego), sino también contemplar los presupuestos metodológicos y operativos de la Periodización Táctica.

3.4 Principios metodológicos de la Periodización Táctica

> La Periodización Táctica está basada en principios metodológicos que son fundamentales y que la diferencian claramente de las demás metodologías. Sin su correcta comprensión y su correcto dominio durante la operacionalización del proceso, no existe Periodización Táctica.
>
> (Tamarit, 2013a, p. 381).

> Por lo tanto, los Principios Metodológicos son... y mira que durante mucho tiempo, el 90% de la gente que hablaba sobre Periodización Táctica, ni siquiera hablaba de los Principios Metodológicos y es donde más insisto con los alumnos, porque una idea de juego todo el mundo la tiene, para jugar de una determinada manera, después sistematizando más o menos, pero ¿cómo se fabrica eso? Digo que la especialización todos los cocineros tienen, y entonces ¿porqué es que unos son mejores que otros? Entonces, es porque la hechura tiene cualquier cosa concreta, diferente, original y eso tiene que ver con las dosis, ¡pues sí que la tiene! Solo tienes que exagerar en la dosis de una mierda cualquiera que la cosa ya no da. Esto es la causalidad no lineal.
>
> (Frade, 2013b, p. 93)

En ocasiones, puede hasta parecer, con la observación de algunas unidades de entrenamiento, que se está entrenando según esta metodología de entrenamiento, ya que la ejercitación se realiza en una única unidad de entrenamiento al día normalmente, casi siempre con la pelota presente, incluso con situaciones específicas del modelo de juego, con aspectos del juego más individuales o sectoriales unos días y aspectos más colectivos otro día. Pero la Periodización Táctica es mucho más, o menos, que todo esto. Se trata de una forma de entendimiento diversa a la convencional: entendimiento del ser humano y su funcionamiento, entendimiento del organismo y su adaptabilidad, entendimiento del juego y su entereza

> inquebrantable, entendimiento del fútbol y su aprendizaje, entendimiento del *jugar* y su fabricación... ¡Y no solo diversa en su modo de entender, sino también en su modo de operacionalizar y proceder! Y para ello es necesario el respeto por unos principios metodológicos (principio de las propensiones, principio de la progresión compleja y principio de la alternancia horizontal en especificidad) que, siendo correctamente entendidos y llevados al terreno, permiten dicha lógica.
>
> (Tamarit, 2016b).

> Muchos entrenadores saben lo que quieren. Sin embargo, crear el proceso para construir el *jugar* y que este se demuestre durante la competencia no es algo fácil. Y la riqueza de la Periodización Táctica es exactamente haber encontrado un conjunto de principios metodológicos que al ser contemplados van a permitir que tal equipo manifieste esas ideas del entrenador. Ahora, si juega bien o mal, eso es otra cosa, porque las ideas del entrenador pueden ser unas ideas de mierda y por eso juegan mal, y pueden ser ideas excelentes y por eso juegan bien.
>
> (Guilherme Oliveira, citado por Tamarit, 2013b).

Como el *jugar* es algo que emerge y no lo que sólo se propone, debemos estar muy atentos, no solo a la calidad de la idea de juego, sino también a la forma en que es operacionalizada. Por eso, *"no siempre es la idea de juego colectivo el motivo de nuestros malos resultados, muchas veces es la operacionalización que no está siendo acertada"* (Tavares citado por Tamarit, 2013b).

3.4.1 Principio Metodológico de las propensiones

> O jogar futebol bem
> não se ensina, nem
> se compra-feito...
> Mas aprende-se com "condições-a-jeito",
> aqui entra o bom treinador
> se este é o juízo de valor.
>
> (Frade, 2014a, p. 41).

Así como he mencionado, la Periodización Táctica está basada en determinados principios metodológicos, que interactúan haciendo

emerger una lógica y un sentido al proceso. Es a través del respeto de esta matriz metodológica que el *jugar* podrá ser desarrollado en todas las dimensiones del rendimiento, con calidad y coherencia.

Vítor Frade (2013a) afirma que lo que se pretende es concretar la Especificidad y que para dar vida a esta pretensión se sirve de principios metodológicos, que en realidad, como ya dije, podrían ser llamados 'praxiológicos', porque la praxis (*acción y sobre todo en el fútbol, acción coordinada para un cierto fin*) que se desea llevar a cabo tiene una lógica, que es premeditada, se armoniza con las condicionalidades de la idea que queremos plantear, con la idea de juego.

El principio metodológico de las propensiones se refiere a la modelación de los contextos de propensión/ejercitación, con el objetivo de crear contextos relativos al *jugar* que se pretende, que posibiliten la aparición de lo que se quiere entrenar con elevada frecuencia.

Este principio permite que el caos sea determinístico, es decir, los ejercicios (contextos de propensión) creados por el entrenador no pierden su naturaleza abierta, donde los jugadores están llamados a decidir e interactuar constantemente, dándoles un papel determinante. Lo que ocurre es que incluso con esta naturaleza abierta, conteniendo el plano del aleatorio y del imprevisible en términos de detalle, es un contexto que, por su configuración inicial y por lo que ésta promueve en términos de acontecimientos, permite determinar propósitos e intencionalidades (facilitando y catalizando su aparición) relativas al *jugar* que se pretende desarrollar.

La idea de propensión tiene que ver con el hecho de proporcionar que el contexto de 'ejercitación' sea más propicio o probable a la ocurrencia de determinado acontecimiento, en el caso del entrenamiento de fútbol, determinada interacción y más específicamente, en nuestro caso, deberá promover la aparición de interacciones concordantes con nuestra idea de juego. De ahí, la idea de modelar el contexto en el sentido de hacer más probable lo que se desea que suceda, haciendo que el caos sea determinístico.

El principio de las propensiones tiene que ver con la contextualización de los propósitos que se quieren incidir de repetición sistemática, siendo que lo que se pretende es que las preocupaciones de momento del entrenador aparezcan regularmente en el entrenamiento, en vez de otras, a todos los niveles.

No se trata de cuantificar acciones, sino de crear contextos de propensión ricos, que conduzcan a una determinada dominancia de interacciones relativas a nuestro *jugar*, de modo que ello repercuta en términos de asimilación, adquisición y somatización de interacciones intencionalizadas alineados con la intención previa, sin dejar de tener

en cuenta el patrón de desempeño y desgaste que caracterizan cada día del morfociclo (Oliveira et al., 2006; Maciel, 2010).

Como recuerda Tamarit (2013b), para garantizar que en cada día del morfociclo ocurra efectivamente lo que queremos que suceda es fundamental que se produzca una reducción sin empobrecimiento, es decir, una reducción sin pérdida del patrón identificador.

> Es gracias a la reducción sin empobrecimiento que se aseguran las dominancias deseadas para cada una de las unidades de entrenamiento. Una reducción que siendo cualitativa, ya que se refiere a la complejidad de un jugar, también es cuantitativa. Se trata también de una reducción cuantitativa, ya que la configuración de los ejercicios de entrenamiento y la forma en que el jugar es vivenciado (sin pérdida de Especificidad), requiere que el entrenador manipule y articule con parsimonia las siguientes variables: espacio, número y tiempo. Las cuales no deberán considerarse universales ni para diferentes equipos, ni para diferentes jugares. Además, también ellas deben atender al principio de la progresión compleja.
>
> (Maciel, 2010, p. 11).

> El principio de las propensiones, además de ser un término de Popper que yo utilizo, significa que el contexto está más propenso a X que a Y, porque normalmente la gente dice, "quiero que haga esto o se haga eso". ¡No! Quiero que se haga en función de un contexto determinado. Por lo tanto lo tengo que crear es el contexto, no los comportamientos y eso es una confusión enorme por parte de las personas. Tengo que articular en función de cómo juego, defiendo de cierta manera para poder atacar de determinada manera, por lo tanto estoy preocupado con la transición defensiva, con la ofensiva. Por lo tanto, tengo que crear condiciones para que eso se organice de modo más preferencial, para que haya una familiaridad con una determinada lógica. El principio de las propensiones es el contexto de los acontecimientos.
>
> (Frade, 2013b, p. 88-89).

Si un entrenador quiere predominantemente entrenar la organización defensiva, concretamente la interacción de los jugadores de la primera línea defensiva en bloque bajo, su coordinación, posicionamiento y *timings* de presión, deberá promover un contexto que esté configurado para que este tipo de acontecimientos ocurra muchas y muchas veces, según la configuración de la unidad de entrenamiento preconizada por el morfociclo patrón y los propósitos pretendidos.

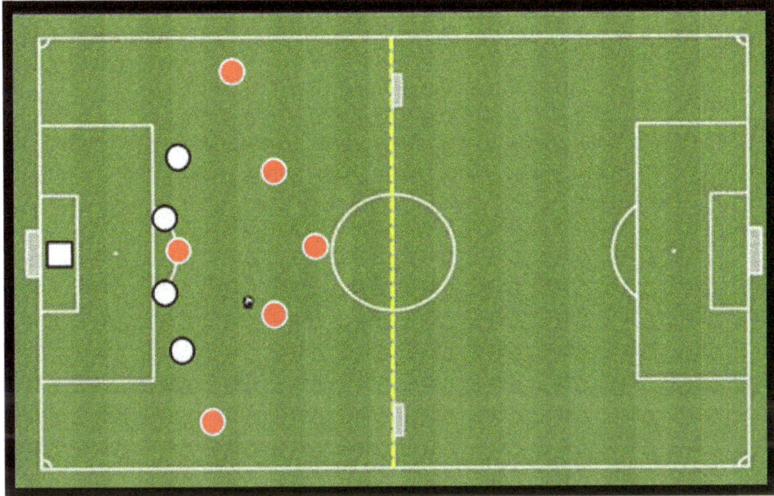

Ejercicio hipotético con el objetivo de entrenar fundamentalmente algunos aspectos defensivos de la primera línea de defensa. Juegan en el sector de mediocampo de ataque (6 jugadores) contra 4 defensas y el portero (blancos). La pelota siempre empieza en posesión de los grises, que deben mantenerla, buscando desequilibrar y encontrar espacios en la estructura defensiva de los blancos, para marcar goles. Cuando pierden el esférico, deben evitar recibir gol en las mini-porterías que se colocan a la altura del centro del campo

En este ejercicio, como el objetivo dominante para los blancos es entrenar algunos aspectos de la organización defensiva de los jugadores de la primera línea defensiva, por una razón lógica, se deben promover situaciones en que estos jugadores estén la mayoría del tiempo defendiendo[45].

Esto se logra a través de la manipulación del contexto, donde las reglas impuestas, el espacio de juego, la duración del ejercicio, el número de jugadores, el período de recuperación y 'ejercitación', las intervenciones del entrenador (como ya he resaltado), son algunas de las variables que permiten que el entrenador modele un contexto, dirigiéndolo hacia lo que le interesa.

En este contexto de propensión, por siempre colocar la pelota en juego con los atacantes, por el espacio de juego ser alargado y por

45 Sin embargo, no nos podemos olvidar que los contrincantes (grises), igualmente, deberán jugar en función de lo que se pretende.

estar con una desventaja numérica considerable, la propia configuración inicial del ejercicio promoverá naturalmente que los blancos pasen mucho menos tiempo con balón que los grises y, por lo tanto, estén predominantemente defendiendo y entrenando dominantemente lo que se desea. Por otro lado, los grises entrenan dominantemente propósitos ofensivos del *jugar.*

Todavía con relación a este contexto que he planteado aquí, noten que el equipo blanco después de robar el balón intenta hacer gol en una de las mini-porterías, que hipotéticamente pueden ser colocadas en función de algunos referenciales de salida en profundidad del equipo o de zonas a explorar estratégicamente.

De este modo, el ejercicio no se resume sólo y únicamente a defender -aunque sea éste el objetivo dominante/prioritario para los blancos- pues tal como ya he presentado aquí, el juego es una entereza inquebrantable, y por lo tanto, en la medida de lo posible (y en caso de ser deseable), se debe promover la conexión y la articulación de sentido de los momentos, en una escala macro, meso o micro. Lo mismo vale para los grises, que en este contexto desarrollan dominante la articulación de la organización ofensiva con la transición ataque-defensa.

Para Mourinho, el principio metodológico de las propensiones permite la consecución del 'descubrimiento guiado[46]', frente a la configuración que el entrenador promovió para el ejercicio:

> El trabajo táctico que promuevo no es un trabajo en que de un lado está el emisor y del otro el receptor. Yo le llamo el 'descubrimiento guiado', o sea, ellos descubren según mis pistas. Construyo situaciones de entrenamiento para llevarlos por un determinado camino. Ellos empiezan a sentir eso, hablamos, discutimos y llegamos a conclusiones.
>
> (Mourinho, citado por Lourenço, 2004, p. 26).

En resumen, y como coloca Rui Faria (2008), fundamentalmente tenemos que percibir que el ejercicio cuando surge, ya tiene que estar configurado de modo que las interacciones intencionalizadas que pretendemos en términos de principio, de objetivo, se evidencien, o sea,

46 **Descubrimiento guiado:** Método que pretende llevar al jugador a descubrir por sí mismo el camino concreto en cada ejercicio y en cada situación, bajo la orientación y las pistas del líder. Sin embargo, el camino ya está previamente trazado, frente a la configuración inicial que el entrenador crea en el ejercicio (*propensiones*). Lo que se pretende es, entonces, que sean los jugadores, por ellos, los que descubran que el camino es ese, sentirlo, y así con ideas y sugerencias, empeñarse en la realización de ese trayecto. Es así que todos participan, todos son responsables y todos son responsabilizados. El jugador aprende por sí mismo, aprende lo que descubrió, lo que sintió, aquello por lo que pasó. (Lourenço, 2006).

cuando lo estructuramos ya creamos condiciones para que lo que pretendemos surja con elevada frecuencia.

Esto es lo más importante, es la especificidad del ejercicio y nosotros como entrenadores, en función de nuestras necesidades, es que vamos a elaborar y alimentar el ejercicio de acuerdo con un determinado objetivo.

Debo destacar, sin embargo, que el principio metodológico de las propensiones no tiene como propósito propiciar la vivencia exacerbada solamente de la idea de juego del entrenador en sus diferentes escalas (macro principios, meso principios y micro principios), sino también promover con elevada frecuencia la aparición de un determinado-tipo de contracción muscular (predominante), de la matriz metabólica implicada, determinadas dinámicas de desempeño y recuperación, de la intensidad máxima relativa a vivenciar y experienciar, y un conjunto de otras cosas, según el día del morfociclo.

Por lo tanto, el principio de las propensiones, debidamente articulado con todos los demás, permitirá que la adquisición del *jugar* se dé en todos sus niveles. Sin embargo, esta adquisición no ocurre de manera lineal, por el contrario, es una adquisición compleja y en espiral.

Esta realidad nos conduce hacia el Principio metodológico de la progresión compleja.

3.4.2 Principio metodológico de la progresión compleja

> Pr'á intenção a informação
> Prévia porque é ideia,
> interindependentes na acção
> numa liberdade de mão-cheia...
> O que é princípio
> regula e é regulado
> sem que saia do "seu sítio"
> quando ao sentir-se acrescentado,
> mudando sem ter mudado
> o que dele emerge ao emergir
> o faz emergir do que ele tinha provocado.
> E sem deste sentir sair
> é não linear esta dança
> e só assim será bailada,
> na complexidade acrescentada
> doutra forma nada cresce nada avança.
>
> (Frade, 2014a, p.132).

El Principio metodológico de la progresión compleja, tal como su nombre lo indica, trata el fenómeno y el proceso como algo necesariamente complejo y no lineal. Se manifiesta en al menos dos planos distintos, que interactúan de manera conjunta y simultánea.

La progresión compleja, en un nivel más a largo plazo, evidencia que la adquisición y la evolución cualitativa de un *jugar* se da de manera compleja y no de modo lineal, lo que implica que durante el proceso de entrenamiento se debe ir de menos a más complejidad, pero siempre en complejidad, ya que estamos tratando con el *jugar*, que es necesariamente complejo.

Como ya dije, esta progresión compleja es en espiral, ya que se desarrolla en torno a un eje (intención previa, idea de juego). Se trata, por lo tanto, de un proceso muy dinámico que se desarrolla y se caracteriza por constantes avances, pero también retrocesos (debido a la no linealidad del proceso), sin pérdida de relación con el referencial que lo determina, que es la idea de juego. Debemos construir y alimentar la complejidad inicial, de modo que el *jugar* pueda evolucionar cualitativamente y acceder a niveles cada vez mayores de complejidad.

El entrenador, al definir cuáles serán los referentes colectivos, deberá jerarquizar prioridades para facilitar la adquisición y somatización de la idea de juego a lo largo del tiempo, o sea, por más que sistematice coherentemente su idea de juego, no podrá pasarla, entrenarla, transmitirla 'toda' al mismo tiempo. Es imposible y contraproducente para el aprendizaje. De este modo, teniendo en cuenta su idea de juego, el entrenador debe saber por dónde empezar y qué camino debe tomar.

Para ello es imprescindible jerarquizar prioridades (teniendo en cuenta la realidad en concreto), enfatizar la dominancia de los aspectos a abordar, en términos de macro principios y meso principios de juego, de modo que al inicio del proceso empecemos con lo que es primordial y de una manera menos compleja para que los jugadores puedan interiorizar, teniendo desde el inicio y de manera regular a lo largo de todo el proceso, la presencia asegurada de los referenciales macro con los cuales el *jugar* se volverá más complejo.

Esto nos permitirá avanzar posteriormente hacia una complejidad mayor, evitando así el estancamiento y posibilitando que el *jugar* continúe evolucionando permanentemente.

No se trata, por lo tanto, de empezar por el micro, ir al meso y luego al macro. Este es un pensamiento completamente desprovisto de lógica y sentido, perteneciente a otra 'lógica'. La Periodización Táctica se aleja por completo de este modo mutilador de pensamiento.

La Periodización Táctica es un traje hecho a la medida, en ella no hay recetas en las que todo viene predeterminado linealmente con la instrucciones de cómo se debe hacer desde el principio al final de la temporada, como sí sucede con la mayoría de las metodologías de entrenamiento. Ella promueve una evolución compleja y de acuerdo con las necesidades que el proceso va imponiendo, porque se refiere a algo concreto y objetivable que es el *jugar*, en sus variados niveles de organización (Frade, 2013a).

> El principio de la progresión compleja se une con los demás. La progresión se basa en reconocer que cuando empezamos en un equipo y en un proceso nuevo, existen ciertas características que se van desarrollando a lo largo del tiempo de forma no lineal. Es decir, sabemos a dónde queremos ir, pero no sabemos *a priori* cómo serán las cosas de forma precisa. No sabemos si el equipo va a dar una respuesta determinada a los problemas que vamos a encontrar y, ¡de ahí que la progresión sea compleja! Yo sé adónde quiero ir pero cómo va a acontecer este camino es complicado, no podemos predecir *a priori*. Es un camino que se hace haciendo (***teniendo siempre en cuenta el referencial que lo determina, que es la idea de juego***).
>
> (Gomes, 2013, p. 349).

Durante el proceso habrá momentos en que estará la necesidad de entrenar y enfatizar ciertos aspectos de nuestra idea de juego en detrimento de otros, haciendo evolucionar determinadas cosas, volver y recordar algunas que se dejaron de hacer (Tamarit, 2013b).

Marisa Gomes ejemplifica que con el paso del tiempo y con la evolución cualitativa de su *jugar* en ciertos aspectos, algunos ejercicios que en una fase inicial se hacían de una manera con determinados propósitos, en un momento posterior, teniendo en cuenta la evolución cualitativa que el equipo presentó, se realizaban de manera distinta.

> La progresión compleja se expresa en el hecho de comenzar el proceso haciendo que el equipo pase mucho tiempo sin la pelota, en inferioridad numérica. Sin embargo, hoy ya lo hago con componentes completamente diferentes, para que el grado de exigencia sea diferente, para caminar hacia lo que realmente quiero lograr.
>
> (Gomes, 2013, p. 351).

En lo que se refiere a la necesidad de tener que volver atrás, Tavares en una entrevista con Xavier Tamarit (2013b) plantea que si el equipo deja de entrenar algunas cosas importantes durante algún tiempo - y eso puede ser tres o cuatro días, o tal vez una o dos semanas -, si el

entrenador no vuelve a insistir en eso, los jugadores pueden perder esas interacciones intencionalizadas, pueden dejar de manifestar los patrones de interacción que caracterizan el *jugar*, en los diferentes niveles de complejidad.

> La filosofía de juego y de entrenamiento será siempre un proceso impar de identidad propia. Provisionada de conocimiento, crece y se desarrolla de acuerdo con las necesidades que la propia imprevisibilidad del proceso exige. Se vuelve compleja y cada vez más a la imagen de sus mentores. La necesidad obliga a pensar, reflexionar y divagar incansablemente sobre un escenario de nuevas ideas, problemas y posibles soluciones. Rápidamente el proceso se vuelve más valioso, más exigente y más complejo, pero siempre inacabado.
>
> (Faria, 2006).

En el fondo, siempre debemos tener en cuenta las circunstancias y actuar sobre la realidad, para intentar alcanzar niveles de complejidad crecientes sobre la calidad de nuestro *jugar*; y por más que sepamos que existan momentos de retroceso en la evolución cualitativa de ciertos aspectos del *jugar*, debemos tener en cuenta también, que la Periodización Táctica posibilita que esta realidad (el *jugar*) evolucione mucho más rápido que en cualquier otra metodología, porque no pierde tiempo con aspectos 'accesorios', sino en desarrollarla desde el primer día hasta el último.

A otro nivel, en un plano más a corto plazo, la progresión compleja se manifiesta en la elección de lo que debemos entrenar durante la semana y también gestiona y regula el nivel de complejidad de cada entrenamiento en los diferentes días del morfociclo, promoviendo una dinámica de esfuerzo y recuperación coherentes con nuestra lógica.

Entrenar significa fundamentalmente establecer prioridades a lo largo de la semana de entrenamientos y también a lo largo de una unidad única. Conforme refleja Marisa, la naturaleza del proceso proporciona indicadores de lo que el entrenador debe valorar en cada momento del mismo. Vamos a un ejemplo hipotético: imaginen que en el partido anterior, el equipo no consiguió expresar la idea de juego del entrenador a nivel de la organización defensiva, que de un modo muy general tiene como premisa defender en zona presionante, achicando los espacios, formando un bloque cohesivo y compacto en una zona intermedia en el campo, buscando determinar los instantes en que se está sin el balón, controlando al adversario.

En el partido anterior, especialmente los dos centrales (habituados a marcar individualmente), en lugar de permanecer con el bloque defensivo, proporcionando equilibrio al equipo, se moldearon a los movimientos de los atacantes rivales, siendo permanentemente arrastrados fuera del bloque, lo que causó muchos desequilibrios en la organización del equipo, llevándolos al desposicionamento y al aumento de la distancia entre líneas. Por lo tanto, frente a lo que se pretende (intención previa) y al que transcurrió (intención en acto), y también lo que se perspectiva para el próximo partido, se establecen prioridades semanales.

En este caso, entiendo que el entrenador, sin perder de vista lo que está detrás en el proceso, o sea, lo que se ha venido a entrenar, así como la relación de esa parte del *jugar* con las demás (entereza inquebrantable, articulación de sentido), debería dar énfasis a estos aspectos, que son parte de su idea de juego. Es decir, en la organización defensiva, concretamente en la mejora del juego posicional, en la concientización de la gestión de la cobertura de los espacios y en el mantenimiento del equilibrio del bloque defensivo, teniendo como principal referencia de posicionamiento el balón y no prioritariamente los movimientos de los rivales.

Por lo tanto, la progresión compleja también se relaciona con eso, en la elección de lo que es prioritario en aquel período del proceso, en lo que deberá ser entrenado durante la semana, según la evolución y los problemas presentados por el equipo, teniendo siempre en consideración nuestro referencial colectivo.

Los ejercicios nacen precisamente por esta elección de prioridades, por las necesidades del equipo, teniendo como objetivo lo que se desea que se manifieste con regularidad en el mismo. Sin embargo, no basta con establecer las prioridades a ser vivenciadas, está la necesidad imperativa de saber cómo hacerlo.

En este sentido, la progresión compleja se une umbilicalmente a las propensiones ya la alternancia horizontal en especificidad, porque también tiene que ver con la gestión del grado de complejidad de los ejercicios a ser vivenciados durante el morfociclo patrón, así como con la gestión del aspecto emocional de los jugadores para garantizar que estos siempre estén en condiciones de adquirir lo que se pretende.

3.4.3 Principio metodológico de la alternancia horizontal en especificidad

El principio metodológico de la alternancia horizontal en especificidad garantiza la permanente relación esforzarse-recuperarse distribuyendo semanalmente diferentes escalas del

«jugar» que se pretende para el equipo. Aborda a lo largo de la semana diferentes niveles de organización. Tan importante como el *esforzar* en la adquisición de los principios de acción pretendidos es el *recuperar* para asegurar condiciones de realización que permitan la operacionalización adquisitiva de los mismos.

(Gomes, 2008, p. 141).

La lógica de la Periodización Táctica es una lógica que, también en aspectos (denominados) físicos, es diversa a la convencional. Se entiende que la contracción del músculo se caracteriza por el grado de tensión, de duración y de velocidad de éste. Pese a que sabemos que durante cualquier ejercicio la contracción muscular expresa estas tres características de manera conjunta (es decir: en toda contracción se da tensión, duración y velocidad), nosotros podemos, a través de la manipulación de los ejercicios, evidenciar más una u otra, es decir, aumentarla respecto a las otras, permitiendo incidir más sobre la tensión, sobre la duración o sobre la velocidad de la contracción muscular, un día y, por lo tanto, maximizarla, recuperando así las estructuras utilizadas en los otros días.

(Tamarit, 2013b, p. 93).

Entonces, este principio de la alternancia horizontal en especificidad resulta del reconocimiento de que el *jugar* (cultura del equipo) emerge del entramado de unas personas con otras. Sólo que las personas son biología, son emociones, son sentimientos y tienen ciertas limitaciones. Por lo tanto, hacer el entramado de jugadores siempre de la misma manera hace que exista un cansancio y una fatiga que limita toda evolución del proceso. Todos conocemos la condición biológica fundamental que nos indica que cuando nos desgastamos necesitamos recuperarnos. Por eso, si queremos aprender (adquirir) algo todos los días del proceso, tenemos un desgaste porque nadie aprende sin desgastarse. Y si nadie aprende a jugar sin practicar, luego este practicar provoca el desgaste y la fatiga que tenemos que gestionar. Así, con el principio de la alternancia horizontal en especificidad estructuramos los días que separan las dos competiciones de acuerdo con un patrón de incidencias diferentes cada día. Hablamos del morfociclo, luego, es un patrón de incidencias (finalidades) de nuestro jugar. Y, por lo tanto, el principio de la alternancia horizontal en especificidad nos orienta en la cuestión: "Quiero desarrollar mi «jugar». ¿Qué puedo hacer en cada día para que mis jugadores estén siempre en las mejores condiciones para poder competir el domingo?".

(Gomes, 2013, p. 322).

Concomitantemente y precisamente por pretender una adquisición sistémica del *jugar*, la Periodización Táctica tiene la preocupación de mantener una regularidad semanal con respecto a la alternancia de los diferentes patrones de desempeño-recuperación, ya que no es posible en términos biológicos mantener ininterrumpidamente el Cuerpo esforzándose de la misma forma, solicitando todos los días las mismas dimensiones del *jugar*.

Para esforzarse es necesario que se esté en condiciones, es decir, descansar y recuperar (lo que tampoco significa no entrenar).

Sabemos que el entrenamiento es condición fundamental para que la incorporación del *jugar* y el desarrollo de su dinámica ocurran, haciendo que el equipo venga a jugar mejor. Sin embargo, para que se pueda jugar mejor, existe la necesidad de tener condiciones para hacerlo de la mejor manera posible, tanto en entrenamiento como en competición.

Por eso, al hacer que los jugadores vivencien y experimenten siempre la misma escala de demandas,el entrenador estará promoviendo, en la continuidad de este patrón, una sobrecarga, una masificación de las mismas estructuras morfológicas, funcionales, psicológicas, hipotecando, por lo tanto, la posibilidad de haber adquisición y somatización de aspectos relevantes al *jugar*, debido a la Fatiga[47] y al Desgaste[48] generados por tal sobrecarga; así como de estar en las máximas condiciones de disponibilidad (funcional, bioenergética, etc., etc.) para competir. Estas afirmaciones son garantizadas por el ciclo de autorrenovación de la materia viva[49].

---

47 **Fatiga:** Utilizaré la palabra Fatiga con la primera letra en mayúscula para evidenciar la noción de que la Fatiga no puede separarse en central (mental) y fisiológica. Se trata de una noción íntegra que no puede ser separada, pues ambas caminan juntas y se interrelacionan. Es de subrayar también que el adquirir y el Fatigar están íntimamente relacionados, "solo hay entrenamiento si hay fatiga" (Frade, 2013a). Para que haya adquisición existe la necesidad imperativa de haber Desgaste, de ahí que su gestión deba ser hecha con mucha coherencia y sensibilidad. Gomes (2013) nos da una definición bastante clara sobre la noción de cansancio (Fatiga, Desgaste) cuando refiere que cuando un jugador está cansado, no está cansado sólo "biológicamente". Un jugador puede estar cansado cuando las circunstancias están sucediendo y no tiene capacidad para intervenir sobre ellas como normalmente lo haría. Por lo tanto, el cansancio muchas veces puede manifestarse en el jugador que normalmente anticipa y que pasa a no anticipar.

48 **Desgaste:** idéntico al anterior, sin embargo me refiero a la noción de desgaste.

49 **Ciclo de autorrenovación de la materia viva:** Esta postulación será abordada con mayor profundidad posteriormente.

El profesor Vítor Frade, hace más de 30 años, reconoce que además de la competencia, el entrenamiento de fútbol también promueve un Desgaste significativo en el Cuerpo, y teniendo en cuenta el desafío de a lo largo de la semana tener que entrenar el *jugar* sin provocar un Desgaste que limite la evolución de este proceso, y sin perder de vista la necesidad de tener el equipo recuperado y disponible para competir en alto nivel, propone el principio metodológico de la alternancia horizontal en especificidad.

Un principio metodológico que promueve una dinámica de incidencias que permite que el equipo esté en condiciones de adquirir entrenando y también de competir en alto nivel en las máximas condiciones del rendimiento. Es posible alcanzar esto alternando, en cada sesión de entrenamiento, entre un partido y otro, el patrón de solicitudes en lo que se refiere a la complejidad de los contextos de propensión subyacentes a la porción del *jugar* que es vivenciada (macro principios, mesoprincipios y micro principios); el patrón de contracción muscular dominante; dimensión estratégica.

Es importante señalar que las contracciones musculares se caracterizan por tres tipos de indicadores fundamentales: la velocidad de la contracción de las fibras musculares implicadas, la duración de este tipo de contracción y el nivel de tensión llevado a cabo durante la contracción muscular[50].

De inmediato siento la necesidad de dejar claro que la tensión de la contracción muscular no es igual a la fuerza, que la duración de la contracción muscular no es igual a la resistencia y que la velocidad de la contracción muscular no es igual a la 'velocidad'.Aquel que busca comprender la Periodización Táctica con "ojos convencionales" estará muy lejos de entender su lógica, y no nos referimos solamente a los aspectos dichos físicos (Tamarit, 2013b).

La Alternancia Horizontal en especificidad se refiere a que hay una invariancia de preocupación (la operacionalización de la idea de juego - Especificidad), pero la escala a la que eso sucede es la que va siendo diversa (por lo tanto la denominaremos especificidad, con 'e' minúscula).

La alternancia horizontal en especificidad permite que los jugadores lleguen al día del partido debidamente recuperados (aunque durante

---

50 **Contracciones musculares:** A lo largo del libro ya título de ilustración y didáctica caracterizaré los tipos de contracciones musculares con círculos coloreados, que corresponden a la dominancia de las mismas: velocidad (●), tensión (●) y duración (●). El amarillo (velocidad) y el azul (tensión) son colores primarios que juntos dan el verde (duración), es decir, la duración no existe por sí sola, emerge de la relación de este azul y de este amarillo, y cuanto mejor esté la mezcla, esta relación, mejor el verde emergerá. Este 'verde' se refiere a la densidad y mayor frecuencia de ocurrencia del patrón de contracción implicado en la concretización del *jugar*.

la semana entrenen también de manera adquisitiva), porque durante la semana, al promover una alternancia de dominancia al nivel del tipo de contracción muscular predominante, de la complejidad de los ejercicios y la intensidad máxima relativa implicada para la realización de estos (más allá del respeto de los tiempos de 'ejercitación' y recuperación, tal como veremos en el próximo punto), no se sobrecargan las mismas estructuras implicadas en el *jugar*, es decir, hay una alternancia, pero es una alternancia horizontal, porque se hace a lo largo de la semana, de día en día, y no durante la misma unidad de entrenamiento.

Por lo tanto, la alternancia se da en diferentes niveles y, como ya vimos, el 'físico' no es un 'físico' cualquiera, es un 'físico' Específico del *jugar* y que se caracteriza por las variables de la contracción muscular y por el enmarañado bioenergético requerido para la manifestación regular de dicho *jugar*, distanciándose de esta manera del 'físico' entendido convencionalmente.

Conjugar este principio metodológico con los demás, no sólo evita que haya una masificación de las mismas estructuras del *jugar* (en sus múltiples dimensiones), como incluso permite maximizarlas. Además, esta conjugación nos permite resolver la siguiente pregunta:

> Como nuestro objeto de estudio -o de preocupación- es el todo, la tendencia de la contemplación de la complejidad es el privilegio de la incidencia sobre el todo. Pero el todo es hecho de partes y ¿hasta qué punto la imposibilidad empírica de tener en manos, siempre, el grado de fatiga de todos los individuos y, por lo tanto, el grado de posibilidades evolutivas puede permitir la efectiva maximización del todo como todo? A partir de cierto momento algunos de los elementos pueden estar a decaer y no estar evolucionando, entonces tengo que contemplar esto y es a través de llevar a la práctica del principio de la alternancia horizontal en especificidad, y horizontal porque es a lo largo de la semana. Pero ellos no pueden ser vistos aisladamente, tienen que ser vistos conjuntamente.
>
> (Frade, 2013a p. 418-419).

Así como Frade plantea, los principios metodológicos a pesar de que pueden ser conceptuados individualmente, no pueden ser correctamente entendidos, vistos y mucho menos operados de manera separada. Por el contrario, vistos de esta manera, dejan de tener sentido, porque la lógica de la operacionalización del *jugar* emerge de un patrón de conexiones de los principios metodológicos, una articulación de sentido con un sentido.

La interacción promovida por los tres principios genera un patrón de conexiones, una matriz procesal que proporciona una lógica que se personifica en la repetición sistemática del morfociclo (por su presencia y vivencia continuada), es decir, del morfociclo patrón.

3.4.4 Morfociclo patrón

> Para mí el gran problema con el que suelo bromear es que la Periodización Táctica solo necesita una cosa: de tipos inteligentes y apasionados por ella. Ella lo que necesita es del entendimiento profundo de adelante hacia atrás, de atrás hacia adelante, de derecha a izquierda, de izquierda a derecha, de arriba abajo, de abajo hacia arriba del morfociclo. Porque el morfociclo es la representación de la complejidad allí contenida, y esto después es extrapolable incluso para la formación.
>
> (Frade, 2013a, p. 427).

> Morfociclo
> a fôrma da forma
> o macro princípio
> a norma...
> Mecanismo não-mecânico
> flexível e titânico
> de dinâmica específica,
> colectivamente contextualizada
> alicerce da diversidade espontânea,
> individualizada...
> E com outras simultânea
> fortalecida e não raquítica.
>
> (Frade, 2014a, p. 156).

Más allá de establecer un lenguaje común, en lo que se refiere a la definición de los principios metodológicos, es importante percibir cómo estos principios son debidamente operacionalizados, pues es a partir de la operacionalización que un *jugar* cobra vida, se vuelve más complejo y se desarrolla.

Para la Periodización Táctica, el desarrollo del *jugar* se debe hacer a partir del respeto ininterrumpido del morfociclo patrón, durante toda la temporada, incluso durante el período denominado 'preparatorio'[51]

51 **Período preparatorio:** Escribo período 'preparatorio' entre comillas porque "*en la Periodización Táctica el período preparatorio no es preparatorio de nada, ese período*

(en que no hay competencia formal), asumiéndose, por lo tanto, como el núcleo duro del proceso de entrenamiento.

El morfociclo patrón es aquel período, o aquel ciclo que se identifica por la presencia de dos partidos separados, en el espacio de una semana, teniendo, por ejemplo, partidos de domingo a domingo, que al tener su lógica y matriz respetada ininterrumpidamente, todas las semanas, se asume como un estándar.

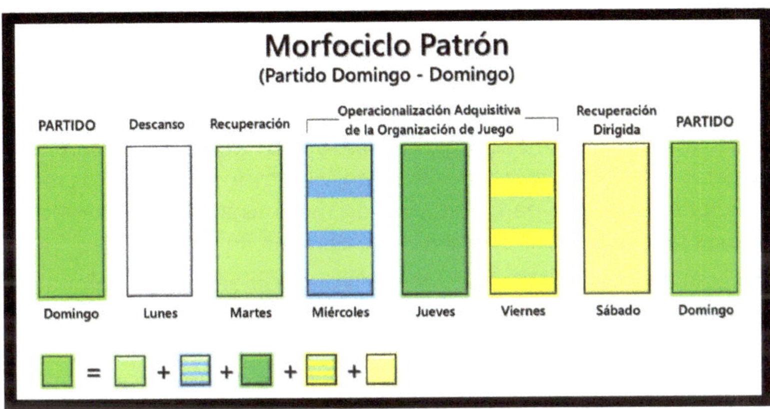

Morfociclo patrón.

La palabra morfo, de acuerdo con el diccionario Priberam, expresa la noción de forma; ciclo encierra el significado de un fenómeno periódico que se efectúa durante cierto espacio de tiempo, mientras que patrón (o estándar) significa algo que existe siempre, pero comporta una variabilidad que no compromete la finalidad y permite la posibilidad de ajustamiento (Gomes, 2013).

En ese sentido, el morfociclo significa la morfología y la morfogénesis de la adaptabilidad del *jugar* a lo largo de un ciclo (entre dos partidos). Caracteriza un patrón que presenta una *forma* representativa del todo, el *jugar* y la somatización correspondiente. Forma que, aunque es diferente en las diferentes escalas, se mantiene relativamente estable en los principios más grandes. "*Permite basarse en una periodización de juego a juego para hacer emerger y dar vida al jugar que se desea*" (Maciel, 2011b, p. 13).

---

que antecede al cuadro competitivo oficial, no es preparatorio de nada porque el período competitivo es también preparatorio, porque existe siempre esa preocupación por preparar" (Frade, 2010, p. 103). Nunca está de más reforzar que esta permanente preocupación de preparar se hace a través del respeto por el morfociclo desde la primera semana de entrenamientos.

Por eso es muy fácil percibir que la noción de morfociclo patrón se aleja de la lógica convencional, de micro, meso y macrociclo(s). El microciclo es un pequeño ciclo, mientras que el meso y el macrociclo se refieren a escalas temporales más amplias. Estas nomenclaturas difieren porque nada tienen que ver con la forma (a la que aquí nos referimos, un desempeño concreto), ellas varían justamente porque sus objetivos y preocupaciones se modifican de semana a semana, meses, semestres (desarrollo de las denominadas capacidades condicionales), mientras que para la Periodización Táctica, el objetivo central es siempre el mismo, de inicio a fin, es desarrollar el *jugar* que se pretende (una Forma compleja y dinámica), promoviendo una dinámica de incidencias que permite que el equipo y los jugadores estén en condiciones de adquirir entrenando, respetando una lógica de desempeño y recuperación, asegurando, por lo tanto, que todos estén en las mejores condiciones posibles para competir en máximo nivel durante todas las semanas la temporada, por lo que no varía en su morfología.

En esta dirección, la Periodización Táctica difiere de la mayoría de las metodologías de entrenamiento porque otras concepciones colocan la dimensión física en la parte superior de las necesidades, operacionalizándola a través de una planificación, como he dicho, a corto, mediano y largo plazo (micro, meso y macrociclos).

Este tipo de trabajo preconiza la oscilación de desempeños, a través del *efecto retardado de las cargas*, donde se busca alcanzar picos de forma ('física') para que en determinados períodos de la temporada el equipo alcance su máximo de forma ('física'), objetivando la obtención de una ventaja significativa sobre sus adversarios. Durante este proceso, se planea la adquisición, mantenimiento y pérdida de la 'forma física' a lo largo de una temporada (Matveiév, 1986 citado por Gaiteiro, 2006),quedando la operacionalización de un *jugar* relegado a un segundo (o tercer) plano.

Por lo general, estos ápices 'físicos', 'picos de forma' son planificados para que ocurran en las semifinales, final de determinado(s) campeonato(s), partidos importantes, *playoffs*, etc. Sin embargo, picos de forma están asociados a periodizaciones de entrenamiento para deportes individuales, con gran tiempo de preparación y un período competitivo reducido ('periodización olímpica'), no reflejando, por lo tanto, la realidad del fútbol, un deporte colectivo con un largo período competitivo y un corto período de preparación sin competencias.

Parece raro planear llegar 'bien' a una final, orientando todo el proceso en función de eso (de inicio a fin), admitiendo quiebras y disminución de rendimiento durante el proceso, porque para llegar a las fases finales de una competencia ¡tenemos que ganar los partidos anteriores! ¿No sería necesario jugar bien y en las máximas condiciones de disponibilidad para el desempeño, para vencerlos?

> No quiero que mi equipo tenga picos de forma... ¡No puedo querer que mi equipo oscile en el desempeño! Quiero que se mantenga siempre en niveles de rentabilidad elevados. Porque no hay partidos o períodos más importantes que otros. Todos los partidos son para ganar.
>
> (Mourinho, citado por Oliveira *et al.*, 2006, p. 100).

Parece incoherente asumir que en determinados momentos de la temporada el equipo estará mal y no rendirá lo esperado, considerando malas exhibiciones como una cosa a ser plenamente (y 'científicamente') normal y esperada.

En definitiva, en una realidad como el fútbol, en que se compite excesivamente siempre buscando victorias, la concepción defendida por las periodizaciones más convencionales tanto en la teoría como en la práctica no se justifica, incluso porque la mayoría de los campeonatos hoy en día son de puntos corridos, es decir, el primer partido tiene exactamente el mismo valor del último partido del año: tres puntos.

Como ya comenté anteriormente, la Periodización Táctica refuta la lógica convencional, al colocar el énfasis en la operacionalización del *jugar* en sus niveles de organización, teniendo como base operacional y conceptual otra lógica de orientación, que se puede denominar transgresora.

Se propone estar siempre en la cima de sus prestaciones para competir en alto nivel, a través de la optimización estabilizada del rendimiento. De esta manera, la Periodización Táctica se presenta como alternativa viable para aquellos que aspiran a estar y no sucumbir a las exigencias del rendimiento superior (Maciel, 2010).

> La Periodización Táctica rompe metodológicamente con lo que se hace, el foco se centra desde el primer día en la intensidad(de calidad, o sea, en el desempeño manifiesto en la vivencia y adquisición de un *jugar*) y no en el volumen (como capacidad condicional). En la Periodización Táctica el volumen sólo tiene sentido si es un volumen de calidad, un volumen de intensidades, o mejor aún, un volumen de intencionalidades (diferentes niveles de determinada intencionalidad), que debe desde el principio del proceso asumir un valor relativo, semanalmente o en los ciclos entre partidos, y próximo a la que deberá estar presente a lo largo de toda la época. Este hecho hace la existencia y el cumplimiento del morfociclo patrón una premisa fundamental.

> En esta forma de entender el entrenamiento no se busca los denominados 'picos de forma', sino más bien niveles de desempeño elevados, es decir, niveles de rendimiento que permitan que el equipo mantenga un nivel de funcionalidad, de adaptabilidad y de interacción eficaz y eficiente, es decir, sin que se arriesgue la manifestación de la matriz que lo identifica como equipo. Se desea de este modo, que una determinada intencionalidad que se quiere regular, se estabilice y no que oscile a lo largo de la época.
>
> (Maciel, 2010, p. 1-2).

A través del correcto entendimiento y operacionalización del morfociclo patrón (y del entrenador tener calidad a nivel de sus ideas), se promueve una regularidad de desempeño que posibilita al equipo y a los jugadores estar en una permanente evolución, en una 'estabilización sin cristalización', como lo denomina Maciel (2010), donde el cumplimiento de esta estabilización optimizada solo se puede hacer, como ya dije, teniendo como base el respeto y la repetición sistemática del morfociclo patrón a lo largo de todo el proceso, de la primera a la última semana de entrenamientos.

Es él, que a través de su lógica, permite siempre que haya una evolución cualitativa en el equipo y en los jugadores, que salvaguardando la relación desempeño-recuperación maximiza los niveles de desempeño del equipo, colectiva e individualmente.

> Podemos así decir que la estabilización de un nivel de rendimiento óptimo se logra a partir de la institucionalización de un estándar semanal de entrenamiento -relativo a los contenidos, a la recuperación, a los regímenes, al número y duración de las unidades de entrenamiento- y su estabilización. En el fondo, se trata de construir una dinámica semanal y de mantenerla a lo largo de la temporada, desde el período denominado preparatorio.
>
> (Oliveira *et al.*, 2006, p. 101).

Como propone Frade (2013), el morfociclo es un ciclo que tiene semejanzas con el ciclo siguiente y con el anterior, en función de la forma y, por lo tanto, al asumirse como regularidad metodológica (núcleo duro del proceso de entrenamiento), debe ser entendido a la luz de una organización fractal.

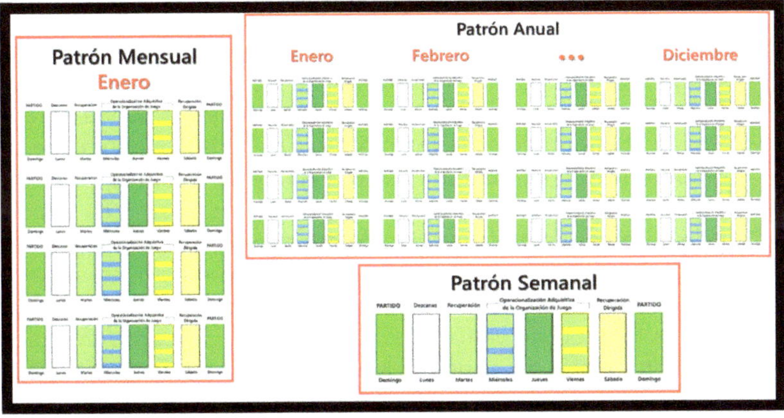

Fractalidad del morfociclo patrón

Nos morfociclos
contidos,
uns dos outros são discíp'los
se uns nos outros imbuídos,
e só quando é este o modo
de a eles ter acesso,
jogando...
a periodização se faz no processo
como prática,
duma cultura táctica
aculturando...
p'ro futebol um jogar,
e nele se emancipando
ao jogá-lo p'ra ganhar.

Vítor Frade.

El reconocimiento del hecho de ser el ciclo entre partidos (su calidad) a dirigir el proceso, refuerza aún más la íntima relación existente entre entrenamiento y competencia. Desde luego, los momentos formales de competencia son las pruebas cruciales que mejor permiten al entrenador evaluar la congruencia o no de lo que el equipo manifiesta efectivamente y aquellos que son sus intentos. Es en función de esa evaluación cualitativa del proceso, que el entrenador va a configurar semana a semana la operacionalización de su jugar, manipulándolo según las necesidades circunstanciales, las cuales se detectan teniendo como base lo que se verificó en el partido anterior y aquellas

> que se plantean llegar a ser los requisitos del partido siguiente. Y claro está, teniendo siempre como soporte no solo nuestro *jugar*, sino también el patrón semanal adoptado para hacerlo emerger. Se puede decir que es la competencia la que determina la configuración de los morfociclos. Una configuración que manteniendo su matriz, varía a nivel de su 'esencia', es decir, a nivel del contenido experimentado en las diferentes sesiones de entrenamiento, aunque sólo sea en un plano micro y sin pérdida de referencia con respecto al plano macro del jugar. Se trata de una reducción sin empobrecimiento, en que los matices a lo largo de varios días van dando a la operacionalización del proceso una mayor incidencia sobre niveles de organización diferentes de nuestro jugar. Es importante advertir, que incluso el día en que están más presentes aspectos mayores de nuestro jugar (macro principios), se verifica la necesidad de reducir sin empobrecer en función de las prioridades establecidas para aquel morfociclo y de modo particular para aquella sesión de entrenamiento. En la Periodización Táctica no hay lugar a los tradicionales 'picaditos'. Por eso, incluso la vivencia de los macro principios asume, por la configuración del ejercicio y por la intervención del entrenador, una determinada dominancia la cual permite que la vivencia del jugar en ese día se centre predominantemente en los aspectos que el entrenador entiende como más relevantes en aquel ciclo entre partidos, moldeando de esta manera aquella unidad de entrenamiento con el propósito de registrar mayor propensión de ocurrencia de interacciones relativas a determinadas dimensiones de nuestro jugar, sin que se pierda los enlaces al todo. Una fractalidad que siendo mayor, tampoco lleva a la fatalidad.
>
> (Maciel, 2010, p. 8).

Al igual que el profesor Vítor Frade propuso en la introducción de este capítulo, el morfociclo patrón es la piedra filosofal de la operacionalización del *jugar*, su total entendimiento es fundamental para que se perciba lo que de hecho la Periodización Táctica significa.

Para una mejor comprensión del morfociclo necesitamos desvelar los factores que justificaron el nacimiento de esta forma de organización del proceso de entrenamiento, es decir, importa que entendamos lo que de hecho caracteriza la competencia y sus implicaciones para el proceso de entrenamiento.Primero, intentaremos entender el juego desde un punto de vista más fisiológico y luego vamos a lo que es de hecho el mayor orientador para la estructuración del morfociclo patrón, tal como debe ser.

3.4.4.1 Juego de fútbol: implicaciones a nivel metabólico. ¿Qué es relevante promover en el entrenamiento?

Es muy importante aclarar que durante el abordaje de este capítulo voy a presentar algunas características del juego de fútbol desde el punto de vista fisiológico que considero pertinente para la conveniente operacionalización del entrenamiento.

Como ya dije, la Periodización Táctica es un traje hecho a la medida, donde cada proceso y cada *jugar* es singular, por lo tanto, Específico (a todos los niveles, fisiológico incluido).

En este sentido, cada entrenador es libre de elegir el tipo de 'combustible' que su equipo predominantemente utilizará para competir, por lo tanto, se hace pertinente resaltar que mis interpretaciones y sugerencias estarán pautadas en aspectos que por norma entiendo están caracterizados por un *jugar* de calidad. No debemos olvidar que lo más relevante es atender a la matriz metabólica que el *jugar* requiere (después de todo, la Periodización Táctica es una forma de entrenar y no una forma de jugar).

Es importante señalar que independientemente de la elección de la matriz metabólica que emergerá en el desarrollo y en la manifestación del *jugar*, la Periodización Táctica tiene el poder de potenciarla, sea cual sea.

Recientemente, algunas investigaciones revelaron que a pesar de que el jugador de fútbol se desplaza más de nueve kilómetros por partido, la fase 'activa' del partido, donde de hecho el jugador actúa y decide el partido de fútbol (tanto defensiva como ofensivamente) se disputa en un metraje inferior a 1,5 km, bajo 'alta intensidad'[52] (Di Salvo *et al*, 2007).

El futbolista sigue caminando o trotando bajo ligera intensidad[53] alrededor del 80% al 85% del partido (Bangsbo, Mohr & Krustrup 2006). Esta fase ('pasiva'), es el momento en que los jugadores a pesar de estar jugando, no están involucrados en acciones decisivas. En este momento los futbolistas se recuperan de los estímulos fuertes, intensos, dinámicos y especialmente ultracortos que componen la fase 'activa' del fútbol (Sargentim, 2012), que de acuerdo con Di Salvo *et al.* (2007) corresponde a sólo el 9% del tiempo del juego.

---

52 **Alta intensidad:** En este caso, así como apunta Maciel (2011b), el término 'alta intensidad' en terminología convencional está relacionado con las capacidades anaeróbicas, lo que no significa necesariamente lo mismo que el de laPeriodización Táctica.

53 **Ligera (o baja) intensidad:** Este término, en terminología convencional, se relaciona a las capacidades aerobias (Maciel, 2011b), lo que no significa necesariamente el mismo que el de la Periodización Táctica.

En cuanto a esta realidad, Maciel (2011c) señala que a pesar de que predominantemente los análisis cuantitativos aplicados al tipo de esfuerzo registrado en el fútbol (estudios *Time Motion*) resaltar la dominancia (temporal - cuantitativa) de las vías aeróbicas, teniendo como base un análisis cualitativo del patrón de esfuerzo subyacente a la práctica del fútbol, se concluye que las acciones (en realidad las interacciones) más relevantes y preponderantes se llevan a cabo teniendo como base la vía anaeróbica aláctica.

Creo que esta constatación es de extrema relevancia para el entrenamiento dado que aun teniendo en cuenta que el fútbol es un deporte intermitente que la solicitación de las varias vías metabólicas[54] al mismo tiempo, si son las de más alta intensidad a nivel fisiológico (metabolismo anaeróbico aláctico) que se asumen como determinantes en la generalidad de las acciones relevantes, deberá ser sobre estas que predominantemente el entrenamiento, sea con carácter de recuperación o adquisitivo, deberá incidir, ya que su finalidad será inducir en los organismos una adaptabilidad tal, que les permita dar la respuesta y la posibilidad de lidiar eficazmente con una elevada, es decir, muy fre-

54 **Vías metabólicas:** De acuerdo con Santos (citado por. Tamarit, 2013b, p. 120), *"Debemos tener en cuenta que los sistemas metabólicos son generalmente clasificados en tres tipos: a) Sistema anaeróbico aláctico o sistema de los fosfágenos (ATP y fosfocreatina - (CP) recurre a las fuentes inmediatas de suministro de energía, siendo también las más potentes (mayor aporte energético por unidad de tiempo) encontrándose asociada predominante a desempeños de elevada intensidad metabólica y de corta duración. b) Sistema anaeróbico láctico o sistema glucolítico o glucólisis, recurre a los hidratos de carbono como sustrato energético, siendo la producción de energía resultante del desdoblamiento del glucógeno (forma de almacenamiento de los hidratos de carbono en las células) en ácido láctico (por eso láctico) un proceso llamado de glucólisis que ocurre al nivel del citoplasma "sin" intervención directa del oxígeno (en este proceso en específico), por eso "anaeróbico".* Es importante señalar que aunque "no haya" intervención directa en este proceso específico por parte del oxígeno, él es fundamental para la buena funcionalidad de este mecanismo, tanto a priori, como a posteriori (restablecimiento de los inventarios energéticos, remoción de metabolitos, etc.) para un entendimiento más profundo, se recomienda la lectura integral de Billat (2013). *En términos energéticos es más eficiente que los fosfágenos, pues proporciona mayor cantidad de energía en términos absolutos, pero es menos potente, pues requiere más tiempo para hacerlo. Se encuentra predominantemente implicado en un desempeño de elevada intensidad, pero no máxima, y con una duración relativamente considerable (aunque corta). A pesar de tener la capacidad de gran producción de energía tiene como gran consecuencia la acentuación de la acidosis metabólica debido a la acumulación de ácido láctico el cual es contraproducente cuando se desea alcanzar desempeños de calidad. c) Sistema oxidativo o aeróbico, proceso metabólico que se desarrolla a nivel mitocondrial (en las mitocondrias) responsable de la producción de energía celular teniendo como interviniente el oxígeno (por eso aeróbico) a través de la oxidación mitocondrial de la glucosa (derivado almacenado resultante de los hidratos de carbono) de los lípidos (ácidos grasos) e incluso de los aminoácidos (proteínas). Se trata del sistema metabólico menos potente, pero simultáneamente el de mayor capacidad absoluta, encontrándose por ello bastante asociado a desempeños de duración más prolongada".*

cuente estimulación de estas vías metabólicas, sin socorrerse dominantemente de otras vías, que tienen menor potencia, como la oxidativa y la anaeróbica láctica, aunque eso dependerá de cómo el entrenador quiera que su equipo juegue.

Como ya he dicho, en mi opinión, por norma, un *jugar* de calidad debe tener dominantemente esta característica y es dentro de esta lógica que abordaré este capítulo.

Sin embargo, lo más relevante es atender a la matriz metabólica que el *jugar* requiere y ésta se basa en una interacción determinada de las vías metabólicas en el momento de la concretización del *jugar*. ¡Repito, la Periodización Táctica es una metodología de entrenamiento y no una idea de juego!

> Se trata, en términos biológicos, conferir al organismo una mayor eficacia la cual le permite después de ser sometido a un estímulo intenso reestablecer sus índices basales rápidamente, lo que por consiguiente posibilita que el organismo pueda soportar esfuerzos a expensas de las vías metabólicas anaeróbicas alácticas con mucha mayor densidad y sin que sea acoplado, o exclusivamente sostenido en otras vías metabólicas (aunque paradójicamente no funcionen por separado) debido a la fatiga inducida y no respeto por los debidos tiempos de reposo.
>
> (Maciel, 2011c, p. 4).

Así como lo hace Maciel en el párrafo anterior, tal hecho es pasible de ser alcanzado a través de una gestión acertada y coherente del binomio desempeño/recuperación durante el proceso de entrenamiento. Es importante señalar que a pesar del énfasis puesto en las vías anaeróbicas y de modo más destacado en los fosfágenos, no quiero con ello transmitir la idea de que la vía aeróbica es irrelevante en el fútbol.

Debemos a través de la operacionalización continuada del morfociclo patrón optimizar la gestión del desempeño y de la recuperación, de modo que los jugadores estén plenamente en condiciones de disputar la competencia en sus mejores condiciones posibles. En esta dirección, el respeto por el ciclo de autorrenovación de la materia viva y por la Ley de Roux (también llamada Ley de Schultz-Arnodt) se hace fundamental.

El ciclo de autorrenovación, visto con los ojos de la complejidad, permite que el organismo acceda a niveles de desempeño y complejidad cada vez mayores, los que intentaré evidenciar en las siguientes líneas.

Según Maciel (2011c), la idea de autorrenovación va al encuentro de la esencia de la evolución de los sistemas complejos (*jugadores,*

equipo), los cuales solo cuando se encuentran funcionando en la frontera del caos pueden hacer emerger nuevas órdenes de complejidad (*progresión compleja*).

Al respecto, y estando la Periodización Táctica orientada al rendimiento superior, es importante reconocer, como explica Vítor Frade, que la fenomenología del rendimiento superior es compleja. Se trata de una problemática compleja, luego, la lógica de evolución del 'proceso' dentro de tal problemática, deberá necesariamente basarse en una estrategia de progresión compleja (principio metodológico de la progresión compleja).

El ciclo de autorrenovación de la materia viva señala que el organismo, cuando se somete a esfuerzos, fatiga sus estructuras: "*La célula glandular, así como la fibra muscular y la fibra nerviosa, se desgastan cuando trabajan y ocurre un agotamiento, se fatigan. El trabajo exige un gasto de sustancias altamente energéticas, tales como el glucógeno, la creatinafosfato y la adenosina tri-fosfato* (ATP)" (Langlade & Langlade, 1977).

De aquí podemos deducir que no son solo los músculos y las células glandulares que dependen del ATP para funcionar, sino también el cerebro se presenta como un órgano gluco-dependiente, siendo uno de los principales consumidores de energía del organismo humano (Maciel, 2011c). En este libro ya he hablado de la importancia del ATP no sólo como generador de energía, sino también como transmisor de información.

Así como señala Santos, la eficacia continuada de la vía metabólica anaeróbica aláctica (cuando generalmente se deciden los partidos) está claramente dependiente de la disponibilidad frecuente de ATP en el organismo.

> Si este elemento está depletado y puede decir que la funcionalidad del sistema queda condicionada, pues la información por él vehiculada no será la más acorde con lo deseado, y por lo tanto va a inducir una estimulación dominante de las vías metabólicas que no se ajustan al jugar deseado. Este elemento, en menor cantidad en el interior de las células, va a estimular las vías metabólicas llamadas de menor potencia, pues son aquellas que solicitan menor cantidad de aporte de ATP por unidad de tiempo, entonces si hay poco, gasta menos, ahorra recurriendo a metabolismos de más bajo consumo por unidad de tiempo.
>
> (Maciel, 2011c, p. 2).

El ciclo de autorrenovación de la materia viva refiere que cuando se realiza un determinado ejercicio por algunas veces seguidas, después de un determinado tiempo, el individuo siente la fatiga. De esta manera estos individuos necesitan descansar.

Sin embargo, el reposo después de un ejercicio y de la fatiga no es un mero estado de reposo, no es un momento de paralización metabólica u orgánica. Es durante este momento que, según investigaciones, el órgano o el organismo fatigado absorbe ávidamente oxígeno,lo que alimenta las estructuras fatigadas y las ayuda, sustituyendo las sustancias utilizadas por nuevas.

Se trata de un 'efecto detonador' por parte del oxígeno, que condiciona al glucógeno a una combustión biológica, liberando la energía química necesaria para la re-síntesis y reconstitución de la creatinafosfato (CP) y del ATP (Langlade & Langlade, 1977).

Pienso que estos aspectos son de gran importancia para una conveniente y coherente operacionalización del entrenamiento, sea él de dominancia adquisitiva o de recuperación. Desde luego se refuta la idea de que para recuperarse se debe actuar fundamentalmente sobre la vía oxidativa, mostrando que independientemente de la vía metabólica dominantemente utilizada y responsable por la fatiga, todas exigen la oxigenación de las células para funciones de realimentación, de remoción de metabolitos y de restablecimiento de los mismos los valores basales del organismo (Maciel, 2011c).

Es precisamente este momento (proceso de recuperación durante y entre ejercicios y sesiones de entrenamiento) -cuando debidamente respetado- que permite que la materia se renueve, pudiendo acceder, incluso, a niveles de funcionalidad superiores a lo que se encontraba antes de haber realizado el dado desempeño (fase de supercompensación o exaltación).

> En el caso de estos ejercicios extremadamente breves, el VO-2máx no desempeña ningún papel en el gesto propiamente dicho, pero va a condicionar la recuperación después del esfuerzo. En un gesto explosivo de este tipo, la contracción muscular es posible gracias a la disponibilización muscular inmediata del sustrato energético del músculo, las moléculas de adenosina trifosfato (ATP).
>
> En el caso de los esfuerzos superiores a dos segundos, el ATP debe ser renovado para permitir la continuidad del esfuerzo. Para hacer esto, tres vías metabólicas entran en acción de forma sincronizada en los músculos. La primera es la oxidación de los azúcares. La segunda es la fermentación de los azúcares (produce ácido láctico, cuya acumulación es perjudicial). La

tercera es la degradación de la fosfocreatina. Este compuesto de fósforo del músculo, muy energético, se utiliza en esfuerzos repentinos e intensos. Uno de los descubrimientos importantes de los últimos años es que la síntesis de fosfocreatina necesita oxígeno. Podemos, así, comparar nuestro cuerpo a un motor híbrido. Las fosfocreatinas son nuestras 'baterías eléctricas': las agotamos en las fases de fuerte aceleración (por encima de 0,05 m/s^2 en promedio para los humanos) y las recargamos en la fase de deceleración, durante los cuales el ATP es suministrado por la oxidación de los glúcidos.

(Billat, 2016).

El ciclo de autorrenovación de la materia viva refiere que:

Es precisamente este ciclo de procesos del metabolismo, que comienza con la carga funcional, durante la cual se gastan sustancias, conduciendo a un agotamiento ya una fatiga, provocando la suspensión del trabajo y el paso a un estado de reposo de restablecimiento. Este ciclo continúa por los procesos de restablecimiento, caracterizados por los fenómenos de oxidación (combustión) biológica en los tejidos, la también denominada cadena respiratoria, asociada a la fosforilación 'oxidativa', es decir, a los procesos de la biosíntesis, acumulando durante la fase de exaltación nuevos potenciales energéticos y nuevas albúminas estructurales. Es precisamente este ciclo que representa el ciclo de autorrenovación.

(Langlade & Langlade, 1977).

Cuando entrenamos, mejoramos gracias a algunas adaptaciones que se producen en nuestro organismo. Estas responden a razones fisiológicas, la que denominamos supercompensación. El esfuerzo de nuestro cuerpo en responder ante las situaciones superiores a las que normalmente estamos habituados (se rompe la estabilidad del sistema) origina la activación de procesos internos cuya finalidad es la de mejorar el estado inicial y prepararse para dar respuestas futuras más eficientes. Estos procesos se producen gracias al descanso y la correcta aplicación de las cargas de entrenamiento.

La aplicación de una carga (estímulo) suficientemente potente crea una alteración del medio interno y consecuentemente una disminución del rendimiento, debido a dicho estímulo. Después de los procesos de recuperación oportunos, el cuerpo experimenta una compensación de sus capacidades con la fi-

nalidad de aumentar su rendimiento y poder atender con mejores condiciones estímulos semejantes, o incluso superiores. La base de esta respuesta no es otra que la supervivencia.

Pastor (2016).

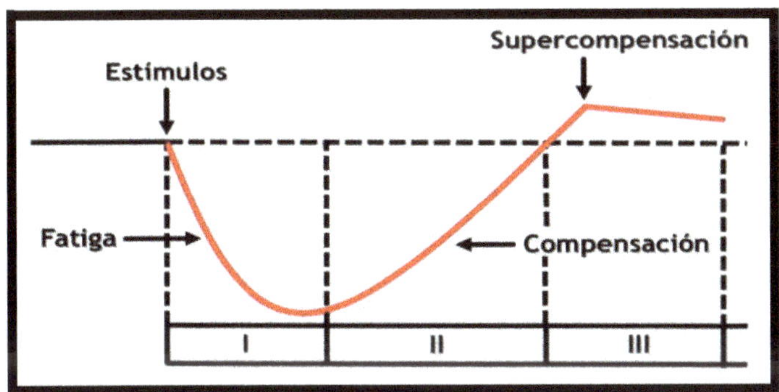

Ciclo de supercompensación o exaltación (Bompa, 2004).
Adaptado de Junior (2011).

Así como muestra la figura, para haber supercompensación, es necesario dar el conveniente tiempo de recuperación para que las estructuras solicitadas se puedan autorrenovar y acceder a niveles de organización y funcionalidad cada vez mayores.

Sin embargo, cuando no se respetan los períodos de intervalo (recuperación) entre los de 'ejercitación' convenientemente, de modo que permitan siempre reestablecer los valores basales (o muy próximos) de ATP, el jugador sometido a un nuevo estímulo conseguirá jugar, aunque lo hará predominantemente a expensas de vías metabólicas no deseadas, como la anaeróbica láctica (con ácido láctico en la circulación) y la oxidativa, lo que, en mi opinión, es claramente contraproducente para la funcionalidad de un *jugar* de calidad.

Para Maciel (2011c), este es uno de los mayores problemas que parece verificarse en la mayoría de los procesos de entrenamiento: el de someter a jugadores a entrenarse cansados por no respetarse convenientemente los tiempos de reposo, ya que esta no contemplación origina adaptabilidades metabólicas contraproducentes en relación a la que se desea.

Cuando esta falta de respeto se configura como patrón y se establece como adaptación *"es que se verifica una adaptabilidad contraproducente que se refleja por querer, pero no poder, queda un juego sin la variabilidad y disponibilidad de andamientos o ritmos deseados*"(Maciel, 2011c, p. 4).

La no contemplación por los correctos períodos de recuperación entre ejercicios y la 'ejercitación' regular bajo estados de fatiga acentuada puede tener implicaciones nefastas para el individuo y consecuentemente para el *jugar* del equipo, porque induce y adapta el cuerpo a una gestualidad diferente a la solicitada para un *jugar* de calidad. Es decir, la gestualidad solicitada por el cuerpo cuando tiene que responder a situaciones dominantemente aeróbicas o anaeróbicas lácticas difiere sustancialmente (en las amplitudes de movimiento de los segmentos, en las velocidades, duraciones y tensiones musculares requeridas en el momento de la contracción muscular) de las que se verifican cuando el organismo está obligado, a veces como en el caso del fútbol, a funcionar en alta revolución (Maciel, 2011c).

La gestualidad implicada en un *jugar* de calidad, a su vez, implica una gran versatilidad, fluidez y disponibilidad corpórea, lo que generalmente no sucede cuando se trabaja en predominancia de otras vías metabólicas que no es la anaeróbica aláctica.

Además de estas implicaciones gestuales y musculares (más una mayor susceptibilidad a las lesiones sobre todo las del tren inferior), no debemos olvidar que en estados acentuados de fatiga (pobre aporte de ATP) hay también una indisposición mental relativa al *jugar* que se pretende, que no se ajusta al pretendido. El Cuerpo, además de no estar debidamente implicado en la vivencia de un *jugar* (falta de respeto al patrón metabólico y gestual), tampoco estará totalmente implicado en esta vivencia.

En ese sentido, Jorge Maciel sugiere que organismos en este estado de fatiga continuada se asemejan al funcionamiento de carros que tienen muchos caballos de potencia, pero que debido a las adaptaciones contraproducentes funcionan bajo baja revolución, con el freno de mano puesto.

Este *'querer, pero no poder'* es un proceso similar al que se observa en los automóviles cuando por norma funcionan con bajas revoluciones independientemente de las velocidades que estén engranadas, cuando estimulados en el sentido de funcionar con una revolución mayor, revelan muchas dificultades porque el motor creó una adaptabilidad, por el hacer, que no va al encuentro de aquella solicitud (Maciel, 2011c).

Como resultado final tenemos un vehículo para pruebas de *endurance* con 'voluntad' de quedarse en el garaje, cuando lo que deberíamos tener era un Fórmula 1 afinado para los circuitos más sinuosos (variabilidad de trayectorias, ritmos y velocidades).

> La sobrestimulación de las vías aeróbicas en detrimento de las anaeróbicas, y más precisamente en el caso del fútbol de las anaeróbicas alácticas, podrá por la adaptabilidad biológica

creada poner en riesgo la posibilidad de los mecanismos asociados a la solicitud de los fosfágenos de manifestarse eficazmente.

(Maciel, 2011c, p. 5).

Adepto de esta lógica, Frade (2013a) plantea que al incidir dominantemente en otras vías metabólicas, que no es la anaeróbica aláctica, es como poseer un coche de Fórmula 1[55] pero sin el combustible adecuado, aquel de mayor octanaje.

55 **Auto de Fórmula 1:** Al comparar un jugador y un equipo a un carro de Fórmula 1, el profesor Frade evidencia la necesidad de proyectar un equipo y jugadores con un alto potencial de 'combustión', capaces de tener alta intensidad en las acciones(no está asociado necesariamente a hacer las cosas rápido y mucho menos con prisa, sino llevar a efecto la acción deseada y ajustada a las circunstancias, que puede ser concretada de forma muy variable: con aceleración, de forma lenta, en desaceleración, en elevada velocidad, en el aire, en el suelo, parado, cambiando de velocidad); un auto preparado para realizar con gran potencia los circuitos más sinuosos, en su inmensa variabilidad de trayectorias, ritmos y velocidad. Esto solo es posible si tenemos la capacidad de suministrar al Fórmula 1 el tipo de combustible adecuado (el de mayor octanaje).
En nuestro entender este 'combustible' es el sistema de los fosfágenos y, aunque sabemos que las vías energéticas funcionan en concomitancia, al reabastecer el 'tanque' se debe evitar mezclar los combustibles (Frade, 2013b).

	Potência (kcal/min)	Capacidade (kcal disponíveis)	Factor limitativo
Fosfagénios	36	11	Rápido esgotamento reservas
Glicólise	16	15	Acidose induzida pelo ácido láctico
Oxidação	10	167280	Capacidade de transporte e utilização O_2

Cuadro comparativo entre la potencia, capacidad y factor limitativo de las diferentes vías energéticas. Resulta simple verificar que la vía de los fosfágenos (anaeróbica aláctica) es la más potente, pero también la que se agota más rápidamente. De ahí la necesidad de incidir en esta vía, para optimizarla, para que el jugador sea capaz de utilizarla de manera continuada y regular, promoviendo su auto conversión permanente, sin pérdida de desempeño y agotamiento rápido de sus reservas. Adicionalmente, con la contemplación y correcta manipulación del binomio-dilema *desempeño/recuperación* durante los entrenamientos, propiciaremos una mejora en el VO2 máximo, un indicador que contribuye decisivamente al desempeño optimizado del jugador, dada su implicación directa o más indirecta, pero determinante en los diferentes sistemas metabólicos.

Sin embargo, tal como el profesor resalta (2013a), no basta con tener un auto de fórmula 1 con el tanque de combustible lleno de la mejor gasolina, 'afinado' y preparado para cualquier tipo de circuito, si no hay un piloto que sepa dirigirlo. Si es así, el carro se queda en el garaje, no tiene utilidad. Por lo tanto, hay que contemplar en los entrenamientos la imperativa necesidad del propósito a ser llevado a cabo (macro principios, meso principios y micro principios de juego), que también es de la esfera del muscular, con participación bien presente del cerebro.

Y de nada sirve colocar 'gasolina bautizada', mucho menos alcohol o diésel, porque el resultado no puede ser el mismo; el coche siempre andará por debajo de lo que podría andar, por debajo de su potencial.

Por el contrario, al poseer un tanque lleno de gasolina con mayor octanaje (léase gran aporte de ATP), que se 'auto reconvierte' fácilmente (entiéndase gran y continuado aporte de ATP), eso sí permitiría andar a la máxima velocidad (léase calidad).

Este combustible, en mi opinión, está relacionado con una gestión continuada y eficaz predominantemente de la vía anaeróbica aláctica, lo que se logra a partir del conveniente respeto entre el tiempo de reposo y el de 'ejercitación'.

La relación optimizada y debidamente contemplada en el entrenamiento (debido ya través de su correcto fraccionamiento) del binomio-dilema *desempeño/recuperación*, posibilita la potenciación del VO2 máximo, que contrariamente a lo que se juzgaba, se asume como determinante para el performance en una modalidad como el fútbol, ya que con un alto índice de VO2máx el jugador tendrá mayor posibilidad de utilizar el oxígeno de forma optimizada para poder reconstituir/resintetizar las reservas de fosfocreatina, lo que le permitirá realizar nuevas interacciones de 'alta intensidad' (Billat, 2016).

La dominancia y las circunstancias condicionales deben proporcionar la dominancia de la aparición de la red metabólica que soporta el *jugar* (según mi idea de juego, una red capaz de maximizar la manifestación del metabolismo anaeróbico aláctico en dominancia en la concretización del *jugar*). Y esto sucede durante la semana, como predominante, que mantiene en la Especificidad la especificidad (Frade, 2013a).

En mi opinión, la dominancia de las estimulaciones debe incidir en el metabolismo anaeróbico aláctico. De este modo estaremos abasteciendo el Fórmula 1 siempre con la gasolina de mayor octanaje. Con el combustible correcto debe ser conducido por un piloto preparado.

Para que esto sea posible, es fundamental que exista una recuperación completa (entre entrenamientos, ejercicios, durante el mismo ejercicio), para poder reiniciar la 'ejercitación' con las condiciones ideales, es decir, muy próximas a las iniciales.

El reposo, la recuperación, el intervalo es una condición *sine qua non*, porque el intervalo proporciona condiciones iniciales de implicación deseable de esfuerzo (Frade, 2013b).

Para finalizar, considero importante tener en cuenta no solo la cuestión de la gestión del esfuerzo y de la recuperación entre ejercicios (para garantizar que el aporte de ATP esté próximo, o esté dentro de los índices basales), sino también una mayor profundización de esta gestión entre las sesiones de entrenamiento que componen el morfociclo.

3.4.4.1.1 El ciclo de autorrenovación de la materia viva y la Ley de Roux refuerzan la necesidad de la alternancia horizontal en especificidad promovida por el morfociclo patrón

Así como señalé recientemente, es necesario dar el conveniente tiempo de recuperación para que las estructuras solicitadas puedan regenerarse y acceder a niveles de organización y funcionalidad cada vez mayores.

En este sentido, la conveniente contemplación de los principios metodológicos se justifica, porque promueven día a día una alternancia de las solicitudes a ser vivenciadas, evitando la masificación de las mismas estructuras implicadas en estas vivencias y promoviendo condiciones para que el Cuerpo pueda estar en permanente evolución y no en retroceso, lo que ocurre cuando se promueven estimulaciones antes del debido tiempo de recuperación.

Kesting (2003) señala que cuando el entrenamiento es sistemáticamente muy severo o el período necesario para recuperar entre sesiones de entrenamiento no es respetado, y se incide sistemáticamente en las mismas estructuras, en vez de hacerlas evolucionar, acceder a nuevos niveles de organización y funcionalidad, habrá involución, retroceso e incluso sobre-entrenamiento.

Las sesiones de trabajo, con sus 'cargas funcionales', se repiten tan cerca unas de otras que los nuevos esfuerzos ocurren antes de que los procesos de restauración hayan permitido la obtención del nivel inicial.

La consecuencia final es la extenuación orgánica y el empeoramiento de la performance.

(Langlade & Langlade, 1977).

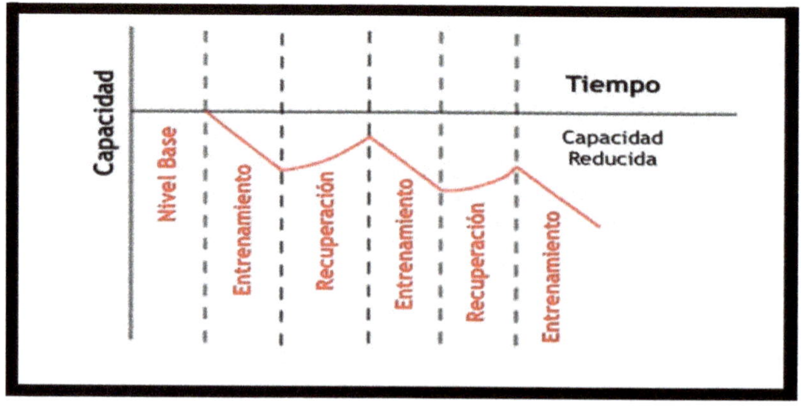

Reducción y pérdida de los índices de funcionalidad derivada del incumplimiento del período de recuperación.
Adaptado de Kesting (2003).

Al encuentro con esta lógica, Gomes (2013) señala que para que su equipo juegue bien es necesario 'gestionar y digerir' lo que entrenan durante la semana, es decir, no se puede hacer siempre lo mismo.

La autora afirma que si quisiera someter a los jugadores a realizar desempeños similares en los días que componen la semana, ellos los realizarían, sin embargo la calidad con que lo harían no podría ser la mejor. Normalmente los jugadores acaban por lesionarse porque el organismo sobrepasa límites o crea mecanismos de defensa para evidenciar la necesidad de descansar.

Sabemos que el organismo es sensible aunque sea de forma inconsciente, impone los límites que obligan a los jugadores a descansar. Y eso no se refiere sólo a descansar y esforzarse poco después del partido, sino también durante la semana. Gomes resalta que muchos entrenadores promueven situaciones muy semejantes el jueves y el viernes (cuando el juego es el domingo) y los efectos de eso se observan en la competencia.

> Este principio de la alternancia horizontal en especificidad resulta del reconocimiento de que el *jugar* (cultura del equipo) emerge del entramado de unas personas con otras. Sólo que las personas son biología, son emociones, son sentimientos y

tienen ciertas limitaciones. Por lo tanto, hacer el entramado de jugadores siempre de la misma manera hace que exista un cansancio y una fatiga que limita toda evolución del proceso. Todos conocemos la condición biológica fundamental que nos indica que cuando nos desgastamos necesitamos recuperarnos. Por eso, si queremos aprender (adquirir) algo todos los días del proceso, tenemos un desgaste porque nadie aprende sin desgastarse. Y si nadie aprende a jugar sin practicar, luego este practicar provoca el desgaste y la fatiga que tenemos que gestionar. Así, con el principio de la alternancia horizontal en especificidad estructuramos los días que separan las dos competiciones de acuerdo con un patrón de incidencias diferentes cada día. Hablamos del morfociclo, luego, es un patrón de incidencias (finalidades) de nuestro jugar. Y, por lo tanto, el principio de la alternancia horizontal en especificidad nos orienta en la cuestión: "Quiero desarrollar mi «jugar». ¿Qué puedo hacer en cada día para que mis jugadores estén siempre en las mejores condiciones para poder competir el domingo?".

(Gomes, 2013, p. 322)

El ciclo de autorrenovación de la materia viva también refiere que si falta continuidad durante los entrenamientos, es decir, se da mucho tiempo de intervalo entre una sesión de entrenamiento y otra, las adaptaciones promovidas anteriormente tienden a desaparecer.

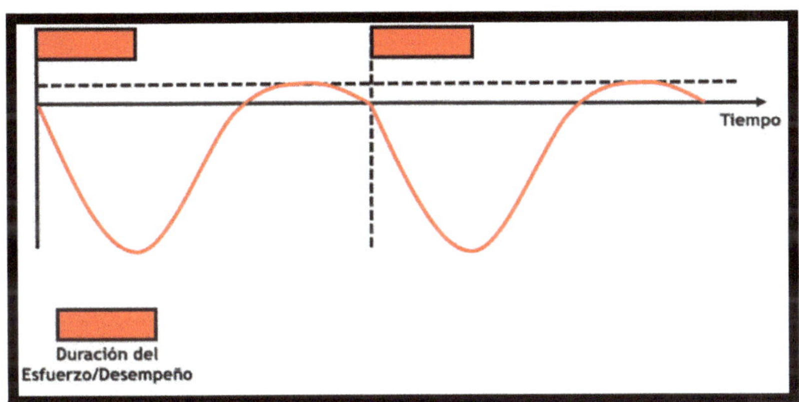

Al faltar continuidad en las actividades, el nuevo desempeño se ejecuta cuando ya desaparecieron los efectos beneficiosos de la adaptación anterior. Por lo tanto, no existen posibilidades de cambios positivos a nivel funcional.
Adaptado de Zatsiorsky & Kraemer (2006).

En consonancia con la perspectiva que presenté en estas líneas está la Ley de Roux, también conocida como la Ley de Schultz-Arnodt, que postula que una estimulación extrema destruye[56] las funciones celulares (intensidad del estímulo, tiempo insuficiente de recuperación); grandes estimulaciones (en el sentido óptimo) las hacen mejorar y acceder a niveles de funcionalidad cada vez mayores; las estimulaciones normales las mantienen en el mismo estado; las estimulaciones pobres disminuyen la funcionalidad de las células y la ausencia de estimulación conduce a la atrofia de las estructuras (lo que justifica que de hecho solo existe entrenamiento habiendo fatiga).

Teniendo esto en cuenta, debemos tener mucha habilidad en la gestión y en la dosificación de los contextos, para siempre salvaguardar la relación entre desempeño y recuperación, para que las adquisiciones se procesen a todos los niveles.

Para eso, Maciel (2011c) refuerza la necesidad de explotar la 'resiliencia metabólica[57]' de forma continua (siempre garantizando el reposo), lo que una vez más evidencia la necesidad de la perpetuación del morfociclo, de establecerlo como una unidad basilar, garantizando así una constante adquisición y progresión cualitativa del *jugar* que se pretende, teniendo las mejores condiciones para adquirirlo y para competir.

---

56 Es importante aclarar que muerte y/o destrucción de funciones celulares puede ocurrir en diferentes niveles de estimulación y no necesariamente significa exclusivamente negativo. Por ejemplo, todos los días, miles de millones de células en nuestro cuerpo se desgastan y necesitan ser reemplazadas. Algunas veces la muerte de algunas células resulta en regeneración y superación del organismo en el sentido de estar preparado para responder de manera optimizada a nuevos estímulos (como vimos, se trata de uno de los grandes objetivos del entrenamiento). Lo que Langlade & Langlade (1977) quieren decir es que con estímulos extremos las funciones celulares tienen sus niveles de funcionalidad completamente comprometidos en un sentido negativo, alejando del organismo la posibilidad de regeneración y superación a corto plazo.

57 **Resiliencia metabólica:** La resiliencia es un concepto adaptado de la física de los materiales y de la psicología, que se refiere a la capacidad de recuperarse de eventos traumáticos; la capacidad revelada por los sujetos, de restablecerse después de situaciones adversas, superando su estado inicial, sin que ello implique la pérdida de un funcionamiento normativo (Maciel, 2011c). En ecología, resiliencia es la capacidad de un sistema restablecer su equilibrio después de que éste haya sido roto por un disturbio, es decir, su capacidad de recuperación (Wikipedia). De esta manera transporto este concepto para los fenómenos descritos en el ciclo de autorrenovación de la materia viva.

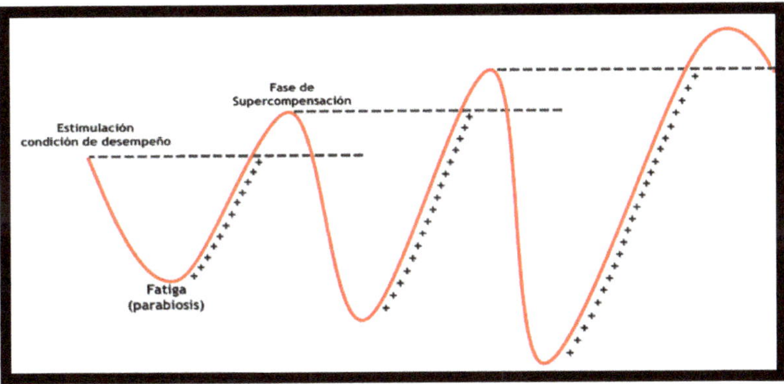

La continuidad en la realización de los desempeños, garantizando una relación óptima entre esfuerzo y recuperación, promueve la evolución en los sistemas implicados en las vivencias, aunque no tan linealmente como se muestra en la figura.
Adaptado de Maciel (2011c).

De este modo, los períodos de recuperación son fundamentales, no sólo para permitir la autorrenovación y evolución de las estructuras implicadas en los movimientos, sino para la estabilización de los aprendizajes efectuados, pues son esos períodos que permiten que la reorganización neuronal y que los circuitos neurales se verifiquen haciendo que de este modo se procese la verdadera adquisición, incorporación del *jugar* vivenciado y experimentado.

Por los motivos presentados, el profesor Vítor Frade (2013a) dice que la recuperación y la adquisición no son dos caras de la misma moneda, sino dos dimensiones de la misma cara de la moneda.

Tamarit (2013a) tampoco los disocia y destaca que la Periodización Táctica puede ser entendida como un entrenamiento recuperándose y un recuperarse entrenando.

Antes de terminar este tema, me gustaría hacer alertar y reforzar lo que ya he mencionado extensamente en este libro, que en la Periodización Táctica se busca desarrollar un *jugar*, en sus variados niveles de organización. Por lo tanto se entrena el *jugar* en sus diferentes escalas (fracciones del *jugar*), siendo este *jugar* soportado por las diferentes vías bioenergéticas en interacción.

Destaco la importancia que el metabolismo anaeróbico aláctico tiene en las acciones decisivas del juego, pero de ninguna manera podemos reducir el análisis del morfociclo a aquello que es la dominancia del sistema bioenergético, porque eso puede inducir a una interpretación completamente diferente de aquella que la Periodización Táctica posee.

> Esto es porque el sistema aeróbico funciona de una forma relevante después de tener una intensidad máxima relativa, existe la necesidad de recurrir a este metabolismo, sobre todo, teniendo en cuenta lo que es el patrón de acontecimientos. De este modo llegamos a lo que el profesor Vítor Frade define como fundamental: el sistema anaeróbico aláctico es predominante en la intensidad máxima y se logra la frescura de concretización en el «aquí y ahora», en función de la «ampliación» del intervalo entre repeticiones y de la gran movilización de los mecanismos aeróbicos.
>
> Reducir a la dominancia del sistema bioenergético el análisis intencional y funcional de cada día del morfociclo es muy reduccionista, o mejor, es una perspectiva convencional. Además de inducir fácilmente el error.
>
> (Gomes, 2013, p. 338).

Gomes además agrega que no podemos caer en el error de la categorización abstracta de abordar solo los mecanismos (bioenergéticos) que concretizan aquello que pretendemos. Debemos tener siempre en la mira el *jugar,* en la fracción que pretendemos desarrollarlo, claro está, soportado por una matriz bioenergética específica, que incluso podrá variar de proceso a proceso (después de todo si algún entrenador quiere desarrollar un *jugar* con 'otra gasolina' es opción de cada uno).

> Es llevar las unidades musculares, o los grupos musculares fundamentales a funcionar dentro de determinadas condiciones, pero con el objetivo de hacer cualquier cosa sea en términos más individuales o en términos más colectivos, que tiene que ver con el modo en que pretendo que se juegue.
>
> (Frade, 2013b, p. 129).

Se evidencia así el entrelazamiento entre los 'binomios-dilemas' problematizados por esta metodología, con la necesidad de recuperarse de la fatiga relativa a los desempeños para volver a 'desempeñar', y así sucesivamente, ininterrumpidamente, al mismo tiempo que se va cuidando del colectivo y del individual. Hablamos de 'efecto retardado de los desempeños', y no de 'efecto retardado de las cargas', precisamente porque tal como se comentó, esta metodología tiene como presupuesto fundamental que 'quien controla la energía es la información', y quien controla la información es la articulación de sentido llevada a cabo en función de una dada idea de juego (en cuanto intención previa), que garantizará que la sobre compensación que se da, es en relación a determinado aspecto del 'jugar' llevado a cabo, y que como tal, resultará en una mejora cualitativa de un'*jugar*'concreto, dentro de la lógica inherente a los principios metodológicos.

(Reis,2016).

Debidamente aclarados estos conceptos, veremos lo que es de hecho fundamental para la estructuración del morfociclo patrón. Todo está estructurado en función de lo que voy a presentar en el próximo punto. De este modo podremos comprender exactamente de qué modo se procesa la operacionalización del *jugar* durante los días que compone el patrón semanal.

El morfociclo patrón que voy a presentar a continuación es orientado por partidos de domingo a domingo.

3.4.4.2 Domingo (competencia): Día de máxima exigencia

Lo que orienta la configuración del morfociclo patrón es la competencia, operacionalizar la idea de juego en sus múltiples niveles de organización y estar preparado para competir en las máximas condiciones del desempeño (a todos los niveles del *jugar*).

La morfología y distribución de las *fracciones del jugar* durante el ciclo semanal están íntimamente ligadas a las implicaciones y exigencias derivadas de la competencia, que consideraré que ocurrirá generalmente en los domingos.

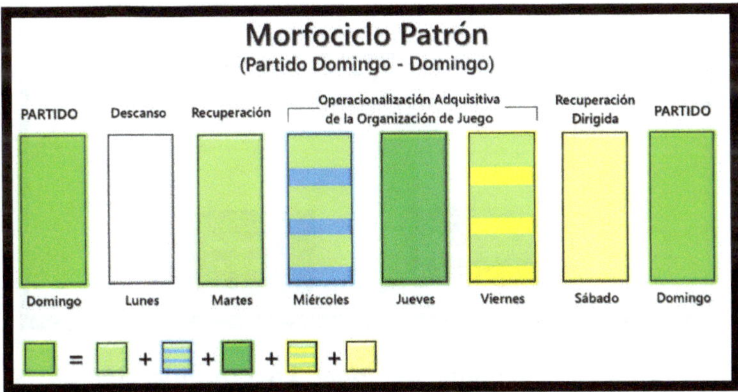

Morfociclo patrón.

El día de la competencia simboliza la cúspide, pero también el inicio de la preparación semanal.

La competencia (en este caso, el partido anterior) es un indicador y un parámetro importantísimo, pues proporciona una evaluación cualitativa en el sentido de observar si el *jugar* pretendido y entrenado se manifestó efectivamente en el último partido, y es en función de esta evaluación cualitativa que el entrenador va a configurar la operacionalización del *jugar* durante la semana, teniendo en cuenta lo que pasó en ese último partido (*¿qué hicimos bien?, ¿qué hicimos mal?*) y las que se proyectan ser las exigencias del siguiente partido, en todos sus matices.

En este sentido, Marisa Gomes (2008) plantea que la competencia es un indicador extremadamente importante, porque es un referencial para la utilización acertada de aquello que tiene que estar antes y de aquello que tiene que estar después, o sea, permite analizar lo que se ha hecho y desarrollar el proceso ante al *jugar* que se pretende alcanzar.

Recordando que el desarrollo del *jugar*, comprendido en este ciclo entre dos partidos, será hecho siempre a través de la operacionalización y del respeto de la lógica del patrón semanal, teniendo también en cuenta el contexto y las circunstancias emergentes durante este proceso.

Preparación semanal del *jugar*. La jerarquización de los objetivos semanales deberá tener en cuenta los aspectos referidos, como demuestra la imagen.

El profesor Vítor Frade (2003 citado por Gomes, 2008) entiende que la competencia también es una parte del entrenamiento, porque es un momento muy importante para crear el *jugar* que se pretende, siendo esto lo que sostiene lo que se desarrolla en el proceso de entrenamiento. En virtud de ello, el entrenamiento jamás se disocia de la competencia, ya que "*tan relevante como la dinámica del entrenamiento, es la propia dinámica del competir*".

Es en el domingo que el equipo intentará resolver y superar las limitaciones que el juego le impondrá en todas sus dimensiones. Esto incluye todo lo que le es inherente, como el adversario (y todos los condicionamientos y adversidades que el mismo impone), terreno de juego, hinchadas, torneo disputado (y la posición en la tabla de clasificación), desgaste por viajes y concentraciones, presión por resultados.

La competencia generalmente es el evento semanal de máxima exigencia a todos los niveles del desempeño, pues así como refuerza Marisa Gomes (2008), es necesario abordar con cuidado los conceptos de *máxima* exigencia y *gran* exigencia, esto porque si un equipo acostumbrado a jugar de una determinada manera, haciéndola regularmente con eficacia, frente a un adversario inferior no tendrá (teóricamente) las mismas exigencias a nivel de Desgaste que cuando se enfrenta a un adversario más calificado y/o de su nivel, que le impone mayores dificultades por su modo de jugar.

De esta manera, el Desgaste que el equipo encontrará en estos partidos será tendencialmente mayor que en otros casos, alcanzando ser clasificado como máximo. Por ejemplo, jugar un partido contra el líder del campeonato, como visitante, tendencialmente no tiene nada que ver con jugar contra un equipo que está abajo en la tabla de clasificación, al que se derrota por un gran margen de goles, marcando dos o tres tantos, aún en el primer tiempo.

Por lo tanto, hay que tener en cuenta que no todos los partidos son iguales y que en algunos juegos conseguimos manifestar claramente nuestro *jugar* y en otros no tanto. El hecho es que en la grandísima mayoría de las veces la competencia es el evento de máxima exigencia semanal.

En la competencia se trabaja a nivel del colectivo, de la interacción de todo el equipo con gran complejidad relacional, en un gran espacio y con fuerte oposición adversaria, lo que genera un Desgaste profundo en los jugadores.

Competencia: evento semanal de mayor exigencia en todos los niveles.
Fotografía cedida por Luiz Felipe Varella.

En virtud de esta configuración, las exigencias se establecen al nivel de la dimensión más compleja y total del jugar. Este día asume el color verde. Esta tonalidad resulta de la unión de los colores desarrollados a lo largo del morfociclo patrón, que expresan el fraccionamiento del *jugar*[58] (en niveles de organización), teniendo en cuenta las implicaciones derivadas del Desgaste generado por la competencia anterior y

58 **Fraccionamiento del *jugar* en el morfociclo patrón:** La tonalidad verde de la competencia resulta de la unión de los colores desarrollados a lo largo de la semana para expresar el fraccionamiento del *jugar*. Este *jugar* es un todo fraccionado en partes (sin empobrecimiento y pérdida de articulación), que se desarrolla a lo largo de la semana, con matices diferentes en cada día para salvaguardar la calidad evolutiva del proceso (por la relación desempeño-recuperación), y entonces el color de este *jugar* resulta de esos matices. De esta forma, este verde es el resultado del blanco (primer día después de la competencia), con el verde claro (segundo día después de la competencia), con el azul (tercer día después de la competencia), con el verde más oscuro (cuarto día después de la competencia), con el amarillo (dos días antes de la próxima competencia), con el amarillo claro (un día antes de la próxima competencia). Por lo tanto, se fracciona el *jugar* (todo=verde) en niveles de organización que se constituyen en las partes representadas por: blanco + verde claro + azul + verde oscuro + amarillo + amarillo claro=verde. La figura siguiente muestra la "ecuación".

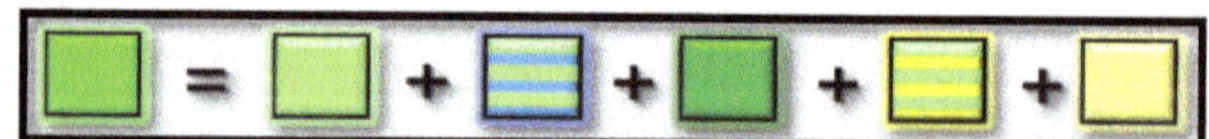

Fraccionamiento del *jugar* (sin empobrecimiento y pérdida de articulación) en diferentes niveles de organización durante el morfociclo patrón, para proteger la calidad evolutiva del proceso.

el hecho de buscar estar en las máximas condiciones posibles para la próxima.

> Periodização Táctica
> Morfociclos Padrão,
> o entrelaçamento na prática
> tem um padrão de conexão.
> A simbologia das cores
> significa analogicamente,
> o entrelaçamento dos amores
> no corpo e na mente
> continuadamente presente
> na codificação da temporalidade,
> e nunca daí ausente...
> p'ra não perda de especificidade,
> e eficacidade...
>
> (Frade, 2016, p. 880).

Vítor Frade (2013a) explica que el Desgaste promovido por la competencia es tan grande tras un juego de máxima exigencia, que al equipo le tomará cuatro días estar en su máxima disponibilidad a todos los niveles.

> Y si se hace una pregunta a un centenar de individuos que estuvieron en el *top* y que están al *top* como entrenadores, todos dirán, por lo menos un noventa por ciento, que tras un esfuerzo de máxima exigencia, un juego de máxima exigencia, el equipo que lo llevó a cabo solo puede estar en condiciones de realizar otro esfuerzo de máxima exigencia, sin fallar, sin entorpecer lo que es la fluidez funcional del equipo, cuatro días después.
>
> (Frade, 2013b).

Esta constatación es extremadamente importante, como estructurante, y es en función de esto que debemos contemplar el dibujo de los diferentes días del morfociclo, por la llamada regla de los cuatro días.

> Por lo tanto, si juego el domingo, solo podré estar en condiciones idénticas a las de domingo, como equipo, como equipo en su totalidad, cuatro días después. Usted tiene un carro ahí, un Fórmula 1, pero tiene una tuerca o un tornillo aflojado,¡estarásjodido! ¡Con solo uno! Por lo tanto, la garantía de la totalidad es lo que lleva al direccionamiento, porque hay un tipo o dos que estarían en condiciones, pero eso no es ping-

pong o tenis, ¡esto es fútbol! Y por lo tanto esto en el fútbol, donde hay tiempos muy dilatados de solicitud, muchos meses, solo garantizamos la ininterrumpida respuesta si salvaguardamos esta lógica.

(Frade, 2013a, p. 420).

De esta forma, por más que algunos jugadores puedan estar totalmente recuperados ya en el tercer día después de la competencia anterior, es la garantía de la totalidad que lleva al direccionamiento de la configuración, porque siendo el fútbol un deporte colectivo con una gran complejidad relacional, la contemplación del *todo* deberá ser una constante, donde es necesario respetar la regla de los cuatro días.

Teniendo en cuenta que el equipo como un todo es capaz de realizar desempeños semejantes a los de la competencia anterior sólo cuatro días después, solo existe la posibilidad de realizar un entrenamiento con características y esfuerzos similares a los del partido.

Este entrenamiento es -y solo será- realizado precisamente cuatro días después de la competencia y distante tres días de la próxima (una vez que necesitamos velar por la recuperación plena del equipo para el próximo juego), por lo tanto, será el jueves.

Puede parecer una incoherencia realizar un entrenamiento con esfuerzos similares a los del juego, si la próxima competencia dista tres días de este entrenamiento. Sin embargo, esto sucede porque un entrenamiento de máxima exigencia no tiene el mismo desgaste que tiene el partido, ya que el entrenamiento incluso podemos 'controlarlo'.

Aunque esta constatación empírica es una realidad, en los días previos a este entrenamiento de máxima exigencia, y en los posteriores, ¿los equipos no podrían entrenar? ¿Deberían solo hacer recuperación? Dentro de la lógica de la Periodización Táctica, pueden y deben entrenar, pero con mucho cuidado, sabiendo lo que se hace y las implicaciones de hacerlo. Deberá hacerlo de modo que el equipo pueda adquirir las dimensiones más meso y micro del *jugar*, sin que ello ponga en riesgo y obstaculice la recuperación y la disponibilidad del equipo para la próxima competencia.

En resumen, la adquisición en el desempeño deberá promover fatiga sobre el todo, el casi todo, el poco más que lo individual y lo individual, según los diferentes días, así como constantemente debe contemplar la recuperación de forma que el equipo esté fresco para competir en sus máximas condiciones (Frade, 2014b).

Morfociclo patrón y su operacionalización, teniendo en cuenta la 'regla de los cuatro días'.

Intentaremos entender de qué forma se concreta, así como de qué manera se operacionaliza el *jugar* durante los días que compone el morfociclo patrón.

3.4.4.3 Lunes (primer día después de la competencia): Descanso

> Como p'ro músculo após esforço
> o cérebro do mesmo modo
> p'ra não funcionar a contra-gosto,
> deve esforçar-se e descansar num todo.
> Do cérebro e do muscular
> p'ra muito deles se exigir
> é fundamental recuperar
> p'ra qualquer deles não "partir"
>
> (Vítor Frade, 2014a, p. 200/201).

El lunes, como he dicho anteriormente, la recuperación de los jugadores aún no ha ocurrido, por el contrario, apenas está iniciando. Parece haber un consenso, en varias concepciones de entrenamiento, que entrenar luego el primer día después de la competencia es algo que favorece a los jugadores.

La mayoría de los preparadores físicos y fisioterapeutas defienden que desde el punto de vista fisiológico es beneficioso realizar movilizaciones musculares, estiramientos y entrenamientos 'leves', sobre todo incidiendo en la vía oxidativa, en el menor período posible después de la competencia. Tanto para acelerar la remoción de desechos y los subproductos del metabolismo de la musculatura activa, como para aumentar la oxigenación de las células y promover un aumento del aporte sanguíneo, con el fin de remover los metabolitos generados por los estímulos de la competencia.

Teniendo en cuenta esta realidad (aunque no 'directamente' a través de la vía oxidativa), pero sin olvidar que el futbolista es, sobre todo, un ser humano, es decir, un ser que es biología, interacción, emoción, sentimientos, un ser social, una unidad, y siendo la competencia un evento de máxima exigencia, que provoca un desgaste pronunciado en todas las dimensiones, sobre todo a nivel mental-emocional, el primer día después de la competencia generalmente[59] es el que se reserva para el descanso total de los jugadores, para que los mismos se 'desconecten' del fútbol y hagan lo que les guste, claro está, sin muchos 'excesos'.

Otro aspecto muy importante es proporcionar que el sistema inmunológico de cada jugador proceda con su respectivo proceso de recuperación. Por eso, en el morfociclo patrón, en el lunes se coloca el color blanco, que representa la ausencia de entrenamiento, el día de descanso.

> No me veo bien para entrenar al día siguiente, no me veo yendo al entrenamiento y teniendo el 100% de concentración, porque me desgasto mucho en los partidos, y creo que mis jugadoras también se desgastan mucho en los partidos. En un proceso en el que estamos exigiendo concentración debemos tener eso muy en cuenta.
>
> (Tamarit, 2013a, p. 383).

Mourinho plantea que cuando la semana solo tiene un partido, suele dar descanso al día siguiente al juego. Para él, se trata de una elección acertada principalmente desde el punto de vista mental:

> Para mí mismo también es lo mejor, porque no me gusta trabajar el día después del partido. Me cuesta dormir después del juego, me cuesta levantarme, me cuesta concentrarme,

59 **Descanso en el primer día después de la competencia:** Es importante señalar que en la Periodización Táctica no hay recetas, hay una guía, un patrón y la sensibilidad del entrenador ante las diferentes circunstancias que van emergiendo durante el proceso. En la gran mayoría de las veces, el primer día después de la competencia está destinado al descanso total de los jugadores en el morfociclo patrón.

> me cuesta planificar, me cuesta pensar, me cuesta entrenar y, en esos entrenamientos, paso más tiempo paseándome de un lado al otro viendo el entrenamiento y no entrenando. Con los jugadores sucede lo mismo. Se engaña quien piensa lo contrario.
>
> (Mourinho, citado por Oliveira *et al.*, 2006, p. 131-132).

Marisa Gomes comparte esta idea y plantea que ligado al hecho de que la recuperación aún no haya ocurrido, el proceso de somatización de lo que se vivenció en la competencia está en plena ebullición.

> Para algunos puede ser importante en algún momento entrenar el lunes, teniendo en cuenta que en términos biológicos -en términos fisiológicos de recuperación- no es lo mismo entrenar 24 horas o 48 horas después del partido. Esto es porque el proceso de recuperación se realiza con el tiempo. El proceso adquisitivo (desempeño-recuperación) tiene algo muy particular de lo que normalmente no se habla. El jugador que juega el domingo por la tarde, cuando se está relajando en la noche, le llegan a la cabeza imágenes del partido. Esto es la somatización que el jugador está teniendo de aquello que vivenció. Por lo tanto está todavía adquiriendo, no se acaba en el partido. Y quien jugó al fútbol sabe lo que es sentir esto. Imagina un jugador que estuvo muy mal, falló un gol en un juego importante, sabemos que al estar más tarde con la hija en casa va a pensar en eso. Naturalmente hace un esfuerzo consciente para no recordar pero el inconsciente le trae imágenes de lo que sucedió. Esto es la expresión de la somatización. Y no se agota en ese momento pues cuando esté durmiendo, cuando esté relajándose, las imágenes acaban por venir a la cabeza. ¡Y tenemos entrenadores que también pasan por eso, tengo certeza absoluta!
>
> (Gomes, 2013, p. 325).

¿Quién nunca despertó de madrugada pensando en las jugadas del partido disputado horas antes? Son varios los entrenadores que afirman que les cuesta trabajar al día siguiente del partido. Esto es porque el cuerpo está desgastado y necesita descanso, en todos los sentidos. Con los jugadores eso también sucede.

En 1992, entonces en el PSV Eindhoven, Romário, en una entrevista otorgada al programa *Impact*, de una red de televisión holandesa (disponible en YouTube), dijo lo siguiente:

> Ya expliqué mil veces que después del juego, un día después del juego para mí es mejor no entrenar, no me siento bien. Porque yo salgo de aquí, vamos a decir que jugamos de noche, como siempre jugamos por la Copa Europa, voy a dormir una o dos horas de la mañana, me despierto a las nueve y ¿voy a correr seis minutos? ¿¡Qué es eso!? ¡Eso no ayuda en nada!

Romário dice lo que piensa, sin medias palabras, y es solo un ejemplo, pero podríamos aquí citar muchos otros jugadores que dicen odiar entrenar al día siguiente del partido.

Son varios los que no se sienten bien, sobre todo porque, según los mismos, en la noche del juego casi no consiguen dormir, se quedan prácticamente toda la noche despiertos pensando en varias jugadas del partido, en lo que habían hecho de bueno, en lo que podrían mejorar.

> Por lo tanto, las imágenes, cuando emergen al consciente, son la prueba más evidente de que la somatización sucede y está sucediendo mucho más allá del tiempo 'real' del juego. ¡Y este lado tiene que ser contemplado! Entrenar el lunes por la mañana, justo después del juego, este proceso tiene menos tiempo para asimilarse con normalidad pues la modelación, ya que se procesa en un sentido no lineal. Es decir, no termina la somatización del juego pero no sucede de la misma forma. Imagina, ese lunes, ese jugador va a tomar un desayuno con la familia, va a un lugar diferente, hace una cosa que le gusta, es decir, recuperación pasiva, es decir, se 'desconecta' conscientemente del momento pues se envuelve en otro contexto.
>
> (Gomes, 2013, p. 325).

Para la mayoría de los jugadores, entrenar al día siguiente es algo estresante, porque quieren estar involucrados en otras actividades para relajarse, quieren entrenar con la 'cabeza fresca' y no fatigados y estresados. Para muchos, más vale estar cansado 'físicamente' y de 'buen humor' que lo contrario.

> En un morfociclo de sábado a sábado, lo que experimentábamos y aúnen el FC Porto sucedía regularmente, es que dábamos descanso el día después del juego y, a veces, dábamos dos días. Por lo tanto, a veces sentíamos que la mejor forma de recuperarse, desde el punto de vista mental y esto ya no tiene que ver con cuestiones teóricas, tiene que ver con lo que es su sensibilidad para percibir lo que los jugadores y el equipo ne-

> cesitan. A veces otorgábamos dos días porque sentíamos que los dos días permitían a los jugadores recuperarse más fácilmente desde el punto de vista mental y si se recuperaban más fácilmente desde el punto de vista mental, se iban a recuperar más fácilmente desde el punto de vista fisiológico. El estado de ánimo es una cosa importante porque el sentirte bien también permite que estés mejor, permite una mejor recuperación, digámoslo así. Tu estado emocional permite una mayor recuperación global.
>
> (Faria, 2007, p. XXV).

Como podemos ver, tenemos que contemplar al jugador como un ser humano y no solo desde el punto de vista fisiológico (*aunque, frente a lo expuesto, ni siquiera parece haber coherencia, incluso desde el punto de vista fisiológico, en entrenar el día después del partido*).

Al respecto, Bompa (2002 citado por Esteves, 2010) propone que la recuperación fisiológica/muscular normalmente se concreta de uno a tres días, mientras que la recuperación mental/emocional se produce de tres a siete días después de eventos de máxima exigencia, es decir, *las manifestaciones de carga mental son las últimas en recuperarse, si las exigencias del partido son grandes* (Platonov, 1998 citado por Ribeiro, 2005).

El sistema nervioso periférico (vulgarmente denominado sistema muscular) *alcanza a menudo el límite durante el juego, mientras que el sistema nervioso central empieza a trabajar mucho antes de estos juegos, alcanza el límite durante el mismo e inclusive aún "trabaja" después* (Carvalhal, 2014 , p. 66).

Así, la competencia genera un desgaste significativo en los jugadores, especialmente a nivel mental-emocional. El fútbol de competición se empieza a 'jugar' antes del propio partido. Además, se juega el partido y se sigue 'jugando' unos días después. Tal vez sea por eso que Iker Casillas, ex portero del Real Madrid, dijo en una entrevista (2012) que *"el desgaste de jugar en la élite es mucho más mental"*.

Por lo tanto, parece estar claro que el lunes, en la gran mayoría de las veces, deberá concederse descanso a todas las personas involucradas en el proceso. Sin embargo, algunos profesionales creen que entrenar sólo por la tarde, dando descanso en el turno de la mañana ya es suficiente para amenizar esta problemática. A este respecto, Gomes (2013, p. 332-333) lanza una alerta:

> Para terminar, creo que los jugadores *top* deben tener un día para la familia. Digo esto porque trabajar siete días a la semana es muy complejo. No es muy complejo al principio del proceso,

> pero después con la rutina se hace pesado saber que todos los días vas a hacer alguna cosa. Y aunque sea un entrenamiento a las 17, ya sentimos a partir del almuerzo que se está condicionado a ir a entrenar más tarde. Lo que no sucede si se contempla un día para no hacer nada. En un proceso de un año, esto puede ser decisivo para gestionar la forma en que los jugadores se involucran en el proceso.

Los jugadores tienen su lado social, su lado familiar y, por lo tanto, debe ser contemplado. Incluso teniendo en cuenta que en términos fisiológicos se contradice el 'consenso general', desde el punto de vista mental es más fácil alejar a los jugadores del proceso que 'llevarlos' para entrenar luego al día siguiente después de la competencia. Esto acelera la recuperación.

> Bajo el punto de vista mental-emocional, si a este nivel la recuperación ocurre más rápido,ocurrirá más rápido en el resto. Mi preocupación es lo que nosotros llamamos fatiga táctica, digamos así, es la fatiga mental. Esta es la que nos preocupa más. La fisiológica también nos preocupa pero efectivamente viene por arrastre a la mental-emocional o táctica.
>
> (Faria, 2007, p. XXVI).

> Después hay otras cosas que también debemos tener en cuenta, ¿no? Por ejemplo: Un partido en Bilbao un domingo a la noche. Un equipo de Primera División que juega a las ocho, con el juego terminando a las diez, mientras se duchan tal vez cena, va al aeropuerto y todo eso, llega a casa por las dos o tres de la mañana, y me parece una barbaridad poner un entrenamiento para el día siguiente por la mañana. Creo que lo que los jugadores deben hacer es llegar, descansar, disfrutar de sus familias, olvidar un poco lo que es el fútbol y al día siguiente (***dos días después de la competencia***) comenzar otra vez.
>
> (Tamarit, 2013a, p. 383).

Aunque las periodizaciones convencionales defiendan que 'fisiológicamente' es mejor entrenar el día después, la Periodización Táctica no piensa de esta forma. Es un proceso que atiende una lógica compleja, donde el aspecto mental y emocional es tan importante, donde se requiere concentración permanente. Como dijimos, parece que *ni siquiera* desde el punto de vista denominado fisiológico es recomendable entrenar al día siguiente del juego. Esto tiene poco sentido, salvo excepciones, más vinculadas a las circunstancias de cada proceso. Por lo tanto, predominantemente el lunes debe ser un día sin entrenamiento.

3.4.4.4 Martes (segundo día después de la competencia): Recuperación

> La Periodización Táctica no está de acuerdo con la forma convencional de recuperación.
>
> (Frade, 2013a).

> Según la lógica de la Periodización Táctica, recuperar es incidir en la matriz del esfuerzo.
>
> (Amieiro & Maciel, 2011).

En la continuidad del enfoque del fraccionamiento del *jugar* durante el morfociclo patrón, llegamos al segundo día de post-competencia, el primer entrenamiento propiamente dicho.

En este día la recuperación fisiológica aún no ha ocurrido y la fatiga central todavía está presente de manera acentuada, por eso, al igual que el día anterior, los jugadores son nuevamente sometidos a un régimen de recuperación. Sin embargo, esta vez se recuperan de forma activa, es decir, entrenando.

Así, debido a la lógica y al carácter predominantemente recuperativo, el martes asume el color verde claro, resultante de la unión del verde del juego con el blanco del descanso.

Aunque este entrenamiento está basado en un régimen de recuperación, eso no significa que el concepto de especificidad sea puesto de lado, muy por el contrario, en la Periodización Táctica el modo cómo se entrena siempre tiene en cuenta aspectos inherentes al *jugar*, ya sea cuando la dominancia es adquisitiva o cuando es recuperativa.

> Es tan importante recuperar como entrenar y es fundamental entender que, del modo como trabajamos, todo lo que se refiere al entrenar, al recuperar y al jugar es contemplado y preparado en conjunto -el proceso para ser específico tiene que ser indivisible-. Normalmente, los jugadores están acostumbrados a recuperarse corriendo, con carrera continua. No aceptamos esta idea. Hacemos un trabajo específico, condicionado a nuestro modelo de juego, que incida sobre las estructuras afectadas por la fatiga del juego, acompañado de ejercicios que ayuden

> a la recuperación mental, pues es en ese aspecto que la fatiga ataca más rápido.
>
> (Faria, citado por Oliveira *et al.*, 2006, p. 135).

En este día, para quien jugó, debe existir recuperación a todos los niveles, donde la idea de juego aparezca de manera implícita y sin ninguna pretensión adquisitiva de forma deliberada.

Esta unidad de entrenamiento se hace fundamental porque, además de la necesidad de tener que recuperarse de un evento de exigencia máxima (el juego anterior), permite que los jugadores adquieran determinados macro, meso y micro principios relevantes al *jugar* a lo largo de la semana de entrenamientos del morfociclo patrón.

Además, el respeto y la correcta operacionalización de esta unidad de entrenamiento -y de las demás- es lo que garantizará que el equipo llegue al próximo partido con la posibilidad de competir en sus máximas condiciones.

En lo que se refiere a la operacionalización de este día, el profesor Vítor Frade sugiere algo que va en contra de la generalidad de las concepciones de entrenamiento, las cuales refieren que se debe incidir fundamentalmente en la vía oxidativa para acelerar la recuperación de los jugadores. Trotes, carreras continuas, utilización de bicicletas estáticas en gimnasios, sesiones en piscinas son algunos de los ejercicios aconsejados por estas metodologías.

Frade (2013b) señala que hay incongruencia en estas orientaciones. Esto es porque si el equipo se cansa en función de un todo complejo, ¿al actuar 'solo' (predominantemente) en la vía aeróbica los jugadores se recuperan?

En la perspectiva de Frade, es decir, de la Periodización Táctica, la recuperación, cuando se realiza de manera activa, así como la adquisición, deberá ser hecha incidiendo sobre el hilo metabólico representativo de la Especificidad del equipo.

> Contrariamente a lo que se dice, que la recuperación debe ser hecha en trabajo activo, yo no creo que se deba hacer, lo que se debe hacer es descansar. Si se hace con trabajo activo, debe hacerse sobre lo que está cansado.
>
> (Frade, 2013a, p. 425).

El núcleo duro de la adaptabilidad, en términos energéticos, es aquello que se debe recuperar, es decir, el hilo metabólico que es representante o representativo de la especificidad.

Este enmarañado está constituido por un 'noviazgo' determinado de las vías anaeróbicas con la aeróbica, que el equipo frecuentemente solicita en competición y en entrenamiento. De este modo, al activar este enredo y salvaguardar un tiempo largo de recuperación, dando tiempo para que la oxigenación de las células ocurra, es que la verdadera recuperación va a suceder.

> Si el jugador se cansa utilizando una red bioenergética, y por consiguiente, todos los mecanismos (aeróbico, anaeróbico láctico y anaeróbicoaláctico). Si todo esto está en una determinada red y está en un determinado patrón de conexiones a ser solicitado y cansarse, nos parece poco razonable creer que después, *a posteriori*, cuando se quiere recuperar, actuando sólo sobre una parte, y actuando solo sobre una parte descontextualizada, que se pueda hacer recuperar la red, el *todo*. Por lo tanto, según la lógica de la Periodización Táctica, recuperar es incidir sobre la matriz del esfuerzo.
>
> (Amieiro & Maciel, 2011).

Por eso, parece ser evidente que es actuando bajo la misma matriz de esfuerzo registrada en competencia que la recuperación se hace de manera más eficaz y mejor respetando la Especificidad del *jugar*. Por supuesto que la naturaleza del esfuerzo es la misma, la duración es que es pequeña, resumiéndose a pequeños instantes, con el objetivo de activar el organismo tal como en el juego es activado, pero durante muy poco tiempo.

Por lo tanto, en esta unidad de entrenamiento, los estímulos deben ser cortos y de 'alta intensidad', solicitando fundamentalmente la misma matriz metabólica implicada en la concretización del *jugar*, y proporcionando períodos de recuperación amplios para que el metabolismo aeróbico pueda proceder a la recuperación, reorganización y realimentación del organismo.

El patrón de contracciones musculares de este día para el grupo de jugadores que jugó se caracterizará por alta tensión y velocidad, sin embargo con bajísima duración -es decir, una reducida densidad del patrón de contracción que permite la concretización del *jugar*–, resumiéndose en algunos instantes.

Es, por lo tanto, una sesión extremadamente discontinua, donde el tiempo de recuperación es muy alto, con baja continuidad en los ejercicios, por lo que la densidad[60] es bastante baja.

---

60 **Densidad:** Tal como sugiere Maciel (2011c), utilizaré el término densidad para referir a la relación proporcional entre el tiempo de 'ejercicio' y el respectivo reposo, teniendo en vista el tiempo de intervención del jugador en el ejercicio (y no los tiempos absolutos).

Generalmente el tiempo total de la sesión de entrenamiento no sobrepasa una hora, a veces puede durar más debido a la necesidad de asegurar la ampliación de los tiempos de recuperación. En lo que se refiere a la escala de organización en que se entrena, ésta es dominante individual y grupal.

> En los días de la recuperación, como ya hablamos anteriormente, desarrollamos la intensidad máxima relativa a través de situaciones de ejecución máxima en períodos muy cortos con tiempos largos de intervalo entre cada repetición. De este modo, tenemos entre los intervalos largos de reposo también el predominio del metabolismo de la fosfocreatina. Pero no podemos tener sólo esa preocupación pues también tenemos la absoluta necesidad de quedarnos ágiles y frescos. Así, sabemos que para recuperar tenemos que crear situaciones en que eso suceda. Entonces, sabemos que en el jugar y descansar, el descansar es por lo menos cinco veces más el tiempo que el del jugar. Una matriz de la recuperación de por lo menos cinco tiempos de reposo para uno de acción.
>
> (Gomes, 2013, p. 337).

"Entonces es una especie de fustigación del metabolismo: ¡viene, pero se detuvo! Ahora bien, esto constituye una bendición, no le deja dormirse y apresura su recuperación. Por lo tanto, aquello que está cansado es también a través de ello que se recupera. Esta es mi lógica en la Periodización Táctica" (Frade, 2013, p. 426).

De tal forma, esta metodología de entrenamiento es coherente con la esencia biológica del ser que juega, que el profesor Frade sugiere como una especie de 'inmunoterapia', posibilitando siempre que sea posible que sea el organismo por vía del sistema inmunológico a reestructurarse, regenerar y recuperar, sin el auxilio de 'muletas' como la prescripción e ingestión de medicamentos, antiinflamatorios, baños de inmersión en el hielo, en suma, se trata de una adaptabilidad específica individual.

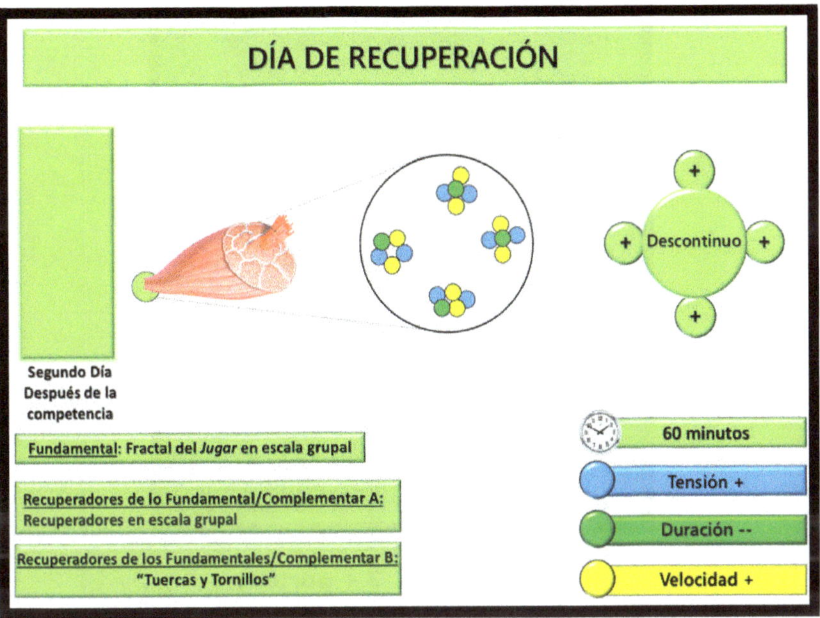

Esquema explicativo del entrenamiento del martes (segundo día después de la competencia), en el morfociclo patrón.

> Como quiero que todos se recuperen, tengo que ser muy cuidadoso en relación a la situación jugada. La situación tiene que ser jugada, pero ella tiene que ser una reducción sin empobrecimiento y en aquello es el contemplar la totalidad de los individuos que están implicados y, por lo tanto, ¡la situación del portero + 3 vs. 3 + portero es la mejor! Muy corto el tiempo, todos ellos tienen la posibilidad de trabarse, caer, patear y hacer jugadas. Porque son tres, si son cuatro ya unos van a intervenir más que otros y ¡con tres quizás no! Y el portero + 3 vs. 3 + portero es un estándar universal del jugar, cualquiera que sea. Vaya a leer sobre *El problema de los tres cuerpos*[61] de Henri Poincaré.
>
> (Frade, 2013a, p. 425).

61 **Problema de los tres cuerpos:** Malone & Tanner (2008) comentan que a través de las matemáticas newtoniana se creía que era posible determinar la posición de cualquier cuerpo. En esta concepción, el comportamiento de dos cuerpos era posible ser previsto a través de ecuaciones matemáticas con gran precisión. Se demostró matemáticamente que cuando dos objetos comenzaban a moverse con órbitas casi idénticas, la diferencia entre ellas nunca cambiaría, entonces era posible determinar la órbita de un cuerpo, sabiendo la órbita del otro.
Malone & Tanner (2008) comentan que, en 1889, el matemático francés, Henri Poincaré, descubrió que al agregar un tercer cuerpo a la relación, (en aquella época) no había

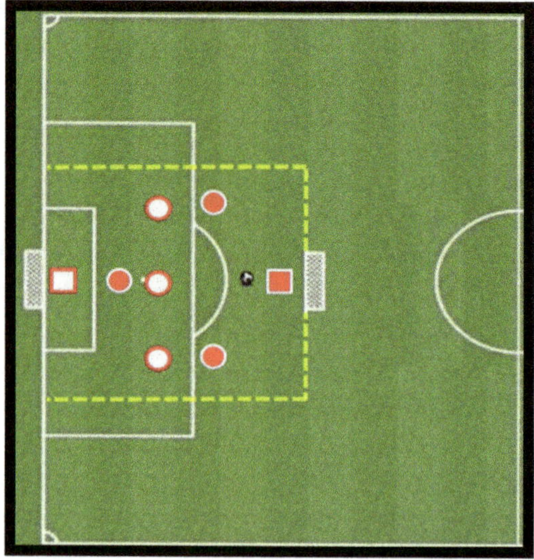

Portero + 3 vs. 3 + portero.

Frade (2013a) comenta que en los contextos de propensión de portero + 3 vs. 3 + portero (importante destacar que estos juegos pueden

---

como prever órbitas, pues el conjunto de vínculos o de articulaciones promovido por el tercer cuerpo tendería a lo infinito, siendo imposible determinar su comportamiento a través de las matemáticas (en aquella época). *"En algunos casos, no importa cuánto los caminos sean similares al principio, de haber cualquier diferencia, uno de ellos puede seguir un camino diferente y totalmente inesperado e imprevisible. Poincaré lamentó que la previsión se hiciera imprevisible. Él vio algo comportándose de una manera que no esperaba, y percibió que tenía que ver con las condiciones iniciales y con lo que hoy llamamos susceptibilidad a las condiciones iniciales y eso es inesperado, si hay una modificación, por más ínfima que sea, puede tener una enorme diferencia en el resultado final* "(Malone & Tanner, 2008).

Capra (2006 citado por Maciel, 2011a) al referirse sobre Poincaré, comenta que este, con el fin de analizar las características cualitativas de los complejos problemas dinámicos, se valió de los fundamentos de las matemáticas de la complejidad. *"Aplicando su método topológico a un problema de los tres cuerpos ligeramente simplificado, Poincaré fue capaz de determinar la forma general de sus trayectorias y verificó que era de una complejidad asustadora"* (Capra, 1996: 110, citado por Maciel, 2011a, p. 221-222).

En las palabras del propio Poincaré: *"Habiendo concluido que cuando se busca representar la figura formada por esas dos curvas y su infinidad de intercepciones, esas interacciones forman una especie de red, de tela o de malla infinitamente apretada; ninguna de sus curvas puede jamás cruzarse consigo misma, pero debe doblarse de nuevo sobre sí misma de una manera bastante compleja a fin de cruzar infinitas veces los eslabones de la tela. Se queda perplejo ante la complejidad de esa figura, que ni siquiera intento dibujar".*

"Siempre que hay más de tres variables, la capacidad que ellas tienen de implicarse y condicionar la evolución de las otras es muy grande. Cuando aparece el tercer elemento, ese tercero introduce el caos en el sistema" (Cunha e Silva, citado por Maciel, 2011a, p. 222).

y deben tener diferentes condicionamientos y configuraciones, no son juegos hechos de cualquier forma, simplemente 'por hacerlos'), los jugadores juegan por un minuto, un minuto y medio y descansan; salen de la situación y vuelven a jugar después de aproximadamente cinco tiempos. Mientras no están participando en el ejercicio, durante los intervalos entre las repeticiones, los jugadores estiran, hacen abdominales, es decir, la naturaleza del *jugar* es la misma (aunque en escala micro), pero la duración en que esto ocurre es corta.

Por ser lo que permite, que de hecho, el impacto de lo que se hace en entrenamiento se verifique en cada uno individualmente, sin descuidar el todo, las situaciones de 3 vs. 3 tienden a ser las ideales, aunque se realicen otras situaciones el martes, pero sin duda, el 3 vs. 3 en un período muy corto, con mucho tiempo para recuperar, parece ser el mejor para cumplir la activación del hilo metabólico implicado en la manifestación de cada *jugar* y consecuentemente la recuperación de los jugadores, a todos los niveles. Además de dicha dimensión fisiológica, la complejidad relacional de 3 vs. 3 es baja, y el modo en que se estructuran los contextos, sin exigencias de adquisición, promueve la recuperación a todos los niveles.

De este modo, el 3 vs. 3 debe ser dominante (aunque pueda presentar diferentes variantes y propósitos implícitos) en esta unidad de entrenamiento.

> Para los que han jugado, en un entrenamiento de recuperación lo que yo busco es activar o despertar específicamente este enmarañado bioenergético que ellos requieren en el partido, en nuestro *jugar* durante el partido, es despertarlo durante un minuto -a través de un fractal de nuestro jugar en el partido- para después tener una recuperación larga entre ejercicios, porque creo que esta es la mejor forma de recuperar. Por ejemplo, hago un 3 vs. 3 durante un minuto o un minuto y medio, que me permite ese 'activar' y paro. Paro durante seis o siete veces el tiempo que estuvimos jugando. Hago abdominales, estiramientos, bebemos agua o trotamos un poco, y volvemos a empezar, un minuto o un minuto y medio, y volvemos a parar... No creo que a través del entrenamiento aeróbico referido por la lógica convencional se pueda recuperar la interacción producida entre tres fuentes energéticas diferentes. En definitiva, lo que hago es lo que dice la Periodización Táctica.
>
> (Tamarit, 2013a, p. 384).

Para Marisa Gomes (2013), la recuperación también se procesa en estos moldes, donde busca recuperar a sus jugadores casi siempre con

juegos intermitentes, competitivos, de poca duración, en los que los jugadores están orientados hacia determinado propósito (sin pretensiones adquisitivas de manera deliberada), sea con igualdad numérica o con superioridad.

Frade subraya que dentro de esta unidad de entrenamiento existen los objetivos fundamentales-la recuperación del desempeño colectivo resultante del último partido- y los objetivos complementarios, que se constituyen como *'recuperadores' de los fundamentales.*

Como hemos visto, los objetivos fundamentales se llevan a cabo a través de contextos que solicitan dominantemente la 'gasolina' del *jugar*, y serán alcanzados a través de la operacionalización de la lógica presentada anteriormente.

En lo que se refiere a los 'recuperadores' y 'complementarios' de los fundamentales (que en realidad, cuando son bien operados y gestionados, se vuelven *fundamentales como complementarios* para la necesaria variabilidad y agilización de las estructuras), su operacionalización podrá ser hecha a través de los ejercicios complementarios A, es decir, ejercicios como el tenis-fútbol, vóley-fútbol, rondos y otros que puedan ser creados en función del contexto del equipo y la creatividad del entrenador para este día, respetando dicha lógica.

En ese sentido, Marisa Gomes (2013) dice que en su proceso de entrenamiento las redes del tenis-fútbol o vóley-fútbol se posicionan en diferentes alturas para promover la agilización de las estructuras menos solicitadas en la competencia.

Por ejemplo, si su equipo juega fundamentalmente con la pelota en el suelo -o fue obligada por el patrón de juego del adversario a jugar por el suelo sin muchas disputas de juego aéreo, con desplazamientos cortos- realiza el ejercicio con la red más alta, para que los jugadores realicen diferentes amplitudes de movimiento, para no perder agilidad, ya que toda la 'especialización' acaba por limitar, trabar. Los grados de libertad, de manifestación del cuerpo, por fuerza de la circulación del balón por el suelo están disminuidos en relación a la máxima posibilidad del individuo. Por lo tanto, en las diferentes trayectorias atenuaría la pérdida de agilidad.

Durante los períodos que intermedian los tiempos de 'ejercitación', en lo que se refiere al cumplimiento de los objetivos fundamentales -situaciones denominadas 'jugadas' (sugerencia del 3 vs. 3) y de los ejercicios complementarios A-, podemos aprovechar para realizar lo que a lo largo de la semana es una constante, que es la afinación del organismo a través de estiramientos, algunos tipos específicos y apropiados de

abdominales[62], dorso-lumbares, que el profesor Frade denomina 'afinar tuercas y tornillos', los llamados ejercicios complementarios B.

Naturalmente, el entrenamiento en las condiciones que presenté aquí se encuadra para jugadores que jugaron 45 minutos, o más (o menos, depende del contexto y de las circunstancias). Los jugadores que no han jugado, o que han jugado poco, obviamente que necesitan otro tipo de entrenamiento y solicitaciones.

Para los jugadores que no han jugado o que han participado poco del juego se deben crear contextos que soliciten esfuerzos muy similares a los de la competencia, aunque sabemos que no serán iguales (no sólo a nivel emocional y de todo lo que implica un partido oficial) pero siempre tratando de aproximarse lo máximo posible a todos los niveles: concentración, rendimiento, complejidad, recuperación, espacio de juego, número de jugadores, donde la dimensión adquisitiva sea dominante.

La operacionalización del entrenamiento para este grupo de jugadores deberá ser hecha con sensibilidad, pues una sesión en estos moldes promueve un desgaste significativo, por lo que debemos gestionarla con cuidado, después de todo, este grupo se entrenará junto con el grupo de los que jugó el partido anterior (y que en este día se recuperó) durante todas las unidades de entrenamiento que se acercan (en el caso de que esta sea una semana con partido domingo-domingo, por ejemplo).

Siento la necesidad de destacar que los contextos de propensión que presenté en esta sección sirvieron apenas para dar sustentación a las ideas presentadas. Son contextos que surgen a partir de necesidades, que cada proceso y cada semana exige.

En la Periodización Táctica no existen 'recetas listas' en lo que se refiere a la configuración de los ejercicios, pero existen pilares que di-

---

62 **Ejercicios abdominales:** Se recomienda la realización de ejercicios específicos y apropiados para el fortalecimiento de la musculatura abdominal, pues como explica Vitor Frade *"habitualmente la hiperlordosis lumbar, defecto postural que se caracteriza por la curvatura lumbar excesiva, es el resultado del desarrollo exagerado del psoas y del ilíaco, asociado al hecho de ser anormalmente acortados (Rasch & Burke, 1977). Estos músculos son muy solicitados, ya en el día a día* (incluso en el juego de fútbol), *cuando andamos, corremos, subimos escaleras, lo que hace con que sean muy potentes. Con el fin de evitar la hiperextensión de la columna lumbar a través de la acción del psoas es necesario que haya contracción de la musculatura abdominal. Por este motivo, y debido al hecho de que, en la mayoría de los casos, la fuerza del iliopsoas es mayor que la de los abdominales, se aconseja que el desarrollo del iliopsoas sea evitado y de que se promueva el fortalecimiento de la musculatura abdominal, el objetivo de alcanzar un mejor equilibrio entre los dos grupos musculares (Rasch & Burke, 1977, Kendall & McCreary, 1986). Por eso, en los ejercicios abdominales, debemos minimizar al máximo la acción de los flexores de la cadera (Rasch & Burke, 1977; Kendall & McCreary, 1986; Donovan, McNamara & Gianoli, 1988)".*

rigen el proceso y su morfodinámica semanal. Como señala el profesor Vítor Frade, solo se 'controla' el proceso si no lo dejamos descontrolar.

Por lo tanto, el entrenador deberá tener en cuenta todo esto y crear ejercicios que atiendan a sus necesidades. Por eso la Periodización Táctica es una metodología y un traje a medida, aunque algunas personas continúan queriendo comprar camisas tamaño 'M' cuando el cuerpo pide tamaño 'P', o hasta, en algunos casos, la ropa sirve, pero el cuello queda apretado.

Periodización Táctica, un traje a medida.

Para finalizar, con relación a la parte de la dimensión estratégica durante el morfociclo patrón, Frade (2011) plantea que la preocupación estratégica debe ser asimilada progresivamente durante el morfociclo, así como ya explicité, nunca en dominancia, pero siempre en complementariedad a la táctica.

En el día de la subdinámica recuperación activa, ya se puede alertar a los jugadores para los aspectos estratégicos del próximo adversario, o se pueden hablar algunas cosas que pasaron en el juego anterior (Frade, 2011).

> Si creo que el equipo que voy a afrontar tiene un punto débil que también quiero explorar, quizás, y teniendo en cuenta la forma en que entiendo el morfociclo, a partir del martes, que es el primer día de entrenamiento –pero de recuperación-, incluso ahí, puedo ya acentuar, o por lo menos alertar: "Mira, ellos juegan así, nosotros, probablemente no debemos descuidar ese aspecto" o "ellos suelen salir de atrás, pero salen normalmente por el defensa central o por el lateral". Vamos a tener esto en cuenta. Pero eso solo entra en lo que ya está, en lo que es sóli-

do, en lo que es la organización. Puede constituir, diariamente, el diez por ciento y nunca más que eso. ¡Y todos los días! No es como se hace habitualmente, reservar para el sábado o para el viernes, y ahí es dominante. Y a veces sucede, ¿qué pasa cuando uno está hablando con alguien al teléfono? "No, voy a decirle de esta manera o de aquella". Sin embargo, él dice otra cosa y ya no sabemos qué es lo que íbamos a decir. Por lo tanto, la memoria es una cosa muy complicada y compleja y es por eso que, a largo plazo, es la mayor responsable de la habituación, la adaptabilidad. Es por eso que el hábito adquirido en la acción es el hábito que tiene que ver con la táctica, con la cultura táctica, con la organización intencionalizada, con la presencia de los principios, que son criterios, son referenciales colectivos, son los macro principios. La estrategia es una apuesta y, normalmente, cuando la gente apuesta demasiado en la estrategia,le da poca importancia a la táctica.

(Frade, 2011).

3.4.4.5 Miércoles (tercer día después de la competencia, primer día 'adquisitivo[63]'): Día azul

Por estar en el tercer día después de la competencia, la recuperación del equipo, como un todo, aún no ha ocurrido. Aunque algunos jugadores ya pueden estar recuperados del esfuerzo de la competencia, el equipo en la totalidad de los individuos aún no tiene la plena capacidad de realizar un esfuerzo en condiciones similares a las del partido en sus mejores condiciones de funcionalidad y fluidez.

Por eso, este es el último entrenamiento de la semana que contempla la recuperación de los jugadores del esfuerzo del último partido, aunque sea designado como período adquisitivo[64] (individual) en el morfociclo patrón.

63 Hablamos de un adquisitivo con 'a' minúsculo, ya que nos referimos a un adquisitivo individual.

64 Dicha adquisición se centrará esencialmente en el individuo, a través de estímulos y contextos que promuevan el efecto retardado tensional del desempeño individual.

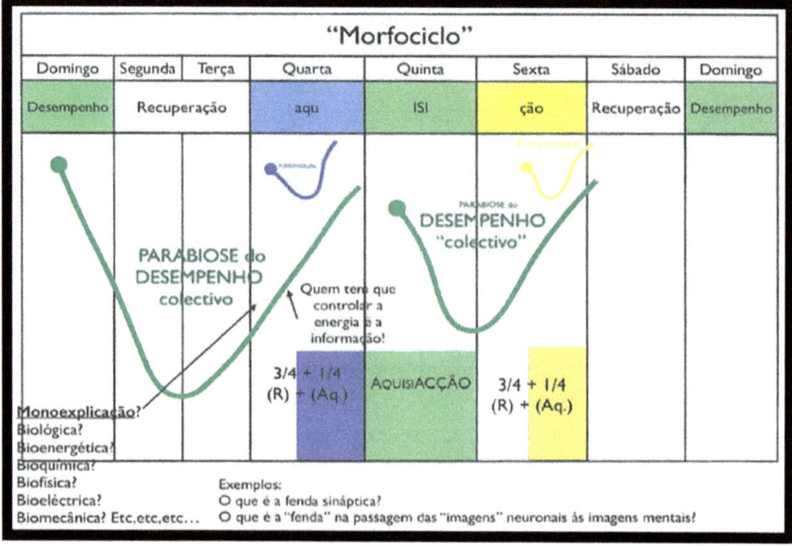

En el miércoles la *parabiosis* del desempeño colectivo está casi en su final. Por eso, en este entrenamiento, en la parte 'fundamental' de la sesión, la adquisición deberá centrarse en aspectos micro, predominantemente sobre el individuo, promoviendo una *parabiosis* a nivel individual al nivel del grado de tensión de la contracción muscular. (Frade, 2015).

Es importante tener en cuenta que a pesar de estar más recuperado (en lo que se refiere al desempeño colectivo implicado en la competencia) en comparación con el día anterior, la verdad es que el equipo, como equipo, aún no se encuentra en las condiciones ideales.

En este sentido, y teniendo como parámetro la realidad competitiva a la top, Bangsbo (2002) explica que los 'stocks' de glucógeno muscular -sustrato energético fundamental para jugar en 'intensidades elevadas'–, en el tercer día post-competencia aún no están totalmente restablecidos. Será apenas el cuarto día después del último juego que la recuperación completa se verificará.

Sin embargo, aunque el miércoles el equipo como un todo aún no está en condiciones de realizar un esfuerzo similar al de la competencia, durante un cuarto de esta sesión de entrenamiento, ya podrá entrenar y 'adquirir' aspectos relevantes al *jugar* (en menor escala de complejidad), promoviendo una *parabiosis* a nivel individual en lo que se refiere al grado de tensión de la contracción muscular, llevando a la *extensibilidad dinámica máxima individual.*

Esta unidad de entrenamiento será hecha de modo que no obstaculice la recuperación del partido anterior –sin poner en riesgo la *pa-*

rabiosis colectiva– y que, a su vez, posibilite adquirir contenidos más complejos al día siguiente.

> En esta unidad de entrenamiento el entrenador toma en consideración un aspecto considerado fundamental: la posibilidad de que los jugadores aún no se hayan recuperado en la totalidad, mental y físicamente, del partido anterior. Como consecuencia directa de esta incertidumbre, pues las individualidades determinan ritmos diferentes de recuperación, el entrenamiento del miércoles es el más discontinuo del morfociclo, o sea, es aquel que comprende intervalos de recuperación más frecuentes y, por lo tanto, más fraccionado.
>
> (Gaiteiro, 2006, p. 165).

Para no comprometer la recuperación de los jugadores y al mismo tiempo posibilitar la 'adquisición' de contenidos relevantes al *jugar*, en este día las incidencias del entrenamiento no pueden recaer sobre la gran dimensión colectiva del juego, ya que en términos de concentración es mucho más exigente, porque hay más jugadores, una mayor necesidad de articulación entre ellos, más espacio y, por lo tanto, se aproximan mucho a las exigencias del juego.

De esta forma, si en este día el entrenador se centra en los macro principios del *jugar*, acabará por impedir la recuperación completa de los jugadores, algo decisivo para el rendimiento del jugador y del equipo. En consecuencia, los jugadores se vuelven más cansados para el entrenamiento del día siguiente e imposibilita la adquisición deseada tanto para el jueves y para este día.

En suma, el equipo y los jugadores no tendrían condiciones de entrenar con la intensidad máxima relativa ambicionada para cada sesión, dificultando y/o impidiendo que la adquisición pretendida ocurriera. Además, no permitiría que la debida recuperación relativa al desempeño colectivo (*parabiosis* colectiva) se verificase, además de impedir la maximización de la tensión de la contracción muscular individual (*parabiosis* individual), algo fundamental en esta sesión.

De modo que esto no suceda, se fracciona el *jugar* en una dimensión más reducida y la 'adquisición' (individual) será objeto de preocupación durante un cuarto de la sesión, siendo los otros tres cuartos llenados con ejercicios complementarios 'recuperativos'.

De acuerdo con Reis (2016), como el equipo no solicita durante los partidos todos los jugadores de la misma manera (unos se desgastan más, otros menos, otros siquiera entran al campo) entre las preocupaciones semanales de la Periodización Táctica no solo está la recuperación sobre el partido anterior, sino también la necesidad de potenciar

el plan individual de forma ajustada, sobre la parte final de la recuperación de la *parabiosis* colectiva del último partido. Dicho en otras palabras, en esta metodología de entrenamiento existe la necesidad de recuperarse de la fatiga relativa a los desempeños, para volver a 'desempeñar' ininterrumpidamente, al mismo tiempo que se va cuidando y potenciando la esfera colectiva e individual.

De esta manera, la parte fundamental y adquisitiva del entrenamiento del miércoles se centrará en las partes, donde se pretende fundamentalmente un crecimiento individual de cada jugador, a través de la promoción de contextos que incidan predominantemente en la escala micro del *jugar*, propósitos de menor complejidad, pero 'siempre' en su articulación con el *todo*, estableciendo permanentemente un puente para los macro y meso principios del *jugar*, creando, potenciando e incorporando subdinámicas en el *jugar*.

Por lo tanto, durante este un cuarto, lo fundamental será garantizar, tener la certeza de provocar consecuencias adquisitivas (estructurales y funcionales) individuales, principalmente sobre una de las caras de las fibras rápidas y su bioenergética, fundamentalmente a través del entrenamiento de micro principios de forma dominantemente individual, en un régimen de dominancia de la tensión máxima de la contracción muscular. Es decir, llevar al individuo a la extensibilidad dinámica máxima individual. En virtud de esta configuración, la parte fundamental de esta unidad de entrenamiento asume el color azul, representada por las pequeñas rayas.

Así, para promover un aumento considerable en el nivel de la tensión de la contracción muscular en el individuo y garantizar la adquisición pretendida, en lo que se refiere ***a la extensibilidad dinámica máxima individual***, debemos realizar ejercicios 'no jugados[65]', que propicien la aparición del ciclo estiramiento-acortamiento[66], haciendo que la exten-

---

65 **Ejercicios no jugados:** Por situaciones "no jugadas" queremos decir los contextos en que la competencia existe, pero no como juego, sino que acercándose más a algo "analítico", "cerrado". Situaciones de confrontación directa (o no) y sin necesariamente estar presentes los diferentes momentos del juego de manera continua.

66 **Ciclo estiramiento-acortamiento (CAE):** El CAE puede definirse como una acumulación de energía potencial elástica durante las acciones musculares excéntricas, la cual se libera en la fase concéntrica subsiguiente en la forma de energía cinética (Farley, 1997). Se trata de un mecanismo fisiológico cuya función es aumentar la eficiencia mecánica y, en consecuencia, el rendimiento motor de un gesto atlético. El CAE ocurre cuando las acciones musculares excéntricas son seguidas inmediatamente por una explosiva acción antagónica. Hay un rápido estiramiento de la musculatura seguido de una rápida acción concéntrica. Un ejemplo de manifestación del CAE es una aceleración, seguida de una frenada y un cambio de dirección inmediato. Según Pinto (2011), CAE tiene tres fases: (1) de leva: hay una pre-activación del movimiento de los músculos agonistas; (2) amortiguación: fase de transición entre las fases excéntrica y concéntrica, en la que los husos musculares y todas las células están vigorosamente

sibilidad máxima de la pierna, seguida de un acortamiento máximo y una nueva extensión máxima ocurra, por ejemplo.

Este patrón de estrés mecánico debe estar presente en los *ejercicios fundamentales*, llevando el músculo al 'límite'. El modo en que esta lógica será operacionalizada dependerá de la creatividad de cada entrenador (utilizando elementos como salto, cuclillas, aceleración/*sprint*, dividida, frenada, caída, remate, cambio de dirección), pero la forma como el músculo actúa e interactúa debe asegurar el respeto por ese patrón de maximización de la tensión muscular, para que posteriormente toda la reestructuración de los tejidos y espacios intercelulares e intracelulares se haga contemplando la maximización del grado de tensión muscular.

La realización de los *ejercicios fundamentales* debe ser en espacio reducido, con un número de jugadores y con tiempos de 'ejercitación' igualmente reducidos, posibilitando la operacionalización de esta lógica. Esto, en esta sesión, es lo fundamental. Llamaremos este tipo de ejercicios como 'ejercicios adquisitivos individuales' o 'ejercicios fundamentales'.

Esta adquisición individual se producirá a través de algunas (no muchas) repeticiones, que lleven a una manifestación de extensibilidad dinámica máxima. Por eso, más que 'simplemente' generar aumento de la tensión muscular, durante algunas veces, lo fundamental es asegurar que, lo que se hace y cuando se hace, lleve verdaderamente al máximo.

> El miércoles, lo que es fundamental, son aquellas repeticiones en el que el adquisitivo individual va a suceder haciendo algo que para ser efectuado implique en un momento dado la extensibilidad máxima en la contracción, una vez que tales solicitudes físicas, al ser traducidas por las células en instrucciones que modulan su actividad, por la acción de los '*interruptores Yap/Taz*[67]' descritos por las investigaciones en el área de la mecanobiología[68] (Piccolo, 2015), tendrán un papel determinante en lo que será la forma de las células (y las futuras generaciones celulares) y la forma como se asocian entre sí y con la ma-

---

alargadas, y (3) concéntrica: hay un incremento significativo en el flujo neural resultante del CAE, con mayor producción de fuerza.

67 **Proteínas YAP/TAZ:** Para mayor entendimiento de la actuación y de la funcionalidad de estas proteínas en las células, se recomienda la lectura de los estudios de Piccolo (2014-2015).

68 **Mecanobiología:** *Mecano* (deriva de mecánica) *bios* (significa vida) y *logia* (significa estudio). La mecanobiología es una ciencia multidisciplinar que estudia la forma que las células interpretan y reaccionanante las fuerzas mecánicas (Piccolo, 2014).

triz extra-celular, lo que definirá la constitución y configuración compleja de los órganos.

(Reis, 2016)

Por lo tanto, el estiramiento, la extensibilidad máxima en la contracción y las solicitudes mecánicas en las células -que este día se llevan a cabo durante la parte fundamental de la sesión de entrenamiento- en su continuidad, además de regular su actividad y función, fomentarán en los jugadores una especificidad concreta, a través de la adaptabilidad, de la modelación, de la plasticidad y de la correspondencia dinámica, relativa a la idea de juego y al proceso de entrenamiento.

En este sentido, el profesor Vítor Frade afirma que logrando realizar una, dos, tres máximas situaciones con éstas, o con algunas de estas características (respetando el tiempo de recuperación entre una repetición y otra), ya sería suficiente para provocar evolución y adquisición estructural/funcional en las células, es decir, la concretización del 'efecto retardado del desempeño individual'.

Efeitos retardados dos desempenhos,
osindividualizantes mais apressados
e menos amplos nos desenhos,
da configuração do colectivo
mas, entranhando parabiose
pela articulação do sentido
no respeito p'las doses,
da Especificidade
nas especificidades,
aquisição da eficaz qualidade
do a modelar em todas as idades,
a ideia de jogo
a somatizar...
o emergir do todo
que mais que a soma das partes
tem que estar,
e sem que disso te fartes...
aquando do treinar
e do jogar.

Vítor Frade.

Por lo tanto, la incidencia fundamental es en lo individual, se deben crear ejercicios en los que fundamentalmente el individual sea maximizado (Frade, 2014b), preferiblemente, como ya dijimos, a través de situaciones dominantemente 'no jugadas', 'asegurando' que el esfuerzo de los jugadores será más 'lineal', por lo tanto, más 'controlable' que cuando se compara con situaciones 'jugadas', facilitando por lo tanto la adquisición individual pretendida, en lo que se refiere a la ***extensibilidad dinámica máxima individual.***

Otro aspecto que vale la pena reforzar es que aunque en este día se pretendan ejercicios que impliquen significativa velocidad de contracción, corta duración y tensión elevada como patrón de contracción muscular, los principales objetivos de cada ejercicio y de la unidad de entrenamiento están relacionados con la forma de jugar, a un nivel más micro.

Estas contracciones excéntricas aparecen como 'un medio para', un medio para hacer al jugador, como individuo, trascender y evolucionar; un medio para superar dificultades relativas al *jugar*, un medio para enraizar determinados principios de juego. No siendo de ningún modo 'el día de la fuerza'.

> Me da rabia cuando le dicen el entrenamiento de tensión, no es nada de eso. ¡No es nada el día de la tensión, no es el día de la tensión! Porque eso lleva a la gente a estar preocupada con la tensión, y entonces hacen una mierda cualquiera con tensión y ya está. ¡No! Es ese el día de los detalles, de los «pequeños» principios, de las cosas pequeñas, de los planos más micro. Siendo del ataque o siendo de la defensa, pero con la garantía que hay una densidad significativa de contracciones excéntricas, por lo tanto, hay un aumento de la tensión, pero en los detalles relacionados a la idea de juego a un nivel micro. Tengo que estar preocupado, para dar variabilidad al entrenamiento en inventar y discurrir esas situaciones de juego, que son para el jugar que me interesa. Por lo tanto, tengo dos cosas, tengo que inventar eso y tengo que saber que la tensión está aumentada.
>
> (Frade, 2013b, p. 90).

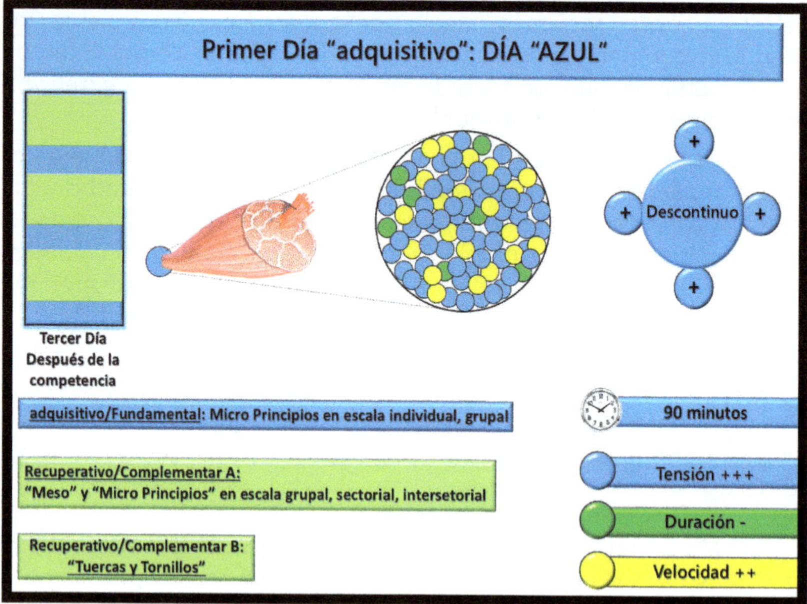

Esquema explicativo del entrenamiento del miércoles (tercer día después de la competencia), en el morfociclo patrón.

> (Durante el cuarto fundamental) las situaciones que creamos son de corta duración con largos períodos de recuperación. El sistema más involucrado es el de la fosfocreatina pero todo esto sujeto a una intención (*a un nivel más micro*) de «juego», por lo tanto, están todos los mecanismos involucrados pero de una determinada forma, o sea, resultante de la especificidad que practicamos.
>
> (Gomes, 2013, p. 338).

Como Marisa Gomes mencionó, los ejercicios fundamentales de este día son ejercicios con mucha intermitencia, muchos intervalos, haciendo que la recuperación sea absoluta.

Así, se desea que cuando los jugadores vuelvan a realizar el ejercicio estén lo más recuperados posible, para que el mecanismo metabólico implicado, así como el tipo de fibras implicadas, vuelva a manifestarse con la disponibilidad y de la misma forma que estaban inicialmente. Además, es importante garantizar que el nivel de concentración siga siendo alto durante las repeticiones.

Conforme aclara Jorge Maciel, éste deberá ser el más fraccionado de todos los entrenamientos que componen el morfociclo. Maciel expone que de manera a asegurar la concretización de un *jugar* de calidad, debemos reconocer que una de las escalas que lo sostiene es el *algoritmo* bioenergético, según coloca el profesor Vítor Frade –*algo que le da el ritmo*– y que depende también del debido fraccionamiento de la sesión.

En virtud de la configuración que esta unidad de entrenamiento presupone, la densidad está entre baja para media, con el tiempo de duración de la sesión alrededor de 90 minutos. En el fondo, tratamos de asegurar que el ejercicio sea desarrollado en intensidad máxima relativa.

> Tratamos de que el mecanismo metabólico dominante sea el anaeróbico aláctico (*y el mismo tipo de fibras*) siempre, todos los días. Lo que no ocurre cuando no das suficiente recuperación. Porque si no recuperas lo suficiente, no se produce completamente la resíntesis de ATP y eso implica que cuando empiezas el ejercicio es otro mecanismo metabólico, en este caso el anaeróbico láctico, el que tiene predominancia –sabiendo que todos interactúan juntos–.
>
> (Tamarit, 2013a, p. 389).

Maciel (2011c) refuerza este pensamiento y plantea que -si queremos adquirir y evidenciar un *jugar* de calidad- los estímulos deben ser cortos, solicitando predominantemente el metabolismo anaeróbico aláctico, pudiendo entrar, por la duración de los estímulos, en las franjas cubiertas por el metabolismo anaeróbico láctico, pero sin que haya prolongación de los desempeños a costa de esta vía metabólica. Es importante que la acidosis metabólica no se instale, se trata, por lo tanto, de una estimulación que pudiendo servirse del metabolismo láctico, no deja de ser un láctico residual.

Tal como propone Reis (2016), para que se produzca la adquisición, es necesario que el individuo se canse, importa que entre este tipo de repeticiones individuales, hechas durante la parte fundamental, el jugador recupere. Una recuperación llevada a cabo no solo por las pausas, sino también por la estimulación de esa escala del 'hilo bioenergético', característica de este día, de manera jugada.

Por eso, los otros tres cuartos de la sesión de entrenamiento serán llenados con ejercicios que apunten a la recuperación del desempeño colectivo (fatigado por causa del partido anterior) y de las estimulaciones tensionales máximas promovidas durante el cuarto adquisitivo, los llamados complementarios A y B.

Por estar contemplando y actuando dentro de una esfera dominantemente recuperativa, esta parte de la unidad de entrenamiento asume el color verde claro[69].

> Efeitos retardados
> p'la fadiga atravessados,
> a ideia de jogo no parto
> p'ra garantir bons resultados,
> e do que é inteiro
> nunca me farto
> ao ter na recuperação,
> o melhor parceiro
> no transcender da interação.
>
> Vítor Frade.

Los ejercicios complementarios B siguen la lógica del entrenamiento anterior. Se trata de la afinación del organismo a través de estiramientos, algunos tipos específicos y apropiados de abdominales, dorso-lumbares, que el profesor Frade llama 'afinar tuercas y tornillos'. Recordando que este tipo de complemento será realizado en todas las sesiones de entrenamiento que componen el morfociclo.

Ya los ejercicios complementarios A, que también tienen como propósito recuperar a los jugadores de las estimulaciones tensionales máximas promovidas durante la parte fundamental de la sesión, serán operacionalizados a través de 'situaciones jugadas', en configuraciones que impidan la manifestación dominante de lo que fue estimulado en la parte fundamental.

Así, entrenaremos en configuraciones y con tiempos de 'ejercitación' que aceleren la recuperación de lo que se ha hecho anteriormente, asegurando que, en este caso, la tensión máxima y la extensibilidad dinámica máxima individual de la contracción muscular no sea dominante ni maximizada significativamente en los ejercicios.

Debido al hecho de que nuestra preocupación en estos ejercicios 'jugados' esté centrado en la recuperación, llevaremos a los jugadores a vivenciar contextos con propensión a lo que queremos entrenar en términos de micro y meso principios de manera implícita, es decir, 'sin apelar' a la esfera 'consciente', pudiendo realizarse –siempre garanti-

69 En función de la contemplación y de la operacionalización de una lógica recuperativa, los tres cuartos recuperativos de esta unidad de entrenamiento asumen la coloración verde claro, tal como el día anterior. Es importante resaltar que este color nos remite a la lógica y dominancia recuperativa y no propiamente en la manera que eso se concretiza. Por ejemplo, el día anterior la recuperación se concretiza de una manera diferente que en esta unidad de entrenamiento, aunque la lógica y el propósito sean el mismo.

zando la recuperación– de forma grupal, sectorial e incluso intersectorial, en régimen 'adquisitivo' en interacción asistida[70].

> Efeitos retardados
> temporalizadamente manifestos,
> p'la recuperação salvaguardados
> nos morfociclos sem protestos
> e aí, a morfogênese duma ideia
> é a "marcação somática"
> da coisa nossa e não da alheia
> do modelado na prática.
> Efeitos retardados
> dos desempenhos
> à recuperação associados
> independentemente,
> sempre...
> do tamanho dos desenhos,
> como espécie de assinatura
> que neurobiologicamente
> perdura,
> e umbilicalmente...
> marcando o corpo e a mente.
>
> Vítor Frade.

El hecho de que los ejercicios sean jugados, les confiere un carácter más 'abierto', más 'imprevisible', en el que los jugadores intervienen significativamente menos cuando se comparan a situaciones 'no jugadas', lo que nos permite (en conjunto con la configuración adecuada de los contextos) asegurar la noincidencia dominante sobre el patrón solicitado durante la parte fundamental y, por lo tanto, recuperar lo que nos interesa.

> Complementarmente
> importantes
> e necessariamente
> presentes,
> por isso relevantes
> se não ausentes,
> como aquisitivo
> em interação assistida,
> jogo como recuperação mas vivo

70 **Adquisitivo en 'interacción asistida':** Se trata de la consolidación de los procesos adquisitivos del *jugar*a través de la actuación (interdependiente y asistida) de los ejercicios complementarios (recuperadores).

experenciado como se vive a vida
tacitamente assimilado
como se na rua...
com o futebol descomprometido
jogando com um mínimo cuidado,
a máxima inteligência não recua.

Recuperação a que obrigas
p'ra que recuperar consigas,
é na dose...
que o sentido da divina proporção,
separa o natural da pose
p'ro necessário desempenho,
e sem rasgar o desenho
assumir a maximização
no morfociclo padrão,
nos dias que não dos "macro"...
isto sempre terás em consideração
p'ra não entrares p'lo buraco.

Frade, 2016, p. 879.

Es importante también que los ejercicios no se amplíen en tiempo y espacio, ya que el gran propósito pasa por recuperar lo que es fundamental.

3.4.4.6 Jueves (cuarto día después de la competición, segundo día Adquisitivo): Día verde

El jueves, por haber pasado cuatro días del partido anterior y por haber entrenado respetando la lógica operacional y conceptual en los entrenamientos anteriores en el morfociclo patrón, el equipo, como un todo, está completamente recuperado y en condiciones de realizar un esfuerzo semejante al de la competencia.

Temporalmente este entrenamiento ocurre en el día que se encuentra más alejado del partido anterior y del que se acerca. Por estos motivos es el entrenamiento que máxima exigencia presupone. En este día entrenaremos sobre todo los propósitos macro y meso del *jugar*, aspectos de mayor complejidad, por lo tanto de mayor dimensión adquisitiva.

Sabiendo que nunca es demasiado reforzar, el lector podrá estar preguntándose: "¿Entrenamiento de máxima exigencia[71] si faltan solo tres días para la próxima competencia? Pero ¿el equipo en su totalidad no estará recuperado solo cuatro días después?".

Al respecto, es importante aclarar que un partido de máxima exigencia no tiene la misma implicación que un entrenamiento de máxima exigencia. Porque, primero, no existe la misma implicación en términos psicológicos y emocionales (a todos los niveles) que tiene el partido, inclusive, en el entrenamiento podemos 'controlar' (parar, dar instrucciones, gestionar qué hacer, cuánto hacer, fraccionarlo), de ahí que el verde de la competencia sea diferente del verde de este entrenamiento. Entonces el hecho de hacerlo tres días antes no traerá ningún problema, siempre y cuando el entrenamiento sea bien administrado.

Por eso, el jueves desarrollamos fundamentalmente la gran fracción del *jugar*, las relaciones globales del equipo y/o de algunos sectores. Se entrenan predominantemente los macro principios y también las escalas intermedias del *jugar*, o sea, los meso principios, estos dependiendo de la necesidad de aciertos[72]. Como señala Frade (2014b), el entrenamiento del jueves promueve el ajuste y la afinación del equipo en términos colectivos a través de la promoción y monitoreo de los referentes colectivos a un nivel más macro. Es por lo tanto un 'diapasón'.

Al contemplar predominantemente los macro principios del *jugar*, los pilares de los cuatro momentos del *jugar* y su articulación, pudiendo tener en cuenta algunos matices estratégicos (según las características del próximo adversario[73]), la dinámica colectiva se entrena en una configuración muy semejante a la de la competencia, con espacios de 'ejercitación'/propensión sustancialmente mayores y más amplios en comparación a los otros días del morfociclo (aunque no necesariamente el campo entero), con un gran número de jugadores interactuando

71 Aunque sepamos que todos los entrenamientos adquisitivos (Adquisitivo, con A mayúsculo -'verde'- y adquisitivos con 'a' minúscula -'azul' y 'amarillo'–)se hacen en intensidad máxima relativa, el jueves, debido a la configuración y del patrón de incidencias, recae predominantemente en la dimensión macro del *jugar*, promoviendo adaptaciones y demandas (tanto a nivel de la adquisición y del desempeño) más profundas que en cualquier otro día de la semana. Este es considerado el entrenamiento de máxima, o mayor exigencia en relación a los otros entrenamientos adquisitivos del morfociclo.

72 El jueves existirá la tendencia en incidir principalmente en los macro principios (de ahí que esta sesión pueda subdividirse en dos unidades diarias), pero si el momento exige un refinamiento y una mayor incidencia en los meso principios (en detrimento de los macro), de modo a crear adquisición y generar repercusiones más a nivel sectorial e intersectorial, no hay problema alguno.

73 Ya hemos visto cuán fundamental es tener una identidad consolidada para entonces después incidir en aspectos estratégicos. Y siempre como un aspecto secundario, nunca como dominante.

(generando un aumento sustancial de la complejidad relacional de los equipos).

En esta unidad de entrenamiento entrenaremos bajo un régimen de dominación de la duración de la contracción muscular (en densidad de intermitencias del 'desempeño regular'[74]) del patrón algorítmico del jugar, habiendo un aumento en el tiempo de 'ejercitación' (sin dejar de respetar las pausas, se extiende también el fraccionamiento de estos tiempos). Una vez más: no se trata en modo alguno del 'día de la resistencia'.

Por el conjunto de características citadas, el profesor Vítor Frade suele comentar que esta unidad de entrenamiento deberá ser realizada teniendo en cuenta el patrón algorítmico del *jugar*, que en el fondo y usando un juego de palabras, se podría mencionar como algo que le da el ritmo. ¿Por qué es importante subrayar esto? Porque hacer un entrenamiento con espacios más grandes, 'abriendo el campo', con más interacciones, más jugadores, por sí solo no nos garantiza nada. Tendrá que estar conectado a las necesidades adquisitivas circunstanciales que el proceso y el *jugar* exigen, teniendo sensibilidad para no sólo saber en qué relaciones e interacciones macro o meso incidir, sino tener sensibilidad e inteligencia para saber fraccionar correctamente las dinámicas de desempeño-recuperación de este día, de modo que dicha vivencia no conduzca a una acumulación de fatiga para la propia unidad de entrenamiento, para el resto de la semana y, por consecuencia, para el próximo juego.

Por lo tanto, así como el jueves no se trata del 'día de la resistencia', tampoco se trata del 'día del 11 vs. 11', del 'día de los macro principios' (genéricamente hablando), sino de lo que da el ritmo para que el *jugar* pretendido se manifieste en todas sus dimensiones.

Se trata de la más continua de todas las sesiones de entrenamiento, aunque dentro de la continuidad debe ser lo más discontinuo posible, donde el correcto fraccionamiento de las dinámicas de desempeño-recuperación motivará que el entrenamiento se haga con intensidades máximas relativas permanentemente y que la 'ejercitación' ocurra basada en el soporte bioenergético Específico que da vida al *jugar*.

De esta manera permitiremos que la emergencia y manifestación del verde sea la mejor posible, es decir, de aquel que deseamos que sea *nuestro* verde.

---

74 Lo que se entiende por 'duración' no es la prolongación de la contracción, sino el aumento de la densidad del patrón de las contracciones musculares que soportan nuestro *jugar*. De ahí que Vítor Frade coloque que es una duración de intermitencias del 'desempeño regular' del equipo, es decir, la manifestación de la idea de juego y de todo lo que da vida a dicho *jugar*. Como vemos, este pensamiento se aleja completamente de una unidad de entrenamiento que lleve a un aumento *temporal* de la contracción, de la activación dominante de las fibras lentas y de la 'resistencia'.

En ese sentido, una cosa es hacer un ejercicio por treinta minutos seguidos, y otra cosa es hacer el mismo ejercicio en tres veces de diez minutos, con intervalos criteriosos. Para la calidad del desempeño, es fundamental que la vivencia de los propósitos ocurra en la ausencia de fatiga acumulada, aún más el jueves, que es el día que más desgaste provoca en los jugadores.

Tal como el profesor Vítor Frade comenta, entre las repeticiones debemos aprovechar para 'afinar tuercas y tornillos'.

> El día de los macro principios y los subprincipios es un día con menos intermitencia, menos intervalos, pero los sigue habiendo, sigue habiendo intervalos. Y a lo mejor este día hago un ejercicio que son dos partes de 10 minutos, dos repeticiones de 10 minutos, y en medio, pues a lo mejor, tenemos cuatro o tres minutos de recuperación, en los que van a beber agua o hacen algunos abdominales...
>
> (Tamarit, 2013a, p. 400).

> En esta sesión de entrenamiento, los estímulos en términos metabólicos son muy parecidos a los que se presentan en la competencia, debido a los largos tiempos de 'ejercitación', el organismo recurre en función de las circunstancias a las diferentes vías aeróbicas implicadas en la manifestación de un jugar, no ignorando lo que se ha dicho anteriormente acerca del análisis cualitativo de los desempeños de los jugadores de fútbol. Teniendo en cuenta lo que se mencionó anteriormente acerca de la importancia del descanso para la adquisición de un jugar y para proporcionar condiciones favorables para esa adquisición, siendo este entrenamiento el más continuo de los entrenamientos deberá, sin embargo, ser lo más discontinuo posible, para que se observan momentos de estabilización de los aprendizajes, de reflexión y momentos de reposo aprovechados también para afinar tuercas y tornillos.
>
> (Maciel, 2011c, p. 8).

De esta manera, la densidad de esta sesión es elevada (Maciel, 2011c).

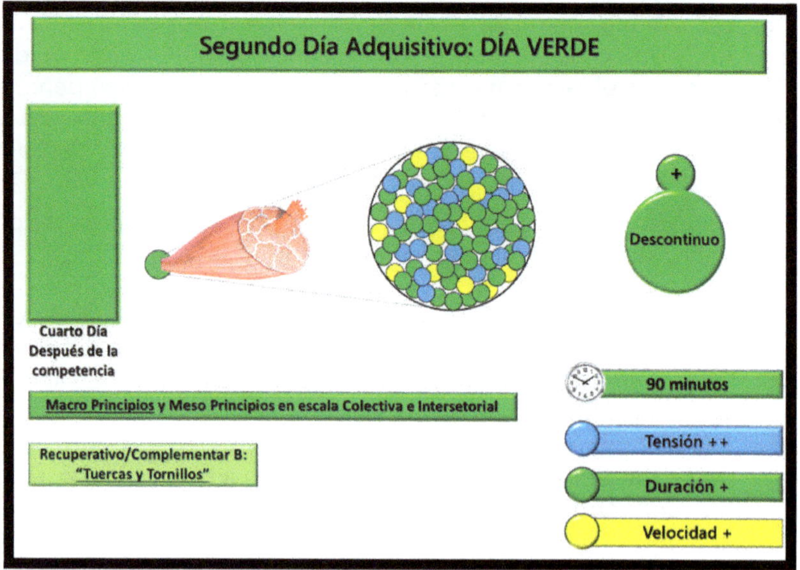

Esquema explicativo del entrenamiento del jueves (cuarto día después de la competencia), en el morfociclo patrón.

Debido a la configuración presentada, el jueves asume el color verde, que resulta del azul (del día anterior) con el amarillo (de los días posteriores) y de los adquisitivos en el proceso, para evidenciar que este nivel de organización engloba el del día anterior y el del siguiente, ya que se refiere a la dimensión completa del *jugar* (Gomes, 2008), donde la manifestación cualitativa de este verde también depende de lo que se hizo el día anterior (azul) y en lo que haremos en los posteriores (amarillo y amarillo claro).

Como se señaló anteriormente, este verde (más oscuro) es un verde diferente y ocurre sobre un verde diferente al de la competencia (que es fluorescente), porque un entrenamiento no es igual a un partido, es decir, en el entrenamiento tenemos una densidad mayor y más controlada de lo que pretendemos que sea nuestro *jugar* (en virtud de la modelización, del 'control', de la creación de contextos), llevando a que se manifieste de forma verdaderamente efectiva, por eso es más oscuro que el que de la competencia (una vez que es más 'concentrado'), que emerge como combinación, por conflicto, con el verde del adversario, de ahí que en competencia, nuestro verde pueda no manifestarse con la vivacidad aspirada.

El tiempo de la sesión de entrenamiento gira alrededor de 90 minutos:

> Es importante percibir que éste es el régimen que más desgaste presupone y, por lo tanto, el que más cansancio lleva para los días siguientes. Por un lado, por la complejidad decisoria de las acciones subyacentes al vivenciar los grandes principios. Por otro lado, por la duración de esas acciones, en la medida que cuanto mayor es la duración de la contracción, en ese registro, más agotadora es, aunque se efectúa relativamente por debajo de la velocidad y/o tensión máximas.
>
> (Oliveira *et al.*, 2006, p. 117)

Teniendo en cuenta que la configuración asignada a esta sesión de entrenamiento se acerca mucho a las exigencias verificadas en competencia, provoca un desgaste sustancial en los jugadores y en el equipo como un todo, y como tampoco sabemos lo que el siguiente partido requerirá, no debemos transportar este régimen para los dos días que anteceden al próximo juego.

Lo que debemos hacer es cumplir la ya referida necesidad de alternancia horizontal en especificidad, empezando a preparar la recuperación del equipo para que llegue al próximo partido en las máximas condiciones posibles para competir.

3.4.4.7 Viernes (dos días antes de la próxima competencia, tercer día 'adquisitivo[75]'): Día amarillo

Después de que los jugadores entrenaron bajo un régimen de gran complejidad y desgaste en el día anterior, llegamos al viernes, es decir, estamos a solo dos días del próximo partido. En este sentido, este entrenamiento es crítico por el desgaste implicado en la vivencia del *jugar* a lo largo de las sesiones de entrenamiento anteriores (especialmente la del día anterior, que es la más desgastante) y por la proximidad del próximo partido.

Por lo tanto, estamos ante una aparente paradoja, porque este es el último entrenamiento denominado adquisitivo del morfociclo patrón y al mismo tiempo, es el primer entrenamiento de recuperación en función del juego que se avecina.

De modo a solucionar este dilema aparente (y seguir potenciando el lado individual), al igual que el miércoles, durante un cuarto de la sesión, la adquisición tiene que incidir predominantemente en el individual, teniendo la certeza de provocar consecuencias adquisitivas

---

75 El miércoles se trata de un adquisitivo con 'a' minúscula, ya que nos referimos a un *adquisitivo individual*.

(estructurales y funcionales) individuales, pero, esta vez, a través de la promoción de contextos que privilegien un régimen de dominancia de la velocidad máxima de la contracción muscular.

Por eso, en lo que se refiere al objetivo fundamental de esta sesión, que es garantizar la adquisición pretendida en lo que se refiere a la ***máxima velocidad de la contracción muscular individual***, se entrena fundamentalmente bajo un régimen de elevada velocidad de la contracción muscular, con tensión significativa en el inicio de la acción -aunque no después- con poca duración. A nivel del metabolismo, en este un cuarto, el mecanismo anaeróbico aláctico será el dominante.

De esta manera, la parte adquisitiva-individual del entrenamiento del viernes se centrará en la pequeña fracción del *jugar*, con las atenciones dirigidas al desarrollo de micro principios[76] del *jugar*; en acciones e interacciones dominantemente a nivel individual. Los espacios de 'ejercitación' deben ser adecuados, es decir, suficientemente grandes/largos (en promedio 15 a 20 metros) para permitir y promover la maximización de la velocidad máxima de la contracción muscular, de desplazamiento.

> Las estimulaciones máximas propician la expresión de genes que normalmente tenemos 'dormidos', debido al rumbo que tomó la evolución de nuestra especie hacia el sedentarismo y la urbanización, como es el caso del gen relativo a la proteína llamada '*velocifina*', y así llevar a la trascendencia de las fibras denominadas rápidas.
>
> (Reis, 2016).

Además de garantizar la maximización de la velocidad de la contracción muscular, especialmente durante el cuarto *adquisitivo*, es decir, durante la *parte fundamental*, debemos promover contextos en que los jugadores estén obligados a decidir y actuar/intervenir rápidamente, aunque en esta parte específica de la sesión se haga dominantemente 'sin juego' -a través de situaciones 'no jugadas'-. En virtud de la configuración presentada, la parte fundamental del entrenamiento del viernes asume el color amarillo, representada por las pequeñas rayas.

Después, el viernes, teniendo en cuenta que se trata de una escala del jugar más desgastante que la del jueves, incidimos

76 Es importante reforzar que durante la parte fundamental, como el miércoles, se entrenan los propósitos menos complejos, pero 'siempre' en su articulación con el todo, estableciendo permanentemente un puente para los macro y meso principios del *jugar*, creando, potenciando e incorporando subdinámicas en el *jugar*. Estos, al igual que en el miércoles, también serán beneficiados indirectamente por los ejercicios complementarios, que acaban por ser 'adquisitivos en interacción asistida'.

> en una escala micro, más individualizada (*en lo que se refiere al fundamental, es decir, al cuarto adquisitivo*). Hay una alternancia con respecto a lo que fue el día anterior para que pasados dos días el equipo pueda competir en las mejores condiciones posibles. De este modo, realizamos situaciones en las que no hay mucho estorbo. Así, desarrollamos intensidades máximas relativas (*a la máxima velocidad de la contracción muscular*) con muchas paradas.
>
> (Gomes, 2013, p. 334).

Por lo tanto, es necesario que haya una discontinuidad considerable para que haya recuperación, adquisición y para que los jugadores puedan hacer los ejercicios en intensidad máxima relativa. Igualmente, es importante asegurar que la incidencia constante en la cara 'amarilla' de la estructurada red metabólica que sostiene el *jugar* se verifique, así como que la maximización de la velocidad en la contracción muscular ocurra.

Aunque la discontinuidad está muy presente en esta unidad, ella deberá ser menor que en el entrenamiento del miércoles, porque en el miércoles los jugadores se estaban recuperando del último partido, mientras que el viernes la recuperación se reporta a la exigencia de los entrenamientos anteriores, al tipo de exigencia del adquisitivo y al próximo partido, evitando de esta manera el acentuar de la fatiga.

Por eso esta unidad de entrenamiento es manifiestamente discontinua. Los contextos adquisitivos-individuales presuponen acciones muy 'intensas', 'cortas' y 'limpias' en lo que se refiere a la locomoción, a la ejecución motora, que requieren tiempo de descanso significativo, pero por la proximidad del próximo partido, la densidad de estas acciones es reducida.

Como no sabemos cómo será el siguiente partido, existe la necesidad de protegerse y, por lo tanto, el número de repeticiones y la densidad de este patrón del esfuerzo tiene que ser menor que en la unidad del miércoles. El tiempo total se encuentra alrededor de 90 minutos. Reitero que aunque la parte fundamental de esta sesión de entrenamiento propone ejercicios que tengan como base elevada velocidad de contracción como patrón de la contracción muscular, los principales objetivos de cada ejercicio y de la unidad de entrenamiento no pueden dejar de estar relacionados con la forma de jugar.

Este patrón de contracción aparece como 'un medio para', un medio para hacer al jugador, como individuo, trascender y evolucionar; un medio para superar dificultades relativas al *jugar*, un medio para concretizar y habituar a determinados principios de juego. No es, de ningún modo, el 'día de la velocidad'. Con respecto a la necesidad

de que la alternancia horizontal en especificidad ocurra y el patrón de contracción muscular dominante durante la parte fundamental de la sesión sea el de elevada velocidad de la contracción, es esencial que los ejercicios permitan que las contracciones musculares se manifiesten de forma 'limpia', es decir, debemos eliminar todo lo que pueda constituirse como ruido y estorbo, haciendo que el jugador -después de recorrer a máxima velocidad una distancia de al menos 15 a 20 metros- intervenga en un corto espacio de tiempo, sin tener la necesidad de parar, reajustar y repensar el movimiento, 'pensando' demasiado para solo después ejecutar.

En resumen, durante la parte adquisitiva (individual) de la sesión de entrenamiento, debemos evitar la aparición de manifestaciones significativas del ciclo estiramiento-acortamiento, más específicamente, situaciones que puedan contener gran densidad de saltos, caídas, cambios de dirección, frenadas, en suma, el 'estorbo' del *jugar.*

Si se retiran estas características de esta parte de la unidad de entrenamiento, se promueven condiciones de facilitación para el desarrollo de la *velocidad de las velocidades* (de decisión, ejecución, del mecanismo contráctil) en el individuo.

Por lo tanto, en el viernes la incidencia fundamental recae otra vez sobre el individuo, se deben crear ejercicios en que fundamentalmente a nivel individual se maximice la velocidad de la contracción muscular, preferentemente, como ya dijimos, a través de situaciones dominantes 'no jugadas', 'asegurando' que el esfuerzo de los jugadores será más 'lineal', por lo tanto, más 'controlable' que cuando se comparan a las situaciones 'jugadas', facilitando la adquisición individual pretendida, en lo que se refiere a *la máxima velocidad de la contracción muscular individual.*

Además de facilitar la aparición constante de la velocidad de decisión, ejecución y del mecanismo contráctil, la remoción de significativas manifestaciones del ciclo estiramiento-acortamiento, durante la parte fundamental del entrenamiento, también tiene que ver con el hecho de la gran solicitud de acontecimientos que se promovió el miércoles. Si estos fuesen transportados para el entrenamiento del viernes generarían efectos nocivos, pues habría poco tiempo para recuperar, haciendo con que el equipo llegase para el próximo partido con fatiga acumulada.

> Si usted pasa lo del miércoles para el viernes y lo del viernes para el miércoles es más 'intenso' el entrenamiento que solicita contracciones excéntricas que uno que solicita velocidad de

> contracción en el desplazamiento, de ahí, más aún, la lógica del morfociclo.
>
> (Frade, 2013a, p. 424).

Adicionalmente, durante la parte fundamental de la sesión, es decir, el cuarto adquisitivo individual, es importante que la mayoría de los ejercicios creados impacten dominante en la corteza motora, aquello que realizamos con espontaneidad, aquello que es hábito.

El profesor Vítor Frade suele decir que "debemos patear para el viernes todas las acciones que tengan poco estorbo". Conforme comenta Maciel (2011b), esta alusión al 'patear' es intencional y sugiere que la densidad de ejercicios que envuelven finalizaciones[77] deberá ser, en esta parte fundamental de la sesión, mayor que en los otros días que compone el morfociclo.

> La neurobiología considera en términos temporales que una acción de juego se fecunda en un tercio de tiempo de realización (***donde los ejercicios adquisitivos deberán incidir***) y dos tercios del tiempo total se gastan elaborando la respuesta, es decir, dedicados a percibir y a decidir. Ser más veloz implica reducir estos tiempos parcelares.
>
> (Gaiteiro, 2006, p. 169).

Es importante que no confundamos la velocidad que esta unidad de entrenamiento presupone con la 'velocidad' entendida desde un punto de vista convencional. Aunque algunas situaciones ocurran bajo gran velocidad de contracción muscular y también de desplazamiento, como comenté, el objetivo también pasa por perfeccionar el tiempo y calidad de las elecciones (que deberán contener poca ambigüedad), para que el gesto motor contextual sea al mismo tiempo eficiente y eficaz, de acuerdo con los principios de juego del equipo.

Como ya se ha indicado, si para haber adquisición importa que el individuo se canse, importa que entre este tipo de repeticiones individuales, durante la parte fundamental, el jugador se recupere. Una recuperación llevada a cabo no sólo por las pausas, sino también por la estimulación de esa escala del 'hilo bioenergético', característica de este día a través de la forma jugada (Reis, 2016).

Por eso, los otros tres cuartos de la sesión de entrenamiento se llenan con ejercicios que apunten a la recuperación de las estimulaciones

---

77 Recordando que dichas situaciones de finalización deberán ser precedidas de desplazamientos que capaciten la maximización de la velocidad de la contracción muscular, donde el enfoque adquisitivo es dado al jugador sin balón, con significativa discontinuidad, proporcionando que los desempeños se manifiesten de forma breve.

de velocidad máximas promovidas durante el cuarto adquisitivo y la recuperación/predisposición del desempeño colectivo para el próximo partido[78]. Se trata de los ejercicios complementarios A y los B.

Como ya se ha explicado, por estar contemplando y actuando dentro de una esfera dominantemente recuperativa, esta parte de la unidad de entrenamiento asume el color verde claro. Los ejercicios complementarios A serán operacionalizados a través de 'situaciones jugadas', en contextos que impidan la manifestación dominante de lo que fue estimulado en la parte fundamental, no siendo muy ampliados en tiempo y espacio, ya que el gran propósito es recuperar lo que es fundamental. Así, entrenaremos en configuraciones y con tiempos de 'ejercitación' que aceleran la recuperación de lo que se ha hecho anteriormente, asegurando que, en este caso, la velocidad de la contracción muscular no sea dominante ni maximizada significativamente en los ejercicios.

Así como en la parte complementaria del miércoles, debido a que nuestra preocupación en estos ejercicios complementarios ('jugados') está centrada en la recuperación, llevaremos a los jugadores a vivir contextos con propensión a lo que queremos entrenar en términos de micro y meso principios de manera implícita, es decir, 'sin hacer un llamado' a la esfera 'consciente', existiendo la posibilidad de hacerlo -siempre garantizando la recuperación- de forma grupal, sectorial e incluso intersectorial, en régimen 'adquisitivo' en interacción asistida.

Es importante señalar que durante los diversos momentos de pausa que la sesión del viernes presupone, debemos aprovechar además de dar indicaciones e hidratar, seguir 'afinando tuercas y tornillos', es decir, promover la realización de los ejercicios recuperativos complementarios B, que como ya hemos indicado, se tratan de la afinación del organismo a través de estiramientos, algunos tipos específicos y apropiados de abdominales, dorso-lumbares.

Reforzar que esta dinámica debe ocurrir todos los días, existiendo la posibilidad de aparecer entre un ejercicio y otro, y algunas veces dentro del propio ejercicio.

> Entonces es un día con muchas intermitencias, con mucho parón. Todos los días, o casi todos los días, trabajamos abdominales y estiramientos dorso-lumbares. En estas recuperaciones, en una pausa hacen abdominales, en otra pausa van a tomar agua, en otra estiran y después volvemos a hacer abdominales y tal. Solemos hacerlo así, porque además no nos interesa tra-

78 Recordando que por estar contemplando y actuando dentro de una esfera dominantemente recuperativa, esta parte de la unidad de entrenamiento, tal como el miércoles, también asume la coloración verde claro.

bajar todos los abdominales de manera seguida, no es lo que buscamos. Entonces nos vienen fabulosos estos parones para poder aprovechar y hacer estas cosas, ¿no?. Porque son muy importantes en la Periodización Táctica, y hay gente que cree que no, pero es fundamental también.

(Tamarit, 2013a, p. 395)

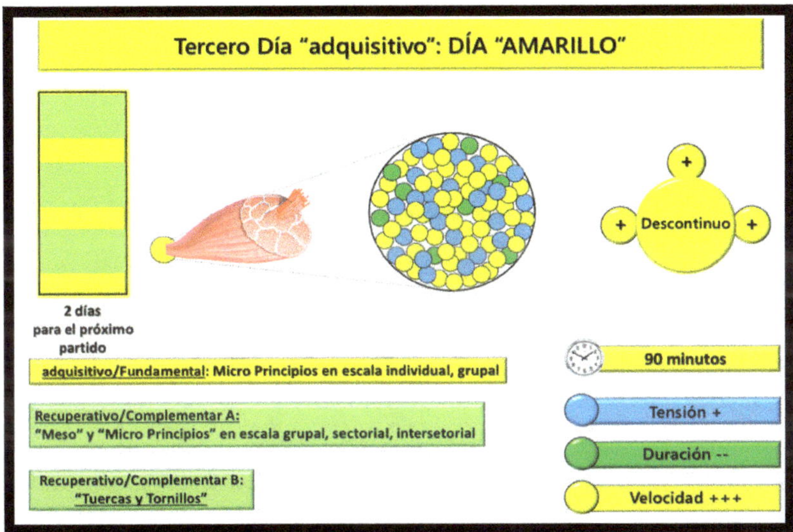

Esquema explicativo del entrenamiento del viernes (dos días antes de la próxima competencia), en el morfociclo patrón.

3.4.4.8 Sábado (un día antes de la próxima competición): Recuperación dirigida a la competencia

En el sábado, como estamos a solo un día de la próxima competencia, tenemos que necesariamente contemplar la recuperación del equipo (de modo que tengamos condiciones de competir a nuestro máximo nivel al día siguiente) y al mismo tiempo preactivar a los jugadores para lo que serán llamados a manifestarse el domingo. Por eso, en este día desarrollamos la recuperación dirigida a la competencia.

Esto se hará a través de contextos con baja complejidad, por períodos muy cortos, con larga recuperación y con 'elevada' velocidad de

anticipación[79]. Se incide en escalas del *jugar* consideradas relevantes, pero sin dar énfasis al lado adquisitivo, porque el propósito es evitar grandes solicitudes en términos de concentración y esfuerzos, ya que habrá juego al día siguiente.

Por lo tanto, así como verificamos, el martes la dominancia está claramente en el lado de la recuperación y no en el de la adquisición. Por causa de esta configuración, el color que representa este día es el amarillo claro, resultante del amarillo del día anterior con el blanco del descanso, ya que existen grandes preocupaciones con la recuperación de los jugadores (de las sesiones de entrenamiento realizadas a lo largo de la semana) y el despertar/colocar el organismo en estado de alerta para el partido siguiente.

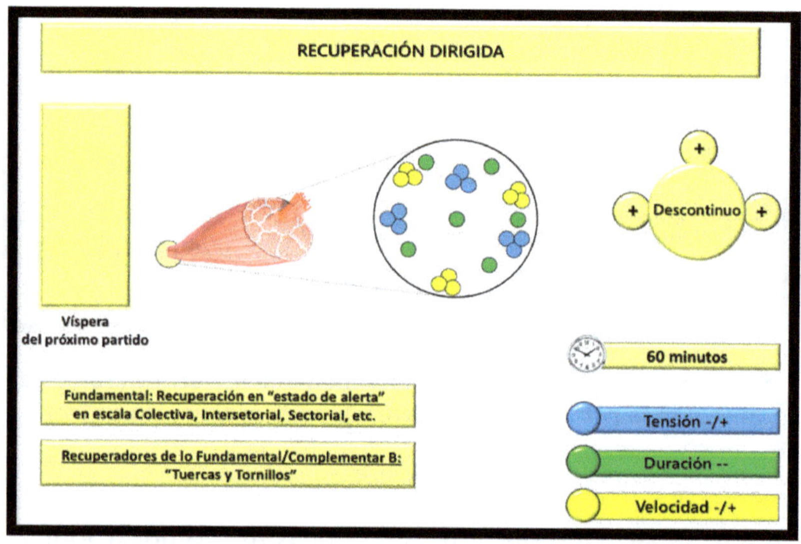

Esquema explicativo del entrenamiento del sábado (un día antes de la próxima competición), en el morfociclo patrón.

Para Jorge Maciel (citado por Tamarit, 2013b), los ejercicios deben tener una duración reducida y pueden variar en el número de jugadores implicados y en las dimensiones de los espacios de 'ejercitación', según la escala de organización colectiva (individual, sectorial, inter-

79 **La velocidad de 'anticipación'**: De acuerdo con Vítor Frade, está relacionada a la densidad de la complejidad del juego, de la anticipación y 'previsión' del escenario futuro, 'sin' desgaste significativo implicado en la vivencia de las 'ejercitaciones'. Se trata, por lo tanto, de una configuración que lleva a una sobreestimulación conjunta de las neuronas espejo, hipocampo, corteza parietal, corteza prefrontal, sin desgaste significativo en la variabilidad de la solicitud de la corteza motor.

sectorial, colectiva) sobre la cual el entrenador desea incidir en determinado ejercicio.

Por lo tanto, los ejercicios se caracterizan por la no exigencia adquisitiva, por la necesidad de recuperar y predisponer a los jugadores para la competencia sin que eso acarree fatiga. Los contextos de propensión en el sábado deben presentar situaciones de juego que tengan un poco de todo lo que el juego tiene, aunque sean en una escala menor y con el mínimo de fatiga implicada. Por lo tanto, deben ser realizados por períodos muy cortos, sin gran esfuerzo y muchas veces sin oposición.

Se trata de ejercicios donde se recrea el juego, teniendo como telón de fondo el *jugar* y la posibilidad de que dicho *jugar* se manifieste al día siguiente, siendo que el objetivo central de este día, además de la recuperación, pasa por actuar sobre los jugadores en el sentido de activar y dejar latentes algunos de los automatismos relativos a la dinámica del equipo.

José Mourinho dice que en este entrenamiento realiza una introducción a la competición, eliminando todo lo que representa un desgaste perjudicial para el partido del día siguiente, reduciendo la complejidad de los ejercicios, los espacios de 'ejercitación' y aumentando los tiempos de recuperación. Pone en evidencia –sin pretensión adquisitiva– los principios de su *jugar* que considera relevante en régimen de contexto *táctico-estratégico,* pero sin gran complejidad y estorbo, tal como él mismo resalta. "***El sábado, si el producto final se ha acabado, trabajo más el lado estratégico, pero más 'teórico', casi sin competitividad. Es un entrenamiento en régimen de recuperación, pero de introducción a la competencia***" (Mourinho, citado por Gaiteiro, 2006, p. 170).

De este modo, el gran propósito pasa por vivenciar estas situaciones de modo a apenas revivirlas sin que eso genere desgaste y fatiga, ya que habrá partido al día siguiente. En la víspera del encuentro lo que está entrenado está y lo que no está, no será en esta sesión que vamos a pretender adquirirlo. Cuando mucho, viviremos una situación u otra de modo breve, sin fatiga implicada, recuperando y dirigiendo al equipo para el próximo enfrentamiento.

> El sábado desarrollamos la 'predisposición para el partido'. De la misma manera que hay una recuperación y que la recuperación tiene el objetivo de facilitar la capacidad de somatización de lo que pretendemos, en la predisposición procuramos hacer que los jugadores estén en las máximas condiciones para jugar. Por eso, no se puede hacer lo que se hará el día siguiente como algunos entrenadores les gusta hacer -que creo que es un mecanismo de defensa para sentirse más seguros-. "Quiero que

> el equipo remate, entonces voy a hacer remates para ver si el equipo está rematando bien". Cuando solo está dificultando la capacidad de realización para el día siguiente:¡la competencia!.
>
> (Gomes, 2013, p. 335).

Por eso, el 'entrenamiento' de las acciones a balón parado (que deben ser entrenadas y distribuidas a lo largo de los varios días del morfociclo) también podrá ser contemplado en este día, siempre que atienda a las particularidades de esta unidad. Un entrenador, al no tener en cuenta las características recuperativas que esta unidad de entrenamiento exige, exagerando en las acciones a balón parado, podrá poner en riesgo la capacidad del equipo y jugadores de competir al máximo nivel al día siguiente.

> Hay una tendencia muy grande para los días anteriores a la competencia, especialmente el viernes y el sábado, en dar gran énfasis en aspectos de complejidad creciente y en contextos excesivamente jugados, con mucho estorbo. Esto es para mí un error, porque por el tipo de desempeño que eso requiere, no permite estar fresco en el momento de la competencia. Creo que esto no se torna más evidente, por constituirse como una tendencia general y como tal, motivar que la generalidad de los equipos compita en igualdad a nivel de la no frescura. Todo por el no cumplimiento de la alternancia sugerida por el morfociclo patrón.
>
> (Maciel, 2011b, p. 16).

Por lo tanto, en este día se debe tener mucha sensibilidad en lo que se hace durante la sesión de entrenamiento, de modo a estar permanentemente garantizando la recuperación y la correcta preactivación, para que el equipo como un todo pueda estar en sus máximas condiciones para el partido del día siguiente, lo que motiva a que esta sesión sea bastante discontinua, con muchos intervalos y con densidad muy baja.

En suma, esta unidad de entrenamiento tiene como objetivo activar sin cansar, para descansar. "*Se busca dar una configuración al entrenamiento que permita crear en los jugadores la ilusión de que se entrenaron, pero en realidad nada de significativo hicieron en términos de desgaste*" (Maciel, 2011c, p. 8-9).

3.5 Morfociclo con partidos separados por seis días (domingo a sábado)

> No quadro competitivo
> de qualquer fenomenologia
> assim assumida...
> A do futebol não é excluída,
> a concepção dos outros pode
> não ter nada a ver contigo,
> e ter mais ou menos um dia
> entre jogos, se calhar melhor fode...
> o que a recuperação devia ser
> E assim, é só uma questão de tempo
> p'ro processo se foder...
> e não se ter sequer refletido
> ser no ter "mais-dias",
> o não recuperar a contento
> e depois de tudo ter fodido
> crescem p'ra cegueira as miopias,
> A empiria é fundamental
> mas, se a miopia conceptual
> for superada...
> e com percursos
> procurando recursos,
> até noutra não habitual estrada.
>
> (Frade, 2016 p. 851).

Así como vimos, el morfociclo patrón se reporta a una lógica de operacionalización basada en partidos de domingo a domingo. Sin embargo, no pocas veces durante las competiciones, los equipos tendrán que jugar dos partidos en un espacio temporal de seis días, como por ejemplo, domingo a sábado, es decir, hay un día menos para entrenar.

Ya sabemos que tras un esfuerzo, un partido de máxima exigencia, para que el equipo consiga realizar otro esfuerzo de máxima exigencia,en su máxima disponibilidad a todos los niveles sin obstaculizar lo que es su fluidez funcional, solo lo conseguirá hacer sólo cuatro días después. O sea, si jugó el domingo, sólo el jueves estará en condiciones de hacerlo de nuevo.

Ya he señalado también que es el jueves el día en que se desarrolla la gran fracción del *jugar*, entrenando predominantemente los macro principios, en configuraciones que se aproximan mucho a las de la competición formal. Esta es la unidad de entrenamiento, entre todas las demás, que más desgaste y adquisición presupone. Es importante

recordar que esto sucede porque esta sesión de entrenamiento está temporalmente más alejada de la competencia anterior (cuatro días) y de la que se aproxima, donde aún existen dos entrenamientos (el viernes y el sábado) y algunas horas más el domingo, lo que garantiza el tiempo suficiente para recuperarse del esfuerzo del entrenamiento del jueves, permitiendo que el equipo esté en sus máximas condiciones para competir.

Sin embargo, cuando hay partidos de domingo a sábado no hay dos entrenamientos para recuperarse del esfuerzo del jueves (gran fracción del *jugar*), ¡tan so lo uno! Por eso, siendo el entrenamiento de la gran fracción del *jugar* el más desgastante, y si nuestro objetivo es tener el equipo en plenas condiciones de funcionalidad y fluidez para competir, teniendo un día menos para entrenar y no sabiendo lo que en el próximo partido nos espera, tenemos que necesariamente salvaguardarnos, entonces lo que se debe hacer en estas circunstancias es retirar el entrenamiento más complejo, o sea, el de la gran fracción del *jugar*.

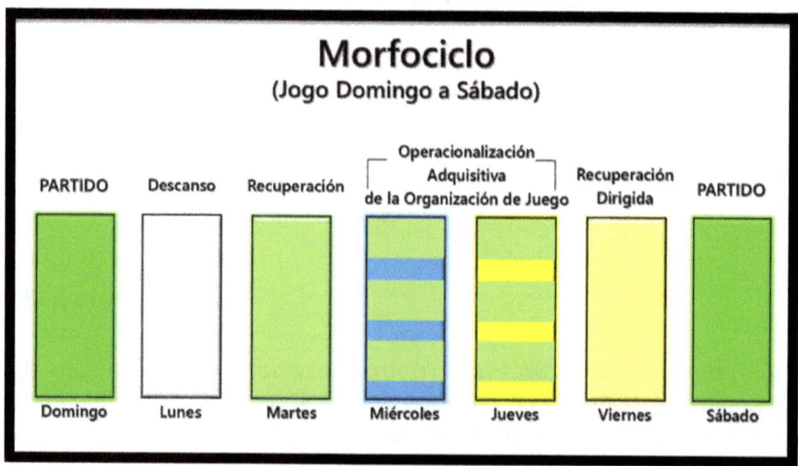

Morfociclo con juegos separados por seis días (domingo a sábado).

> ¡Es todo una cuestión de prioridades! ¡Porque lo que voy a querer es el equipo fresco! Y si quiero el equipo fresco, es tal idea la que necesito. Si yo entreno con exigencia máxima, si es importante entrenar porque es importante que haya fatiga, pero es importante que haya fatiga para que después haya recuperación y reestructuración hacia un nivel superior, tengo que respetar a la cuestión de la relación desempeño-recuperación. Si tengo un día menos para entrenar, tengo que considerar aún

> más lo que voy a hacer en cada uno de los días, porque el siguiente partido está más cerca y aunque reconozco que el entrenamiento del jueves, el día en que entrenamos los grandes principios, donde entrenamos a la matriz global, sea de hecho un entrenamiento importante, él es también el más agotador. Y si es el más agotador, nosotros al tener un día menos para entrenar, tenemos que necesariamente sacarlo.
>
> (Amieiro & Maciel, 2011).

3.6 Morfociclo con tres partidos a la semana

> Es fundamental percibir que cuando la densidad competitiva es grande, lo más relevante es recuperar y entender que en tales circunstancias menos es más. Ustedes en Brasil dicen que 'mucha agua mata la planta'. El exceso de entrenamiento mata a los jugadores y consecuentemente al equipo.
>
> (Maciel, 2011b, p. 16).

> Por lo tanto, lo que tenemos que hacer en los días que intermedian las competencias es recuperar. Porque si están cansados,¡tenemos que recuperarlos!
>
> (Gomes, 2013, p. 346).

> Yo suelo decir, aunque pueda parecer una paradoja, que a este nivel *top*, es más importante la recuperación que el entrenamiento. Se suele decir que es tan importante el entrenamiento como la recuperación, pero es mucho más importante la recuperación que el entrenamiento porque para jugar a *top*, hay que jugar con un cierto dinamismo y con una cierta capacidad de concentración. Preciso estar fresco y solo lo logro si estoy recuperado.
>
> (Frade, 2010, p. 114).

Ahora pasaré a abordar una realidad (que más parece un dilema) a la que todos los equipos de *top* están sujetos y necesitan gestionarla de la mejor manera posible: tener que competir en las máximas condiciones posibles, siempre, jugando tres partidos por semana.

En Brasil, por ejemplo, durante las competencias nacionales (Primera, Segunda, Tercera, Cuarta División) y estaduales, los equipos pasan buena parte del año compitiendo tres veces por semana, con el agravante

de tener que realizar grandes desplazamientos para jugar, gastando mucho tiempo en viajes, hoteles y aeropuertos. Los partidos pueden ocurrir en días como: domingo-miércoles-domingo; domingo-miércoles-sábado; sábado-martes-domingo; domingo-jueves-domingo.

¿Qué hacer en estas circunstancias? ¿Cómo y qué entreno, sabiendo que muy posiblemente el próximo partido ocurrirá sin que la debida recuperación del equipo, como un todo, haya ocurrido? Creo que sólo hay una respuesta: lo que hay que hacer es recuperar.

Maciel (2011b) expone que es absolutamente imprescindible comprender que cuando la densidad competitiva es grande, lo más importante es recuperar y entender que en estas circunstancias cuanto menos entrenar en términos adquisitivos (y aquí considerando el adquisitivo colectivo) mejor. Para este entrenador, entrenar en exceso, aún más durante una elevada cantidad de partidos, podrá 'matar' al equipo y a los jugadores.

De este modo, lo que se debe hacer es recuperar y preparar a los jugadores para los partidos que se avecinan, para que estén en las mejores condiciones posibles para competir, sin fatiga acentuada; lo que posiblemente ocurrirá si no se respeta el proceso de recuperación (ya aquí presentado) y se incide en el aspecto adquisitivo dominantemente.

Jorge Maciel explica que los momentos de competencia son altamente desgastantes, no solo por las implicaciones bioenergéticas diversas que producen, sino también por ser altamente adquisitivos:

> Cuando el tiempo entre partidos se acorta, no hay que tener miedo de 'no entrenar'. Una condición necesaria para adquirir pasa por crear condiciones para adquirir, y esto se hace posible si los jugadores estén frescos. De este modo, la gran preocupación pasa por acelerar la recuperación estimulándolos sin inducir fatiga, de modo que con la mayor brevedad posible ellos estén disponibles. Si acelero la recuperación para después volverlos a fatigar en entrenamiento, lo que quiero que suceda, en los momentos en que quiero que suceda, en los momentos de competición, no va a aparecer. El equipo va a querer y no poder, será un equipo zombi, con buenas intenciones pero sin disponibilidad mental y motora para concretizar la gestualidad que el partido implica, o al menos en el *timing* que el partido requiere.
>
> (Maciel, 2011b, p. 16).

De aquí podemos comprender la extrema importancia que el período denominado preparatorio, 'pretemporada', asume para los equipos,

principalmente los de *top*, en el sentido de la necesidad de -desde el primer día- rentabilizar al máximo el tiempo para intentar desarrollar y perfeccionar la dinámica del *jugar* lo más rápido posible, y no menos importante: acostumbrarse a una dinámica de esfuerzo y recuperación que permita contemplar la realidad competitiva que será vivenciada a lo largo de la temporada. Simplemente no hay tiempo que perder.

Con respecto a la gestión de la recuperación en períodos de gran densidad competitiva, Maciel (2011b) aborda una de sus experiencias cuando estaba entrenando en Libia:

> Nuestra experiencia en Libia fue muy enriquecedora también por esta problemática de la recuperación. Para nosotros era un imperativo, porque cuando llegamos, el equipo estaba con muchos partidos atrasados con respecto a los demás, porque había estado disputando hasta las semifinales eliminatorias de la CAF Cup. Lo que motivó que la densidad de partidos de nuestro equipo fuera bastante grande, teniendo generalmente entre cuatro a cinco días entre partidos. Ante este escenario, nuestra gran preocupación era decidir qué hacer para dar a entender que entrenábamos, pero que en realidad poco hacíamos. La prioridad era mantener a los jugadores motivados y satisfechos por venir al entrenamiento, acelerar la recuperación dándoles estímulos que tenían que ver con lo que queríamos, en términos de detalle, sin que les estuviésemos a inducir acrecimos de fatiga. La verdad es que nuestro equipo, a pesar de ser el que mayor densidad competitiva presentaba, era también el más fresco y eso nos sirvió bastante. Creo que fue determinante ese tipo de preocupación y las evidencias eran claras. Por ejemplo, marcábamos muchos goles a partir de los 70 minutos. Los equipos adversarios conseguían aguantar una intensidad buena durante algún tiempo, y aquí me refiero, al hecho de ser capaces de concretizar lo que pretendían, pero después se notaba la falta de frescura para mantener tal intensidad y acababan por dejar de crear los problemas que generaban cuando estaban frescos. Nosotros, por el contrario, conseguimos mantener una intensidad de juego muy estable durante la totalidad del partido y cuando los demás bajaban por falta de frescura, nosotros éramos superiores, lo que era evidente porque conseguíamos más goles en los períodos finales y por el hecho de lograr jugar dominante en el mediocampo contrario. Fue una experiencia muy rica también por eso. Por supuesto que aquí también se deben considerar otros aspectos, como la concepción de juego y las sustituciones, pero fundamentalmente el aspecto más decisivo provenía de la forma de entrenar, 'no entrenando'.

Por lo tanto, es absolutamente imprescindible que haya recuperación, sea con descanso o con entrenamiento (de recuperación y recuperación dirigida a la competencia) durante los días entre las competiciones, donde debemos seguir la lógica del morfociclo patrón, apenas adaptando a las circunstancias temporales de cada situación y contexto.

Marisa Gomes (2013) aclara que existen diferencias muy sustanciales en el proceso y en el entrenamiento de recuperación cuando el equipo juega sólo dos veces por semana (domingo a domingo, por ejemplo) que cuando juega tres veces.

La entrenadora portuguesa explica que se trata de recuperaciones diferentes, no solo por el lado fisiológico, sino también por el lado de la proyección cerebral y de la somatización de los jugadores, ya que son completamente diferentes cuando se sabe que el próximo juego será en tres días (miércoles, por ejemplo) de lo que cuando será enuna semana (el otro domingo, por ejemplo).

> Este lado tiene preocupaciones diferentes porque vamos a encontrar patrones de exigencia completamente distintos en un espacio de tiempo muy corto. Entonces, es frecuente que los equipos pierdan los partidos en el fin de semana antes de los partidos de la Champions League. Los entrenadores se quejan diciendo: "¡Ya están pensando en el próximo partido!". ¿Y esto resulta de qué? Del hecho de que los jugadores están procesando las vivencias de la competencia de domingo y referencian algunos aspectos para el partido de la Champions League. La proyección no es para ahora, ¡es para dentro de cuatro días! ¿Qué es lo que hace? Lleva a que no haya una espontaneidad en las interacciones de los jugadores para determinar las circunstancias del juego. Sabemos hoy que el área de estimulación o de funcionalidad cerebral para proyectar una cosa que vamos a hacer pronto o mañana y para dentro de un mes es completamente diferente.
>
> Cuando estamos pensando en una cosa que vamos a hacer, sentimos esa diferencia. Imagínese: un viaje que vamos a hacer dentro de un mes. El día de hoy es 'digerido' de manera diferente del día de mañana. Por ejemplo, no haría -teniendo en cuenta lo que fue el partido de domingo y que el próximo será el miércoles- un patrón de exigencia diferente, porque eso hará que los jugadores tengan que 'digerir' cosas que no son habituales. Es por eso que la «repetición sistemática» en la Perio-

> dización Táctica es la presentación semanal del morfociclo, es decir, como la invariancia matricial fundamental, o sea, esencial.
>
> (Gomes, 2013, p. 348).

De esta manera y teniendo en cuenta esta realidad, la preocupación en el 'recuperar' en un morfociclo de tres partidos, tendrá, necesariamente que ser 'diferente' del morfociclo patrón. La lógica es la misma, pero las circunstancias cambian y, por lo tanto, requieren otro tipo de planificación e intervención. Sin embargo, no hay que dejar de tener en cuenta que el patrón es recuperar.

> Nuestra preocupación de domingo es una preocupación temporal completamente diferente, pues sé que tengo juego el miércoles. En esta situación tengo lunes y martes antes del próximo partido. Incluso en términos de proyección de lo que podrá ser el juego el miércoles, no es lo mismo porque los jugadores todavía están ocupados, digámosle así, con lo que sucedió el domingo, porque el proceso de somatización se prolonga por varios días. De este modo, la recuperación es dominante en lo que hago el lunes, más teniendo en cuenta el desgaste de domingo, ya con matices de lo que voy a hacer el miércoles. Lo que es diferente porque mi gestión espacio-temporal es diferente.
>
> (Gomes, 2013, p. 347).

Esto es porque son 'efectos retardados del (de los) desempeño(s)' diferentes. Por lo tanto, para la Periodización Táctica, existe una lógica que importa percibir y respetar en los momentos en que la densidad competitiva es grande, donde la recuperación es una necesidad.

En esta realidad, la forma en que el equipo va a recuperar es lo que podrá variar, en términos de operacionalización -aunque obedeciendo la misma lógica-. O sea, no hay recetas, todo dependerá del momento que el equipo vive, de la sensibilidad del entrenador para percibir cuándo se debe dar vacaciones o no; si debe marcar entrenamiento por la mañana o por la tarde; si debe dar dos días de descanso o si no debe dar ninguno.

En suma, la recuperación no es hecha por receta, sino por las circunstancias y el contexto que el equipo vive. En términos ideales, la lógica sería la de descansar al día siguiente del partido, teniendo los otros días rellenados con recuperación o recuperación dirigida a la competencia. Sin embargo, aunque sea el 'ideal', en una determinada altura y contexto puede no serlo, y el entrenador deberá identificarlo.

En este 'morfociclo' con tres partidos en la semana, la recuperación es diferente porque tenemos lunes y martes para recuperar, ¡y el miércoles es dominado/controlado por mí (*en el morfociclo patrón*)! Y, por lo tanto, en estos dos días entre los juegos tiene que ser, sí o sí, de recuperación, porque tienen que ser capaces de competir dos días después. ¡Es muy poco tiempo! De ahí haber hablado anteriormente de la sensibilidad del entrenador para gestionar eso. Además, es fundamental recuperar con sentido para decidir si los jugadores van a quedarse en casa, o van a entrenar, o hacen rondos, o hacen vóley-fútbol, si entrenan una vez o dos... ¡es que tiene que haber mucha sensibilidad del entrenador!

(Gomes, 2013, p. 347).

¡Mucha sensibilidad! Como decir, por ejemplo, al final de un partido, decir: "Mira, tú, tú y tú, mañana no van a entrenar". ¡Hay jugadores que se desgastan y 'solo' necesitan no ir a entrenar! Sin embargo, esto puede tener un efecto contrario porque un jugador está en conflicto con algo y no va al entrenamiento. Puede entenderlo como premio cuando pretendemos que sea lo contrario. Ahora, si él quiere ir a entrenar y no lo dejamos, eso tiene que ver con los efectos que pretendemos para él y para el equipo.

(Gomes, 2013, p. 332).

Un aspecto que quizás sea pertinente referir en relación a la cuestión planteada pasa por dar vacaciones o no el día después del partido. Debe ser un aspecto ponderado y que depende también de las circunstancias en que nos encontramos. Por regla general, no liberaría el día después del partido con el propósito de que lo que voy a hacer en el entrenamiento permita que se recuperen lo más rápidamente posible. Sin embargo, hay alturas en las que debo ponderar la posibilidad de dar descanso. Y siempre que sea posible debo hacerlo. Si hasta el cuerpo técnico siente fatiga en estas alturas, imagínese a los jugadores. El estado de saturación de los jugadores y cuerpo técnico puede ser altamente pernicioso y corrosivo, lleva al mal entrenar, al mal concretizar (jugadores y entrenadores) y por lo tanto al malestar. Cuando el equipo entra en un período de elevada densidad competitiva, con varias semanas consecutivas jugando más de un partido, cuando el patrón se convierte en este y la rutina es: entrenamiento, viaje, concentración, partido, viaje, entrenamiento, debemos tener sensibilidad e inteligencia

> de conceder un día libre. Muchas veces la gente dice "los jugadores ganan mucho dinero, así que tienen que trabajar y no tener vacaciones". Pero las personas que dicen eso no saben cuán agotador es para un jugador hacer la rutina que mencioné, con el agravante de la presión, de los desplazamientos, esperas y estancias en hoteles y aeropuertos. En estos contextos es muy 'sano' para ellos e incluso para nosotros, cuerpo técnico, desconectarse de tal realidad.
>
> (Maciel, 2011b, p. 17).

> En un morfociclo de sábado a sábado, lo que experimentábamos y aúnen el FC Porto sucedía regularmente, es que dábamos descanso el día después del juego y, a veces, dábamos dos días. Por lo tanto, a veces sentíamos que la mejor forma de recuperarse, desde el punto de vista mental y esto ya no tiene que ver con cuestiones teóricas, tiene que ver con lo que es su sensibilidad para percibir lo que los jugadores y el equipo necesitan. A veces otorgábamos dos días porque sentíamos que los dos días permitían a los jugadores recuperarse más fácilmente desde el punto de vista mental y si se recuperaban más fácilmente desde el punto de vista mental, se iban a recuperar más fácilmente desde el punto de vista fisiológico. El estado de ánimo es una cosa importante porque el sentirte bien, tu estado emocional permite una mayor recuperación global.
>
> (Faria, 2007, p. XXV).

Teniendo en cuenta cuán desgastante puede ser para un jugador disputar muchos partidos en secuencia, el jugador inglés Frank Lampard cuenta que ante la gran densidad de partidos que venía enfrentando,el entrenador del Chelsea (José Mourinho, en su primer paso por el club) a veces le preguntaba si quería jugar el domingo o prefería descansar.

> Por ejemplo, cuando un entrenador ve a un determinado jugador cansado. Unos dicen: "¿Ah, estás cansado? Entonces, tienes que entrenar cansado para jugar así ¡porque después cuando estés fresco vas a jugar aún mejor!". Otros son sensibles y dicen: "Estás cansado. Te vas a descansar". Son manifestaciones de pensamiento diferentes y opuestas. Así se apura la sensibilidad de los entrenadores. Por lo tanto, la Periodización Táctica necesita de esta sensibilidad y de esta modelación. De ahí decir que esta concepción metodológica es sobre todo una práctica. Y no es sólo para quien lo juega, también para quien lo modela.
>
> (Gomes, 2013, p. 316-317).

Como hemos visto, la Periodización Táctica requiere gran y rápida sensibilidad del modelador/entrenador (que a su vez será mayor en la medida en que éste mejor comprende la Periodización Táctica), no solo para identificar cuándo algunos jugadores y el equipo deben o no entrenar, sino también en el momento de definir cómo se hará el proceso de recuperación, ya que éste está claramente dependiente de lo que las circunstancias y el contexto exigen, lógicamente que soportado por la lógica del morfociclo patrón.

Cuando a Tamarit (2013a) se le preguntó si en una semana en que su equipo jugaba un domingo, miércoles y domingo introduciría la dimensión estratégica con alguna relevancia en el entrenamiento del lunes (después de haber jugado el domingo y el siguiente juego será el miércoles), el entrenador español subrayó la importancia de ajustar a las circunstancias:

> Depende de las circunstancias. Depende del partido que hayas tenido y cómo veas a tu equipo, tus sensaciones y muchas cosas. Eso es la sensibilidad del entrenador, al final.
>
> (Tamarit, 2013a, p. 397).

Por lo tanto, como podemos verificar, no existen reglas fijas, sino una lógica que se adapta a las circunstancias, ya que la modelación es algo que requiere la divina proporción.

Cada circunstancia, como ya he dicho, exige un determinado tipo de intervención, planificación y coherencia, tal como Xavier ejemplifica cuando refiere a que no es lo mismo jugar el domingo por la mañana, que el domingo por la tarde o por la noche; si ha sido un partido fácil o si ha sido un partido difícil; si el equipo tuvo que viajar o no; si el juego fue en un terreno perfecto o si llovió y el campo no estaba en buenas condiciones.

"*Es decir, debemos siempre tener todo en cuenta. Ahí está otra vez el patrón de la complejidad*" (Tamarit, 2013a).

"*Si yo fuera entrenadora de top, no haría el entrenamiento de recuperación a la misma hora, y podría decidir después del partido, en función de la emergencia de lo que pretendo. Depende de la hora del partido, de lo que sucede*" (Gomes, 2013, p. 327).

Por las declaraciones presentadas en esta sección, podemos comprobar que, de hecho, el modelo es todo, pero no es un 'todo' cualquiera. Cuando nos enfrentamos con una semana de tres partidos, los entrenamientos entre partidos deben contener dominantemente lo que se preconiza en los entrenamientos de recuperación y recupera-

ción dirigida a la competencia, en el morfociclo patrón, en los que la esfera adquisitiva no debe ser la dominante.

Se debe primar por la recuperación para que el grupo de jugadores y el equipo como un todo puedan competir permanentemente en sus máximas condiciones de desempeño, manifestando su *jugar* con regularidad y calidad.

La gestión de la adquisición en medio a entrenamientos de recuperación deberá ser hecha con extrema sensatez y mucha sensibilidad, de modo a no hipotecar la recuperación y las condiciones de funcionalidad y fluidez del equipo para el próximo partido.

Deberá ser una gestión muy cuidadosa y podrá ser hecha, en mi opinión, dominante a través de conversaciones, videos, que puedan corregir errores inherentes al partido anterior, que valoren los aciertos, que proyecten informaciones relevantes al próximo adversario (dimensión 'estratégica').

Los ejercicios de campo para adquirir ocasionalmente podrán ocurrir, pero deberán ser hechos en contextos de baja complejidad, sin poner en jaque la recuperación de los jugadores y del equipo en su totalidad y, por supuesto, sin ser dominante.

Por los motivos que presenté en este capítulo, queda claro que la gestión de estos días debe ser hecha con parsimonia, sensibilidad al contexto y teniendo como dominancia la recuperación como preocupación principal. Para fines didácticos, pongo aquí dos ejemplos de posibles morfociclos para una semana que contenga tres partidos:

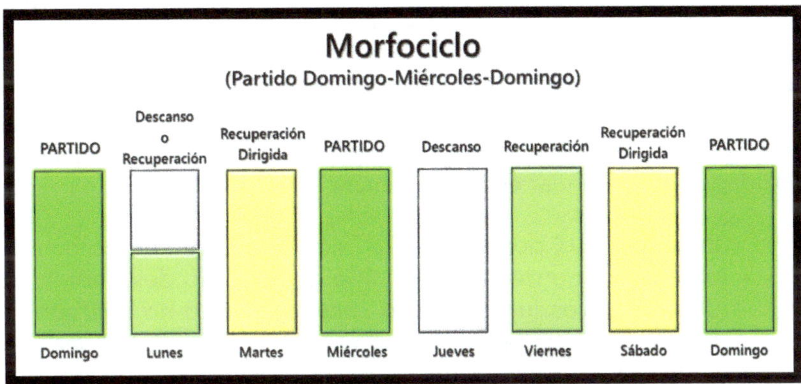

Ejemplo de cómo podría quedar un morfociclo con juegos domingo-miércoles-domingo.

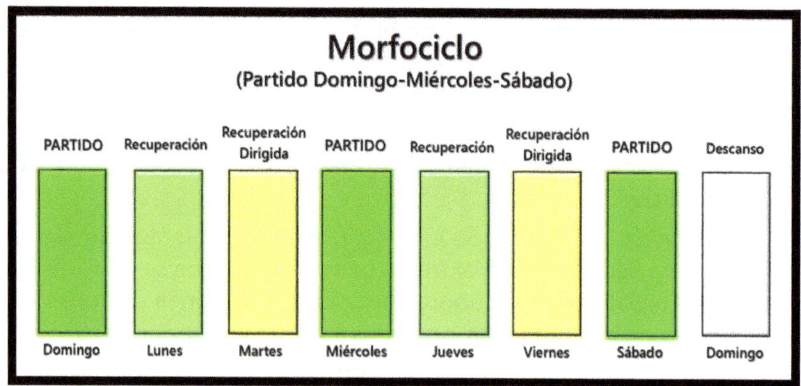

Ejemplo de cómo podría quedar un morfociclo con juegos domingo-miércoles-sábado.

3.7 La gestión del desempeño-recuperación de los jugadores que fueron utilizado y/o relacionados

Para finalizar el abordaje del morfociclo, un aspecto a resaltar es la condición de los jugadores que en el último partido poco actuaron, o no actuaron, o aún, que a menudo no juegan.

Se trata de una gestión compleja y que debe hacerse con coherencia y sensibilidad, ya que si la relación desempeño-recuperación para los jugadores que juegan con menor frecuencia en la plantilla no es contemplada, los mismos tenderán a tener decrecimientos significativos en su performance. Por eso, debemos tener en mente algunas 'estrategias' para que estos jugadores no manifiesten involución en sus desempeños y en su motivación. Maciel (2012b) relaciona algunas posibilidades para atenuar esta problemática:

> Entiendo que, por ejemplo, el recurso a partidos combinados para el día de descanso (para la generalidad del plantel), implicando a los jugadores no convocados y/o no utilizados, si está debidamente encuadrado, se constituye como una gran ganancia. En Libia encontramos una plantilla ya formada, pues empezamos a entrenar con la época ya transcurriendo, y estos partidos fueron muy importantes.
>
> Aunque teníamos una plantilla de calidad, llegamos a tener más de 30 jugadores en entrenamiento y por motivos diversos (fatiga, castigos, selecciones, lesiones, casos disciplinares) en los

> 10 partidos que realizamos, nunca repetimos un once titular. ¡Vencimos en ocho y empatamos los otros dos! Por supuesto que para llevar a cabo esta estrategia, a veces los jugadores (normalmente los convocados no utilizados) tendrán que abdicar de su día de descanso, pero si se les plantea esa hipótesis a priori y ellos sienten en la continuidad que se trata de un estímulo relevante, no les importará, serán incluso ellos mismos a solicitar que tales partidos se realicen, por sentir que se constituye como un estímulo adquisitivo relevante y por sentir que el entrenador entiende aquel momento como importante.
>
> (Maciel, 2012b, p. 4).

Hay algunos campeonatos, como el argentino, en que en paralelo a la competencia principal existe el campeonato de reservas. El jugador que no es aprovechado por el equipo principal para el partido del campeonato, tiene la oportunidad de jugar y tener esfuerzos similares a los del grupo principal y el mismo día, aunque jugando por el equipo B.

Sin embargo, no son todos los campeonatos los que tienen esta herramienta, siendo el *Brasileirão* un ejemplo. Por lo tanto, debemos siempre estar en busca de soluciones, siendo una posibilidad, como ya propuse durante el abordaje de la recuperación activa en el morfociclo patrón, dividir a los jugadores en dos grupos durante el entrenamiento de recuperación, un grupo de los que jugaron y otro de los que no jugaron, o lo hicieron poco.

Idealmente hablando, sería interesante que el entrenador principal entrenara el grupo de los que no actuaron, ya que constituye un factor de motivación y valoración de estos jugadores. De este modo, el entrenamiento de los 'no convocados' permitiría a los jugadores tener un nivel de desgaste significativo, lo que, por consiguiente, les permitiría atenuar un poco los efectos de no haber competido en el partido anterior.

Ahora imaginen que el mismo día del partido, el entrenamiento para no convocados ocurrió y tres de los siete suplentes que estaban en el banquillo, jugaron un tiempo relativamente considerable, de modo que no necesitaban entrenar de manera adquisitiva, sino de recuperar. ¿Y qué hacer con los cuatro jugadores que quedaron en el banquillo apenas viendo el juego? ¿Someterles a un estímulo luego después del partido? ¿Entrenarlos por separado en el entrenamiento en que la totalidad del grupo se recupera? Se trata de una situación que debe ser considerada y gestionada con sensibilidad e inteligencia.

Para Tamarit (2013a), cuando la densidad competitiva se acentúa, donde se compite en un espacio de tiempo muy corto, se deben tener aún más cuidados en esta gestión. Este entrenador refiere un ejemplo

de su realidad, donde en aquella época (Valencia C.F. femenino), no tenía condiciones de entrenar a las jugadoras que no eran convocadas.

Lo que ocurría en estas condiciones, es que durante los entrenamientos de recuperación el entrenador tenía que pensar muy bien en qué hacer con estas jugadoras que no tuvieron el estímulo de la competencia formal. Una posible estrategia en el morfociclo patrón para estas jugadoras era la de entrenarlas en un grupo separado de las jugadoras que estaban recuperando (como ya he evidenciado), promoviendo estímulos que se acercasen al máximo posible a los de la competencia, a todos los niveles. Esta 'estrategia', como dijo Tamarit, era frecuente cuando se competía de siete en siete días, pero y ¿cuándo hay una nueva competencia en apenas dos o tres días? ¿Qué hacer?

> Por supuesto que para las jugadoras que no jugaron el domingo no podría ser como sería un martes 'normal', porque es posible que usted las necesite en dos días y, por lo tanto, no puede ser igual: complejidad de los ejercicios muy baja, lo estratégico visto desde un punto de vista más teórico, intentar recuperarlas y, a lo mejor, puedes entrenar algo táctico, pero con poca complejidad. Como hemos dicho, procurar activar este patrón bioenergético de nuestra forma de juego. Para mí estos días son así.
>
> (Tamarit, 2013a, p. 398).

Cuando se le preguntó si admitiría entrenar todos los días durante una semana en que hubiese tres partidos, Tamarit refirió las circunstancias que su contexto en aquella época imponía: si da fiesta es para todas las jugadoras, por no haber posibilidad de entrenar a un grupo reducido (las jugadoras que no jugaron o poco jugaron en el último partido). Hecho que lo lleva a gestionar esta gestión con mucha sensibilidad y sentido de *divina proporción.*

> Por ejemplo: hay equipos que juegan sistemáticamente domingo, miércoles y domingo, tienen que tener fiestas, por supuesto, es fundamental. Ahora nosotros una semana que, a lo mejor, solo esta semana podamos tener estos tres juegos, pues, depende de las circunstancias, pero podría resultar importante entrenar todos los días. Sobre todo porque, imagina, ahora mismo en la realidad en que estoy trabajando, si doy fiesta es fiesta para todas las jugadoras.
>
> Tú piensa: jugadoras que no jugaron el domingo y que el lunes tiene día de descanso. Además, vienen de sábado sin entrenar, el martes hacen recuperación con activación, el miércoles no

> juegan o juegan 15 minutos, el jueves hacen recuperación porque es posible que tengan que jugar el domingo, el viernes hacen recuperación con activación, el sábado descansan porque no tenemos campo, el domingo no juegan y el lunes vuelven a descansar. Para las jugadoras que no han jugado es una semana prácticamente perdida.
>
> (Tamarit, 2013a, p. 399).

En virtud de las diferentes realidades, desafíos y distintas posibilidades para solucionar los problemas presentados en este capítulo, percibimos una vez más que el entrenador y su cuerpo técnico deberán ser inteligentes y tendrán que tener mucha sensibilidad, para que puedan tomar las mejores decisiones para el equipo.

> Esta gestión micromacro en un proceso de entrenamiento implica la operacionalización adecuada de los principios metodológicos, la articulación de sentido entre éstos y la matriz conceptual del juego y la coherencia necesaria con respecto a ésta. Pero no menos importante, implica mucho sentido de la divina proporción, que según el profesor Vítor Frade, unos tienen y otros no, de ahí que la gestión de una plantilla pueda ser un problema, pero también una solución. No olvidemos que "la muerte del organismo implica la del órgano, pero lo más vulgar es la muerte del órgano implicar la muerte del organismo (Laborit, 1971).
>
> (Maciel, 2012b, p. 5).

3.8 La Periodización Táctica justificada por las neurociencias

3.8.1 El derrumbe del mito de que para tomar buenas decisiones y realizar buenos juicios necesitamos hacer un llamado único y exclusivamente a la razón, evitando las emociones

> Fui advertido desde hace mucho tiempo que las decisiones sensatas provienen de una cabeza fría y que las emociones y la razón se mezclan tanto como el agua y el aceite. Crecí acostumbrado a aceptar que los mecanismos de la razón existían en una región separada de la mente, donde las emociones no estaban autorizadas a penetrar y, cuando pensaba en el cerebro subya-

> cente a esa mente, asumía la existencia de sistemas neurológicos diferentes para la razón y la emoción. Esta era entonces una perspectiva ampliamente difundida acerca de la relación entre razón y emoción, tanto en términos mentales como en términos neurológicos.
>
> (Damásio, 1996, p. 11).

Ya hemos escuchado innumerables veces de diferentes personas que para tomar decisiones ajustadas debemos tener 'cabeza fría' y apelar a la razón, evitando el uso de las emociones.

Sin embargo, según las contribuciones de la neurociencia, esta creencia no tiene fundamentación científica. Según Damásio (1996), la calidad de las tomas de decisiones no depende exclusivamente de los procesos denominados 'racionales', alejando la razón de la emoción tal como se imaginaba, por el contrario, la ausencia de emoción puede destruir la racionalidad[80].

3.8.1.1 Las emociones (y los sentimientos) como protagonistas en la inducción de la razón, de las mejores decisiones y del aprendizaje de un jugar

> Un buen aprendizaje no evita las emociones, las abraza.
>
> (Jensen, 2002, citado por Fernandes, 2003).

> La emoción es cualquier cosa que está antes, digamos así, que a veces es hasta descabellada y descontrolada. Y la sentimentalidad es, digamos, el ropaje que yo consigo -la chaqueta que consigo poner en la emoción-, los principios de juego, los criterios, después de vivenciados como posturas, identitarios, mecanismos no-mecánicos como hábitos adquiridos en la acción (entrenabilidad), espontáneos, fluidos, robustos, como orden subyacente a la organización intencionalizada, es decir, ¡la dimensión táctica!
>
> (Frade, 2013a, p. 438).

Las emociones no son un lujo, sino todo lo contrario. Nuestro cuerpo a menudo utiliza reacciones corporales provenientes de nuestro estado emotivo para ayudarnos a tomar determinadas decisiones que nos

80 Para mayor y mejor comprensión de los mecanismos decisorios, se recomienda la lectura integral de las obras del neurocientífico António Damásio.

sean favorables en un momento dado. Gaiteiro (2006) resalta que las emociones no solo nos ayudan a tomar decisiones, sino también nos ponen en movimiento, refiriéndose que etimológicamente la palabra 'emoción' proviene del verbo *emovere* que significa 'movimiento hacia afuera'.

Podemos empezar a definir la emoción como:

> Programas de acciones complejos y en gran medida automatizados, engendrados por la evolución. Las acciones son complementadas por un programa cognitivo que incluye ciertas ideas y modos de cognición, pero el mundo de las emociones es sobre todo hecho de acciones ejecutadas en nuestro cuerpo, desde expresiones faciales y posturas, hasta cambios en las vísceras y medio interno.
>
> (Damásio, 2011, p. 142).

En ese sentido, podemos decir que la función biológica de las emociones es doble. Una es la producción de una reacción específica a la situación inductora, que puede ser, para un animal, correr o luchar ferozmente contra el enemigo o iniciar un comportamiento placentero. La otra función biológica de las emociones es la regulación del estado interno del organismo para que pueda estar preparado para una reacción, lo que en este caso podría ser el aumento del flujo sanguíneo de los miembros inferiores para condicionar un mayor aporte de glucosa y oxígeno en el caso de una fuga del feroz enemigo (Zambiasi, 2012).

En suma, para ciertos tipos de estímulo claramente peligrosos o valiosos, sea en el medio interno o externo, la evolución reservó una reacción acorde en la forma de emoción.

António Damásio agrega (1996) que las emociones son un conjunto de alteraciones en el estado del cuerpo asociadas a ciertas imágenes mentales[81] que activaron un sistema cerebral específico. De este modo,

---

81 **Imágenes mentales:** De acuerdo con Damásio (1996), en gran medida, el pensamiento es hecho por imágenes. Este autor (2000, citado por Oliveira *et al.*, 2006, p. 210) explica que *"por el término imágenes me refiero a patrones mentales con una estructura construida con la moneda corriente de cada una de las modalidades sensoriales: visual, auditiva, olfativa, y, somatosensorial. La palabra imagen no se refiere sólo a las imágenes «visuales», y no se refiere sólo a objetos estáticos. Imágenes de todas las modalidades «ilustran» procesos y entidades de todos los géneros, tanto concretos como abstractos. Las imágenes también «ilustran» las propiedades físicas de diversas entidades y las relaciones espaciales y temporales entre esas entidades, algunas veces de forma esbozada, otras no, así como sus acciones. Resumiendo, el proceso a que llamamos mente, cuando las imágenes mentales se vuelven nuestras debido a la conciencia, es un flujo continuo de imágenes, muchas de las cuales se revelan lógicamente interconectadas".*

percibimos la influencia que las emociones ejercen sobre las tomas de decisión del organismo.

Sabemos que prácticamente todas las partes del cuerpo -cada músculo, articulación u órgano interno- pueden enviar señales al cerebro a través de los nervios periféricos. La liberación de sustancias químicas provenientes de la actividad corporal, que alcanzan el sistema nervioso a través del torrente sanguíneo determinando su funcionamiento es un ejemplo de ello. Otro ejemplo reside en el hecho de que también el sistema nervioso central tiene el poder de condicionar el funcionamiento del cuerpo (propiamente dicho), por medio de liberación y envíos de sustancias, impulsos y señales eléctricas.

Más allá del *viaje neural* de su estado emocional hacia el cerebro, el organismo también hace un *viaje químico* paralelo. Las hormonas y los péptidos liberados en el cuerpo durante la emoción alcanzan el cerebro por la vía sanguínea y penetran en él activamente. No solo puede el cerebro construir, en algunos de sus sistemas, una imagen neural múltiple del paisaje del cuerpo, como la construcción de esa imagen puede ser también influenciada directamente por el cuerpo. No es solo un conjunto de señales neurales que confiere al organismo su carácter en un momento dado, sino también un conjunto de señales químicas que alteran la forma en que se procesan los signos neurales (Nava, 2003, citado por Maciel, 2011a).

> Cuando afirmo que el cuerpo y el cerebro forman un organismo indisociable, no estoy exagerando. De hecho, estoy simplificando demasiado. ¡Considero que el cerebro recibe señales no sólo del cuerpo sino, en algunos de sus sectores, de partes de su propia estructura, las cuales reciben señales del cuerpo! El organismo constituido por la asociación cerebro-cuerpo interactúa con el ambiente como un conjunto, no siendo la interacción sólo del cuerpo o sólo del cerebro. Sin embargo, organismos complejos como los nuestros hacen más que interactuar, hacen más que generar respuestas externas espontáneas o reactivas, que en su conjunto se conocen como comportamiento. Ellos generan también respuestas internas, algunas de las cuales constituyen imágenes (visuales, auditivas, somatosensoriales) que postulé como siendo la base para la mente.
>
> (Damásio, 1996, p. 114).

Es importante resaltar que existen varios tipos de emociones, siendo clasificadas en primarias y secundarias. Tal clasificación es de fundamental importancia, ya que las emociones primarias, o innatas, so-

portan ciertas lesiones cerebrales que las emociones secundarias no soportan.

> La mención de la palabra emoción en general trae a la mente una de las llamadas *emociones primarias* o *universales*: alegría, tristeza, miedo, rabia, sorpresa o repugnancia. Las emociones primarias facilitan la discusión del problema, pero es importante notar que hay muchos otros comportamientos a los que se ha puesto la etiqueta de 'emoción'. Ellos incluyen las llamadas *emociones secundarias* o *sociales*, como vergüenza, celos, culpa u orgullo, y también lo que llamo *emociones de fondo*, como bienestar o malestar, calma o tensión. La etiqueta 'emoción' también fue aplicada a impulsos, motivaciones y estados de dolor o placer.
>
> (Damásio, 2000, p. 74).

Las emociones primarias (o iniciales, innatas, preorganizadas) dependen de la red de circuitos del sistema límbico, siendo la amígdala y el cíngulo anterior los personajes principales. Estas emociones, que son: dolor, hambre, frío, sueño, rabia, miedo, alegría, tristeza, sorpresa o repugnancia no necesitan una experiencia previa para manifestarse.

Si, por un lado, las emociones primarias no necesitan experiencias previas para manifestarse, las emociones secundarias sí necesitan y ésa es la diferencia fundamental de la clasificación de esas emociones.Las emociones secundarias son aquellas desarrolladas a lo largo de la vida, resultante de imágenes mentales creadas a partir de experiencias previas, como por ejemplo, las emociones sentidas por la pérdida de un familiar o en el reencuentro de un gran amigo después de largo tiempo sin verse.

Damásio (1996) apunta que en un nivel no consciente, redes de la corteza prefrontal[82], reacciona automática e involuntariamente a las

---

82 **Corteza prefrontal**: La corteza prefrontal está relacionada con la planificación de comportamientos y pensamientos complejos, la expresión de la personalidad, las tomas de decisiones, la modulación de comportamiento social (DeYoung *et al.*, 2010; Yang & Raine, 2009) y es responsable por la atención (Pantano, 2009). Miller, Freedman & Wallys (2002) plantean que la capacidad para orientar el comportamiento a través de conceptos y principios de orientación adquiridos a través de experiencias vivenciadas, es un factor determinante para lidiar eficazmente con el mundo complejo que vivimos, para adaptarnos fácil y eficazmente a nuevas situaciones. En este sentido, la corteza prefrontal desempeña un papel central en la adquisición y representación de esta información, estando detrás de nuestras representaciones internas de las 'reglas del juego', es decir, patrones sociales de comportamiento y juicio social. Traumas en esta región cerebral normalmente hacen que una persona quede fuertemente presa a estrategias que no funcionan, o que no consiga desarrollar una secuencia de acciones correcta.
La función psicológica más importante de la corteza prefrontal es la ejecutiva, que según Chan *et al.* (2008) y Monsell (2003), se relaciona con habilidades para diferenciar

señales resultantes del proceso de imágenes, o sea, incluso sin tener conciencia, el individuo utiliza imágenes creadas en experiencias anteriores.

Los hallazgos de este neurocientífico muestran que las emociones secundarias no solo ayudan a los organismos a tomar decisiones, sino también están directamente relacionadas con los procesos de aprendizaje, tal como evidenciaré en breve. Zambiasi (2012) explica que lo que hace que las emociones sean determinantes para nuestro organismo son las reacciones que ellas traen para nuestros cuerpos y la percepción consciente que tenemos sobre todas esas informaciones corporales obtenidas de ese estado somático. De la misma manera que las emociones manipulan nuestro estado orgánico, las emociones también inducen una serie de reacciones que nuestro plan consciente percibe en la forma de sentimientos.

> Si una emoción es un conjunto de cambios en el estado del cuerpo asociados a ciertas imágenes mentales que activaron un sistema cerebral específico, *la esencia del sentir de una emoción es la experiencia de estos cambios en yuxtaposición con las imágenes mentales que iniciaron el ciclo.*
>
> (Damásio, 1996, p. 175).

Podemos referirnos a los sentimientos como las percepciones compuestas de lo que ocurre en nuestro cuerpo y en nuestra mente cuando una emoción está en curso. En lo que se refiere al cuerpo, los sentimientos son imágenes de acciones y no acciones propiamente dichas; el mundo de los sentimientos está hecho de percepciones ejecutadas en mapas cerebrales (Damásio, 2011, p. 142).

Es decir, los sentimientos son representaciones cerebrales resultantes de emociones, siendo un producto de emociones en yuxtaposición con imágenes obtenidas de vivencias anteriores. Nuestro organismo lo hace consciente solamente cuando tiene clara la situación de que todo está sucediendo con nuestro cuerpo.

En otras palabras, los sentimientos son el ropaje, la chaqueta que nos ponemos en las emociones resultantes de la interpretación de lo que sucede. La emotividad es la biología de lo que vamos haciendo, es la biología de nuestra información y los sentimientos son la historia que damos a lo que sucede (Gomes, 2013).

---

pensamientos conflictivos, determinar lo que es bueno y malo, mejor y peor, igual y diferente, consecuencias futuras de actividades corrientes, trabajo en relación a una meta definida, previsión de hechos, expectativas basadas en acciones, y control social.

> Las emociones nos permiten crear un sistema de navegación automática que nos ayuda en la toma de decisiones. Somos constantemente enfrentados, en nuestra vida, con situaciones en que, ante un problema, tomamos una decisión que tiene consecuencias. Ahora bien, tanto la situación que lleva a la decisión como sus consecuencias son vividas con un acompañamiento emocional. Si elegimos algo que tenga malas consecuencias, vamos a sentirnos mal, vamos a sufrir, quedamos enojados, vamos a tener emociones negativas. Si las consecuencias son buenas, vamos a sentir la alegría y el placer que provienen de esa decisión. Es decir, siempre hay una relación emocional. Cuando nos enfrentamos a una situación similar a las ya vividas, la maquinaria cerebral nos da muy rápidamente la señal de las emociones ligadas a ese tipo de situación.
>
> (Oliveira et al., 2006, p. 205).

Ejemplificando en nuestro área de interés, el fútbol y el entrenamiento, imaginen que la idea de juego del entrenador, concretamente en el momento ofensivo se trata, entre otras cosas, de tener permanentemente la pelota en su poder, circulándola con paciencia y por todas las zonas del terreno, para encontrar espacios en la defensa adversaria para crear situaciones de finalización y marcar goles. Para eso quiere que su equipo realice una apertura posicional, tanto en ancho como en profundidad, para crear más espacios para jugar, promoviendo, por lo tanto, una facilitación en la circulación del balón.

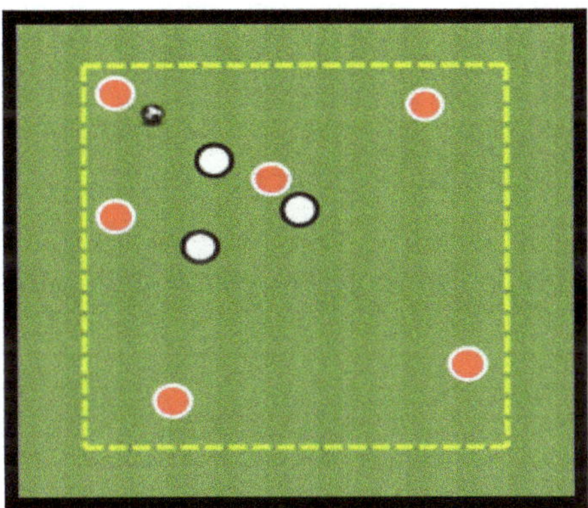

Ejercicio[83] de 6 vs. 3, configurado para el desarrollo de meso principios y micro principios de la referida idea de juego.

83 **Ejemplos de ejercicios:** Durante este capítulo utilizaré algunos ejercicios sólo para ilustrar ciertas ideas, por lo tanto, se presentan a nivel ejemplificativo solamente. Debemos tener en cuenta, como ya he señalado, el encuadramiento con la lógica de

En este contexto, el entrenador desea desarrollar su idea de juego, en términos de meso principios y micro principios, con el objetivo de entrenar principalmente el mantenimiento de la posesión del balón, dando a los jugadores la noción de la necesidad de una ocupación racional de los espacios, abriendo el campo tanto en ancho como en profundidad, para que consigan mantener la pelota consigo.

Para eso, dentro del espacio de juego existe un equipo de seis jugadores (gris) que están permanentemente con la posesión de balón, contra tres que no la tienen (blancos). Si el equipo gris consigue realizar diez pases en secuencia marca un punto. El equipo de blanco puntuará por cada robo de balón.

En esta situación, como se muestra, los jugadores de gris están creando condiciones que facilitan la circulación del balón a través de su juego posicional. Se nota que hay una abertura posicional, con apoyos cerca y lejos del balón, lo que facilita que el balón permanezca con los gris.

En estas circunstancias, si el entrenador interviene positivamente, en relación a esta intención, posiblemente creará una sentimentalidad y una emotividad positiva, inherente a esta intención.

Posiblemente los jugadores sentirán que al 'abrir el campo' de un determinado modo y, por lo tanto, al jugar de acuerdo con la idea de juego, el éxito estará más cerca, porque en experiencias previas, este mismo desempeño, el que concuerda con la idea de juego, les llevó a alcanzar el éxito (acordémonos de la importancia del principio metodológico de las propensiones). Esto es reforzado por la intervención del entrenador, por eso la importancia de la dimensión fractal y de la articulación del sentido en todos los contextos de 'ejercitación', porque las intenciones previas deben ser entrenadas en varias escalas de la organización del *jugar*, para que se asemejen a lo máximo posible de las situaciones encontradas en competencia.

El sistema de producción del placer permite evaluar desempeños. Es como si el cerebro dijese: "Esto fue bueno; vamos a recordarlo y repetirlo" (Fernandes, 2003, p. 13).

---

la alternancia preconizada por el morfociclo, es decir, en nuestra operacionalización diaria debemos respetar el patrón de desempeño y recuperación del día en cuestión. Aunque todos los ejercicios creados por el entrenador puedan ser, todos, potencialmente buenos, la verdad es que en esta lógica de entrenamiento, serán potencialmente buenos los que sean realizados respetando el encuadramiento de la lógica del morfociclo patrón en los diferentes días de la semana, garantizando que el equipo lo pueda manifestar regularmente en los momentos de competencia altos desempeños.

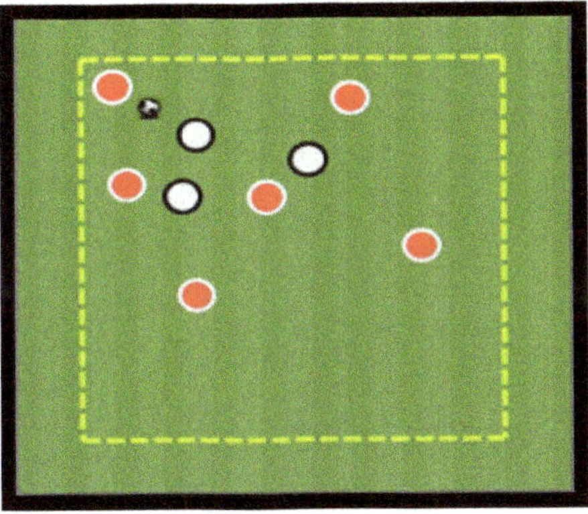

Ejercicio de 6 vs. 3, configurado para el desarrollo de meso principios y micro principios de la referida idea de juego.

Tomando como ejemplo el mismo ejercicio, en esta situación los jugadores no realizan una apertura posicional. Se observa que en este caso los blancos tienen mucho menos posibilidad de mantener la posesión del balón por más tiempo, porque al no ocupar racionalmente el espacio de juego tenderán a tener menos tiempo y espacio para jugar y menos líneas de pase seguras, entonces, estarán sometidos constantemente a la presión adversaria, aumentando considerablemente las posibilidades de perder la pelota, y por lo tanto de no alcanzar los objetivos del ejercicio.

En este contexto, los jugadores sentirán en el Cuerpo las consecuencias negativas de este desempeño, siendo que esta emotividad y sentimentalidad negativa podrá ser acentuada por la intervención del entrenador, en el sentido de cuestionar, criticar, corregir y guiar a la dirección pretendida (idea de juego), para que, basándose en esta experiencia previa, en situaciones futuras, los jugadores puedan decidir de la manera más eficaz. En este caso, haciendo quedar al campo grande, a través de la apertura posicional de algunos jugadores, en anchura y profundidad, sin descuidar la necesidad de poseer apoyos cerca de la pelota.

De este modo, como ya dije en capítulos anteriores, entiendo que uno de los papeles del entrenador es guiar a sus jugadores, emocionándolos tanto de manera positiva como negativa, y no me refiero sólo al momento en que el ejercicio está transcurriendo, sino fundamentalmente antes, a través de la contemplación del principio metodológico de las propensiones.

Imaginemos el siguiente ejercicio:

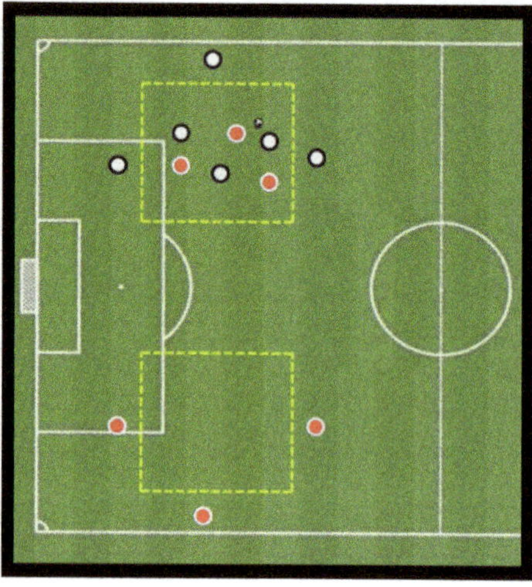

Ejercicio de (tres apoyos) + 3 vs. 3 + (tres apoyos) configurado para el desarrollo de meso principios y micro principios de dicha idea de juego.

Aquí juegan dos equipos compuestos por seis jugadores, pero que están subdivididos en tres jugadores que se quedan solo como comodines (área exterior al cuadrado) y tres que juegan dentro del cuadrado. Se juega tres minutos (ejemplo) y después de este período se intercambian las funciones de los equipos (los que estaban como comodines van a jugar adentro y viceversa).

Suponiendo que el entrenador pretende incidir en las escalas meso y micro de la organización defensiva y ofensiva, así como su articulación: la intención del entrenador durante esta 'ejercitación' será transmitir a los jugadores, no solo por palabras, sino por la configuración del contexto los beneficios de hacer el campo pequeño y presionar como una unidad (cuando estén sin el balón), y conservar la posesión del balón cuando estén con él, a través de un juego de pases que sepa 'dar tiempo al tiempo' y al espacio, o sea, que sepa manejar y gestionar las diferentes velocidades del juego para obtener la eficacia constantemente.

De esta manera, el ejercicio se basa en el siguiente supuesto: imaginando que el balón empieza en el cuadrado superior, como demuestra la imagen, el objetivo de los blancos es conservar la posesión del balón por el mayor tiempo posible. A cada 10 pases completados, el equipo que tiene la posesión del balón marca un punto.

Los grises, en esta situación, deben presionar a los blancos para robarles la posesión del balón. Cuando logren, deberán hacer un pase al otro cuadrado, donde están sus comodines.

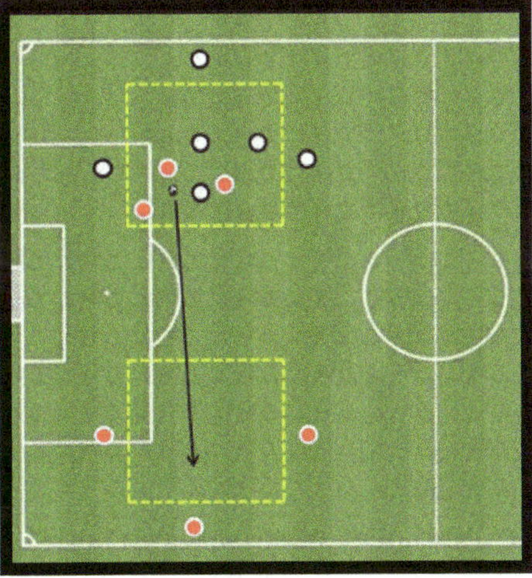

Instante en que se produce la robada de balón y los grises consiguen enviarla a su cuadrado.

En el momento en que lo hacen, los grises y blancos que estaban jugando dentro del cuadrado, van rápidamente al otro cuadrado a jugar (los comodines del blanco permanecen). Esta vez, serán los grises que tendrán superioridad con sus comodines, realizando una situación de 6 grises frente a 3 blancos.

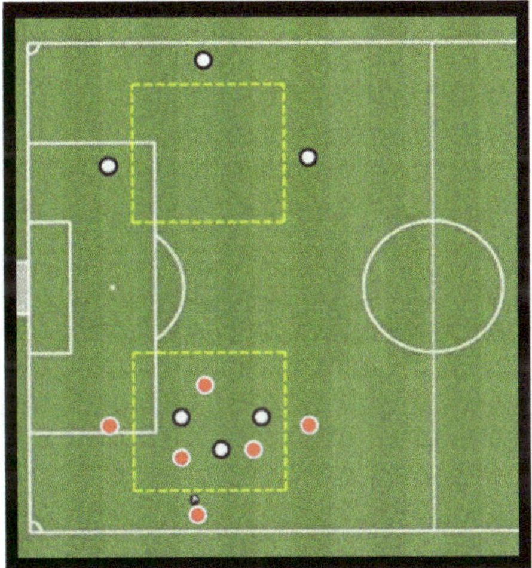

Después de producir la transición, los jugadores pasan a jugar en el otro cuadrado.

Vamos a suponer que en la situación ejemplificada, los grises tuvieron relativa dificultad para robar el balón a los blancos, porque presionaban a los blancos de manera desunida y descoordinada. Es decir, mientras que uno o dos jugadores presionaban al portador de la pelota y el espacio circundante, el otro no actuaba en conjunto, ocasionando a menudo incapacidad para conseguir robar la pelota.

Además de estar en desventaja, porque hipotéticamente los blancos conectaron muchos pases, los grises tuvieron un desgaste superior, corrieron detrás del balón con empeño, pero como no actuaron como una unidad, estos esfuerzos fueron a menudo infructuosos. Por lo tanto, corrieron en vano la mayor parte del tiempo, hasta que finalmente lograron robar el balón y lo echaron a su cuadrado, pasando a jugar con superioridad numérica.

Durante este período (el de estar en superioridad), los rojos tendrán la oportunidad de recuperarse del elevado desgaste promovido por el esfuerzo de presionar, siendo este 'recuperarse' logrado a través de llevar a cabo la idea de juego del entrenador, de, entre otras, cosas, circular la pelota pacientemente sin arriesgar pases innecesariamente, manteniéndola en sus dominios (mantenimiento de la posesión). Y para facilitarles las interacciones e intencionalidades pretendidas, el contexto les ofrece superioridad numérica.

Sin embargo, si los blancos inmediatamente después de haber retirado el balón del cuadrado adversario, lanzándolo y desplazándose al cuadrado en que están sus comodines, a una alta velocidad, y luego no de lograr producir las interacciones pretendidas, posiblemente terminarán por perder la pelota, teniendo que no sólo correr hasta el otro cuadrado rápidamente, sino también tendrán una vez más que intentar robar la posesión de la pelota. Imagínese si esto ocurre con frecuencia. Estos jugadores estarán completamente exhaustos al terminar la(s) 'ejercitación(es)'.

Quiero ilustrar con este ejemplo que el entrenador podrá acentuar o inhibir desempeños conforme configura el ejercicio y también conforme interviene en el mismo. Como comenté anteriormente, el entrenador tiene el poder potencial de modelar y guiar a los jugadores hacia las interacciones pretendidas. En los momentos en que las interacciones están ocurriendo, o en los momentos de pausa entre una repetición y otra, el entrenador podrá a través del discurso hacer que los jugadores entiendan -de manera consciente- que las interacciones que están teniendo (intenciones en acto) no corresponden con las pretendidas (intenciones previas) y al repetirse varias veces los llevarán al fracaso con frecuencia.

De este modo, el entrenador podrá impregnar a los jugadores de emociones y sentimientos negativos, asociando sus (malas) interac-

ciones (las que van contra las intenciones previas pretendidas) a este tipo de emotividad y sentimentalidad, no solo con sus palabras, sino también por la vivencia continua de los jugadores en los contextos de propensión. Por el contrario, cuando las interacciones pretendidas ocurren, el entrenador, en nuestro entendimiento, deberá intervenir y en buena parte de las veces, intervenir de manera positiva, para que estas interacciones sean reforzadas e incorporadas por los jugadores.

Es la conciencia que permite que los sentimientos sean conocidos, promoviendo el impacto interno de la emoción, dejando que permee el proceso de pensamiento a través del sentimiento (Fernandes, 2003). De ahí que una vez más sentimos la importancia del modelación.

Vale la pena subrayar que las intervenciones dadas durante los ejercicios no deben ser en el sentido de 'hace eso, hace aquello', porque eso es mecanizar lo que en su esencia es imprevisible y dependiente de las circunstancias.

> Imagina: el defensa no acertó en la pelota cuando quería que él saliera a jugar, es decir, recibiera la pelota, la dominara y la pusiera a jugar, pero la golpeólejos. En esta situación es mejor para mi decirle: "¡Intenta quedarte con la pelota pero,dale, seguimos! ¡Tenemos que conseguir quedarnos con el balón!"que decirle:"Domina el balón y haga el pase". Porque eso va a condicionar la siguiente decisión y en la siguiente decisión, él puede necesitar hacer un despeje y va a intentar hacer lo que le dije. Es decir, está preso a lo que le dije y no juega en función de las circunstancias.
>
> (Gomes, 2013, p. 368-369).

De este modo lo que se pretende no es mecanizar, restringiendo y ordenando a los jugadores a tomar soluciones cerradas y estereotipadas sin tener en cuenta la realidad, sino guiarles y 'abrirles la conciencia' para que, siempre que sea posible, ajusten sus acciones e interacciones a la idea de juego del equipo y a las circunstancias.

En ese sentido, el entrenamiento asume fundamental relevancia en este desarrollo, ya que es mucho más 'controlable' por parte del entrenador que un partido. La promoción de emotividad y sentimentalidad no debe ocurrir solamente en el medio de ejercicios, sino durante todo el proceso y deberán ser dominantes positivamente.

> Yo creo que es muy importante el liderazgo y esto está íntimamente relacionado con las emociones y los sentimientos, porque las emociones y los sentimientos durante el entrenamiento son importantísimos, pero también lo son fuera del en-

> trenamiento, en diferentes áreas, en el vestuario, en la sala de prensa.
>
> (Tamarit, 2013a, p. 408).

3.8.2 La importancia de la positividad durante el proceso

Como he dicho, el entrenador debe gestionar y promover emociones y sentimientos durante todo el proceso de acuerdo con sus intereses. Esta gestión y creación son aspectos fundamentales, donde pienso que el entrenador deberá dominantemente crear una atmósfera de positividad alrededor del equipo y de la idea de juego.

Creo que es importante, en la mayoría de las veces, promover un ambiente saludable con predominio de las emociones y sentimientos positivos, que generen placer y satisfacción a los actores del proceso, no solo para motivar creencia en la idea (lo que se alcanza también, ganando partidos), sino también para que el ambiente promueva el aprendizaje. Entornos impregnados de disgusto y emociones negativas perjudican los procesos de aprendizaje, y siendo el entrenamiento un proceso de enseñanza-aprendizaje de un *jugar*, el desplacer debe ser dominantemente evitado. Debemos, en la medida de lo posible, hacer que cada jugador tenga orgullo y pasión por la construcción del *jugar*, que sienta que realmente forma parte del proceso y que esa idea colectiva también es *su* idea. Esto hace que todos se impliquen de cuerpo y alma en lo que pretendemos. Sabemos que los jugadores desmotivados rinden menos.

> Sabemos que todo lo que es positivo nos lleva a ganar una sentimentalidad colectiva que estimula el querer estar siempre juntos y un entramado más fuerte. ¿Y porqué? ¡Porque la emotividad es positiva! Entonces, todo lo que sea competitivo promueve un mayor placer en ganar que los lleva a crecer siempre en estas situaciones. El placer refuerza lo que queremos, por eso es que el modelo es fundamental para saber adónde queremos ir. Así, vamos a tener que gestionar nuestro proceso e intervenir diciendo: "¡Sucedió esto pero debería haber ocurrido esto!". ¡Debemos crecer e intentar hacer lo que queremos! Orientar porque si no caemos en un estado de insatisfacción permanente porque debía haber rematado de primera, pero no ha rematado, intentó cortar la pelota... lo que es difícil porque existe siempre otras posibilidades. Pero en el refuerzo positivo

> de lo que queremos es importante dar seguridad y valorar lo que vamos conquistando.
>
> (Gomes, 2013, p. 369).

Esta entrenadora cuenta un ejemplo de un entrenador (en esa época, Marisa era coordinadora técnica) que era muy sincero con lo que veía, lo que en la opinión de Gomes era perjudicial para él y para el proceso:

> En el Foz tengo un entrenador que es demasiado sincero con lo que ve y, por lo tanto, gana muy poco con eso porque hacen un buen gol y él dice: 'Buen gol'. Sin embargo, cuando sufrimos un gol valoriza más y dice: "No debíamos haber hecho eso, debíamos haber metido el pie a la pelota". Es decir, esto es una sensación que no es positiva. Y nunca hay un sentimiento pleno de quien ha vivido el proceso. ¡Nunca hay una satisfacción en la misma proporción de la insatisfacción! Sin embargo, hay situaciones en las que con un entrenador que a veces tiene una idea más limitada pero está satisfecho con lo que sucede. Esta emotividad positiva es muy importante para que a nosotros nos guste algo.
>
> En el involucramiento de las personas, solo lo conseguimos con cosas muy buenas porque normalmente solo tenemos éxito estando involucrados, por eso es que se dice que la productividad de las personas que no les gusta lo que hacen es mucho menor. ¡Claro! Por ejemplo, ir a un sitio donde sabemos que hay un desplacer, ¡en estos lugares no se aprende nada!
>
> (Gomes, 2013, p. 369).

Estudios recientes de la neurociencia dicen que cuanto más las personas sonríen, la tendencia es ser cada vez más felices, mejorando todo el estado corporal, ya que las emociones son contagiosas. Por ejemplo, si hay mucha felicidad en una casa y alguien se incorpora a esta residencia, posiblemente se sentirá más feliz, porque existe esta transmisión de emociones de una persona a otra (Iacoboni, 2010).

Marisa refuerza este lado de la proyección positiva, cuando comenta que no es lo mismo decir a un jugador: "*¡no falles el gol*!" que decir *"¡marca un gol!". "La proyección es siempre positiva en la segunda expresión y de ahí que saber gestionar esto se vuelve fundamental"*.

Como he señalado hace poco, la creencia de los jugadores en la idea y en el proceso es fundamental para su buen desarrollo. En ese sentido,

las emociones y los sentimientos que el entrenador puede promover en el seno del equipo podrán conducirla hacia la dirección pretendida.

> El entrenador que ganó cuando necesitaba ganar, aunque no jugando bien, cuando llega cerca de los jugadores y dice: "Ok, ganamos pero no jugamos bien". Es diferente de decir así: "¡Ganamos y eso era importante!". Este mensaje refuerza mucho más la creencia y el espíritu de participación del equipo. La forma en que se hace esto da una tonalidad diferente a las circunstancias. Y eso los entrenadores tienen o no lo tienen. No hay un libro o manual en el que se encuentran estas cosas porque tenemos que hacerlo en el «aquí y ahora».
>
> (Gomes, 2013, p. 370).

Lo que la neurociencia llama 'neuronas espejo' es capaz de explicar estos fenómenos con claridad. Dichas neuronas, cuando se activan, permiten que una persona, que esté parada y mirando a otra persona que esté hablando, cantando, ejecutando cualquier otra acción, le permite tener las mismas sensaciones, emociones que el ejecutante, es decir, posibilita una empatía en las emociones.

> Es por eso que las denominamos neuronas espejo, porque es como si el simio que ve al otro simio haciendo algo, estuviera contemplando su propia acción reflejada en un espejo. Por lo tanto, realmente nos convertimos en espejo de los demás mediante este mecanismo espectacular tan simple. ¿Y por qué es importante? Porque detrás de cada acción que realizamos, como yo sostener un libro, o usted sostener un esfero, existe una intención subyacente, un estado mental detrás de la acción. Por lo tanto, mediante este espejo de las acciones de los demás, podemos acceder a su mente, al estado mental que los condujo a actuar.
>
> (Iacoboni, 2010, p. 39).

Cuando una persona habla, aunque la otra esté quieta, las mismas áreas del cerebro de esta persona que apenas asiste a otra hablar, también son activadas (las áreas del habla). Son varias las regiones del cerebro que contienen las neuronas espejo, siendo que estas se conectan y se comunican con los centros cerebrales de las emociones, el sistema límbico.

> Y, en segundo lugar, la actividad en este sistema está correlacionada con la cantidad de empatía. Hay estudios que demues-

> tran que los niños que imitan u observan las expresiones faciales presentan actividad en estas áreas, lógicamente, y cuanto más activas son estas regiones, más empatía tienen los niños. Por lo tanto, existe un vínculo muy estrecho entre la actividad en estas regiones cerebrales y la tendencia a tener empatía. Básicamente, funciona de la siguiente manera: te veo sonreír y mis neuronas espejo simulan, crean una especie de imitación interna en mi cerebro de la sonrisa de tu rostro, y rápidamente envían estas señales al sistema límbico y puedo sentir lo que tú sientes.
>
> (Iacoboni, 2010, p. 42).

En ese sentido, la empatía del entrenador con el grupo de jugadores es un importante aspecto para la adquisición del *jugar* y para el éxito del proceso. Actualmente la neurociencia nos dicen claramente que todo lo que sea positivo, sean proyecciones, interpretaciones, gestión de lo que se va a hacer, es siempre mucho mejor.

En consecuencia de las neuronas espejo, la noción de libre albedrío 'tal y cual' tendería a quedar comprometida, ya que lo que vemos y vivenciamos puede determinar la manera cómo nos comportamos:

> De cierto modo, este y otros descubrimientos de la neurociencia sugieren que nuestra noción de libre albedrío es en ciertos casos demasiado optimista. ¡No tenemos tanto libre albedrío como pensábamos! No obstante, sigo pensando que por lo menos tenemos un poco, porque me parece que poseemos mecanismos de control en el cerebro. Por ejemplo, ¿por qué no te imito a todo instante? Puedo evitar esto, puedo controlarlo. Entonces, aunque creo que hay influencias sobre la conducta humana y aunque sepamos, por ejemplo, que la violencia en los medios de comunicación realmente está provocando una conducta imitativa, y aunque me parezca que las neuronas espejo participan en eso, al final de cuentas podemos controlar, así que todavía existe esperanza para el libre albedrío: ¡No somos robots que hacemos solo lo que veamos! Hay cierto grado de control. A pesar de todo, en última instancia, todo esto significa que el libre albedrío no es completo. Lo que vemos y experimentamos determina la manera cómo nos comportamos.
>
> (Iacoboni, 2010, p. 40-42).

Lo mismo sucede con la vivencia sistemática de un *jugar* promovido por la Periodización Táctica, una vez que influye en los jugadores a tener determinadas intencionalidades. Eso está garantizado a través de la

repetición sistemática del morfociclo patrón, no solo por los contextos de propensión vivenciados, sino también porque se crean condiciones para adquirir, a través de la gestión del esfuerzo y de la recuperación a lo largo de las unidades de entrenamiento.

Las neuronas espejo son fundamentales en el aprendizaje, ya que llevan a las personas a imitar unas a otras, pero no imitan solo gestos motores 'tal y cual', sino, en la medida de lo posible, intencionalidades, ¡desempeños! De ahí la importancia de que en todos los entrenamientos, la dimensión fractal del *jugar* esté presente, en mayor o menor escala, pero deberá estar siempre remitiéndose al *jugar*, a las intenciones previas pretendidas.

La activación de las neuronas espejos permite crear una empatía a través de las emociones, lo que garantiza que la adquisición de la idea de juego suceda más fácilmente, desde que sea bien operacionalizada. Además, los jugadores deben estar implicados en el proceso de Cuerpo y alma, ya que, como acostumbra mencionar el profesor Vítor Frade: "*No hay principios (de juego) sin personas*".

Para mí, no cabe duda de que la gestión de las emociones y sentimientos durante todo el proceso de construcción y aprendizaje de un *jugar*, así como la gestión del equipo, se hace fundamental.

En cuanto al peso de las emociones en el aprendizaje, Jensen (2002 citado por Fernandes, 2003) propone que el cerebro es híperestimulado cuando están presentes emociones fuertes, siendo que éstas reciben un tratamiento preferencial en el sistema de memoria de nuestro cerebro. Nos acordamos, por lo tanto, de lo que está más cargado emocionalmente, porque todos los acontecimientos emocionales están sujetos a un procesamiento preferencial.

Este autor aclara (2002, citado por Maciel, 2011a) que "aunque durante mucho tiempo fue entendida como parasitaria en relación al aprendizaje, el papel de las emociones en los procesos de enseñanza aprendizaje es determinante". Por lo tanto, para Jensen, un buen aprendizaje no evita las emociones, las abraza.

Las emociones conducen el trío formado por atención, significado y memoria, aspectos fundamentales para la aprehensión de un mensaje y de un *jugar.*

> El entrenador no puede ignorar ni desperdiciar este aspecto emocional en la implementación de sus ideas de juego, en el sentido de potenciar la interiorización y la empatía del jugador con el mensaje que pretende transmitir, ya que, en la memoria de los hombres, los sentimientos siempre tuvieron más fuerza que las ideas.
>
> (Lobo, 2002, citado por Fernandes, 2003, p. 14).

De hecho, las emociones desempeñan un papel vital en lo que se refieren a nuestras ideas de recompensa y castigo, dolor y placer, conquista y derrota. Son las emociones que tenemos las que guiarán nuestras decisiones, ya que nuestro organismo necesita una regulación que permita la supervivencia y un estado de búsqueda constante de situaciones placenteras, así como la fuga de situaciones que generen la insatisfacción y el fracaso.

Según Damásio, la ausencia de estímulos emocionales no retira la posibilidad de que un individuo razone, ya que éste es capaz de considerar innumerables opciones para la solución de un problema. A la hora de decidir, no toma, sin embargo, partido por ninguna, haciendo ese esfuerzo inútil, siendo que "la finalidad del raciocinio es la decisión".Por lo tanto, "la toma de decisiones basadas en las emociones no es la excepción, es la regla" (Jensen, 2002, p. 121 citado por Fernandes, 2003, p. 21).

A través de los estudios de Damásio (1996), fue posible comprender cómo las emociones y los sentimientos actúan en los procesos de aprendizaje y toma de decisión, dándoles, por lo tanto, no un papel de figurantes, sino de protagonistas.

Las investigaciones realizadas en este ámbito llevaron a Damásio a formular la hipótesis del marcadorsomático, un mecanismo engendrado por la naturaleza humana, que a partir de las emociones secundarias y de los sentimientos auxilian en los procesos de aprendizaje y promoción de eficaces tomas de decisión.

3.8.3 ¡Más que marcadores somáticos, marcadores de un jugar somatizado!

> Si todo comienza en el teatro del cuerpo, en el calor de la acción, la gran preocupación del entrenar sólo puede ser una: darlo máximo posible oportunidades al cuerpo de...
>
> (Oliveira *et al.*, 2006, p. 209)

Como he reforzado en el punto anterior, las emociones desempeñan un papel clave en la toma de decisiones, pues en situaciones desfavorables y/o peligrosas para nosotros, las emociones pueden actuar como una señal de alerta, sugiriendo cuidados en nuestras elecciones. Lo que no ocurre en situaciones que posiblemente sean benéficas para los organismos, cuando las emociones actúan como un signo de incentivo en la toma de decisión.

En lo que se refiere a su hipótesis, Damásio aclara que como las emociones actúan en el plano del cuerpo (propiamente dicho), 'marcándole' una imagen, la bautizó como la hipótesis del 'marcadorsomático':

> Como la sensación es corporal, atribuye al fenómeno el término técnico de estado *somático* (en griego, *soma* quiere decir cuerpo) y porque el estado 'marca' una imagen, le llamo *marcador*. Observe una vez más que uso *somático* en el sentido más genérico (lo que pertenece al cuerpo) e incluyo tanto las sensaciones viscerales como las no viscerales cuando me refiero a los marcadores somáticos.
>
> (Damásio, 1996, p. 205).

Como ya dije, las emociones utilizadas en las tomas de decisión ayudadas por los marcadores somáticos son las emociones secundarias, ya que en estos casos la decisión a tomar se deriva de la yuxtaposición de las imágenes generadas en escenarios anteriores similares a las vivenciadas en el momento en que el jugador está por decidir, probablemente creadas por el cerebro durante el proceso de educación y socialización. Esto quiere decir que las emociones y sentimientos generados en el momento auxiliarán en el proceso de elecciones que el jugador tendrá.

> En resumen, los marcadores somáticos son un caso especial del uso de sentimientos generados a partir de emociones secundarias. Estas emociones y sentimientos se vincularon, por el aprendizaje, a los resultados futuros previstos de determinados escenarios. Cuando un marcador somático negativo es yuxtapuesto a un determinado resultado futuro, la combinación funciona como un timbre de alarma. Cuando, por el contrario, es yuxtapuesto un marcador somático positivo, el resultado es un incentivo.
>
> (Damásio, 1996, p. 205).

Esta es la esencia de la hipótesis del marcador somático. Sin embargo, para obtener una visión integral de esta hipótesis, debemos tener en cuenta que a veces los marcadores somáticos funcionan de forma velada, o sea, sin surgir en la conciencia, y pueden utilizar el circuito emocional que Damásio llama 'como si[84]'.

---

84 **Mecanismo 'como si':**"*En muchos momentos el cerebro aprende a forjar una imagen simulada de un estado "emocional" del cuerpo sin tener que reconstruirla en el cuerpo propiamente dicho*" (Damásio, 1996. p. 186). En estas situaciones, es 'como si'

> Los marcadores somáticos son, por lo tanto, adquiridos a través de la experiencia, bajo el control de un sistema interno de preferencias y bajo la influencia de un conjunto externo de circunstancias que incluyen no sólo entidades y fenómenos con los que el organismo tiene que interactuar, sino también convenciones sociales y reglas éticas.
>
> (Damásio, 1996, p. 211).

Por lo tanto, es evidente que el proceso de entrenamiento asume un papel fundamental, en el sentido de posibilitar que los jugadores y el equipo como un todo puedan decidir en función de la idea de juego, durante prácticamente todos los noventa minutos. Sabemos que cuando modelamos un equipo de fútbol, en entrenamiento y competición, desarrollando una manera de jugar específica, estamos modelando 25 (o más) jugadores, que pasaron por diversas experiencias en sus carreras, ganando y perdiendo campeonatos con las más diferentes ideas de juego, y que, con seguridad, cada una de estas individualidades tienen sus preferencias internas en lo que respecta a cómo se debe jugar fútbol. Lo que en mi opinión, refuerza el papel del entrenamiento que la Periodización Táctica los hace vivenciar, ya que tiene en cuenta que no todos los jugadores son iguales y por eso, a través de la sujeción de los mismos a la repetición sistemática del morfociclo patrón, intenta ponerlos bajo la misma frecuencia, haciéndoles compartir de la misma cultura, de la misma idea, del mismo código de significancia, Especificidad (*las convenciones sociales y reglas éticas referidas por Damásio*), para que ante una determinada situación, terminen por pensar en función de la misma cosa al mismo tiempo.

> El equipo que deseo es aquel en que, en un determinado momento ante una determinada situación, todos los jugadores piensan en función de la misma cosa al mismo tiempo. Eso es lo que es jugar como equipo. Eso es tener organización de juego.
>
> (Mourinho, citado por Oliveira et al., 2006, p. 121).

> El entrenamiento, así como la intervención del entrenador, no deben ser emocionalmente neutros, procurando despertar de este modo en los jugadores sentimientos que vivenciados en un contexto de Especificidad, permitan marcar ese jugar, es decir, somatizar o 'mapear' ese jugar.
>
> (Maciel, 2011a, p. 460).

estuviéramos teniendo emoción en el cuerpo, aunque se trata de 'un sentimiento solo dentro del cerebro'.

Atención a lo que dice Damásio acerca de los marcadores somáticos:

> Los marcadores somáticos no toman decisiones por nosotros. Ayudan al proceso de decisión destacando algunas opciones, tanto adversas como favorables, y eliminándolas rápidamente del análisis subsiguiente. Usted puede imaginarse como un sistema de calificación automática de pronósticos, que actúa, quiera o no, para evaluar los escenarios extremadamente diversos del futuro que están delante de usted.
>
> (Damásio, 1996, p. 206).

Entrando en detalle, imaginen que un defensa central prestigioso está acostumbrado a jugar permanentemente en juego directo, habiendo alcanzado el éxito y un status profesional al jugar de esta manera, pasando la pelota directamente a algún delantero para que la dispute o lanzándola en la profundidad de la defensa rival. El juego directo es su preferencia interna y referencia de su 'jugar bien' o, al menos, su referencia de cómo vencer.

Ahora bien, si este jugador conquistó varios campeonatos jugando de esta manera, buscando el juego directo en primera fase de construcción, en detrimento de una circulación del balón más paciente y predominantemente jugando por el suelo, al ser modelado en un nuevo equipo, con otra idea de juego (la recién dicha, por ejemplo), tendrá que necesariamente adaptarse a esta realidad. Esta adaptación tendrá que necesariamente ocurrir, como ya he dicho, a través de la modelación del *jugar*, proceso de entrenamiento y todo lo que esto envuelve, el modelo de juego.

Frente a esto, la adquisición de ciertas interacciones intencionalizadas por parte de los jugadores pasa sobre todo por la 'ejercitación', para tener la calificación emotiva de las elecciones, lo que va a potenciar determinadas decisiones y eliminar otras. Pero eso exige la concretización de las interacciones intencionalizadas, o sea, de los principios de juego, que a su vez será potenciada por la forma que el entrenador configura el ejercicio. En el calor de la acción, donde los jugadores están obligados a decidir rápidamente y muchas veces de manera subconsciente, las elecciones generalmente se hacen bajo el control de un sistema interno de preferencias y bajo la influencia de un conjunto externo de circunstancias.

Por lo tanto, el entrenador deberá, más que hacer que los jugadores vivencien e interioricen su idea de juego -a través del entrenamiento-, hacer que los jugadores tengan esa idea como su idea, convencerlos de que esa manera de jugar es la que más les traerá beneficios, alterando sus preferencias internas, convirtiéndolas con el *jugar* que se pretende presentar en competencia.

Para que esto se convierta en realidad y creencia, el entrenador tiene una herramienta extremadamente valiosa: el principio metodológico de las propensiones, ya que permite, a través de la configuración dada al ejercicio, modelar ciertas circunstancias externas, que mejor potencien nuestro *jugar*." *El objetivo es que los jugadores perciban y crean en la idea de juego, es hacer algo por creencia propia. Por sentir que es la mejor forma de hacerlo y no porque alguien les dijo*", dice José Mourinho (citado por Oliveira et al., 2006).

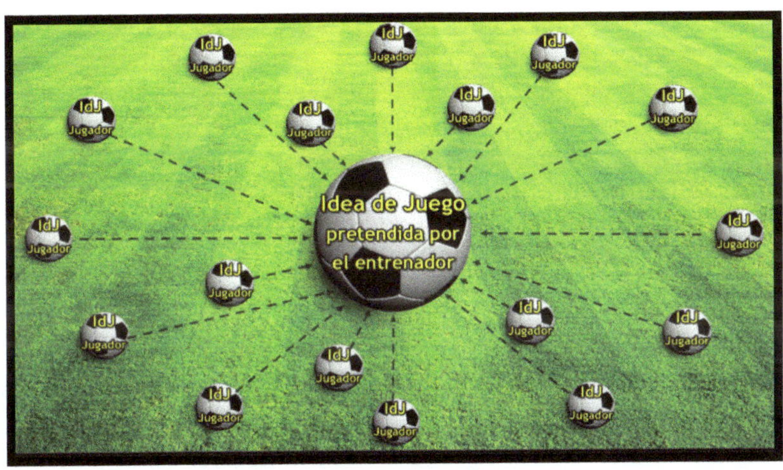

Cuando llegamos a un equipo, cada jugador tiene su propia idea de juego. Lo que la Periodización Táctica trata de hacer, desde el inicio del proceso, a través de la vivencia sistemática del morfociclo patrón, es modelar y aproximar tales ideas a un referencial común, una matriz, es decir, a las ideas de juego pretendidas por el entrenador, transformándola en una sola.
Imagen adaptada de Tamarit (2013c).

En ese sentido, la idea de juego deberá adaptarse a las capacidades de los jugadores, pues si eso no sucede, el fracaso tendrá grandes posibilidades de ocurrir, y sabemos bien que el fracaso y la falta de resultados en el fútbol (tanto en el entrenamiento como en la competencia), la mayoría de las veces resulta en incredulidad generalizada en la capacidad del entrenador. Recordando lo que menciona Damásio (1996, p. 211) al respecto: "*El sistema interno de preferencias se encuentra inherentemente predispuesto a evitar el dolor y a buscar el placer*".

En el caso de los marcadores somáticos, las elecciones que los jugadores realizan son ayudadas por un conjunto interno de preferen-

cias, siendo éstas provenientes de las experiencias anteriores que el individuo vivenció durante su vida, o sea, ante un escenario en que se debe optar por una alternativa entre las varias posibles, los jugadores recurren a las imágenes y emociones para que puedan hacer un 'comparativo' con lo que están viviendo en el 'aquí y ahora' y así realizar una elección que será beneficiosa para el organismo, ya que en situación similar, en el pasado, el jugador experimentó algo que generó imágenes y emociones que se están utilizando ahora.

Los marcadores somáticos son, entonces, según Damásio, un caso especial del uso de sentimientos creados a partir de emociones secundarias. Esas emociones y sentimientos, que originan marcadores somáticos, se asocian, a través del aprendizaje, de la vivencia de experiencias, a los resultados, a las consecuencias de determinadas acciones o situaciones y van a condicionar la toma de decisión futuras en escenarios semejantes.

Es a través de los marcadores somáticos que existe el registro emocional de las decisiones, o sea, los efectos de la decisión provocan determinadas emociones que pueden ser positivas o negativas y que se asociarán a la decisión que la originó.

De esta forma, cuando nos enfrentamos a una situación similar, la memoria va a ayudar al cerebro asociando la decisión a su estado emocional, que puede ser positivo o negativo. Frente a esto estamos dirigidos a repetir decisiones y experiencias que motivaron a los estados positivos y evitar lo que se asocia a los estados negativos. Se busca optimizar las decisiones futuras en función del pasado, regulando las elecciones que nos llevaron al éxito.

De esta manera, conectando con la Periodización Táctica, fácilmente se percibe que con la vivencia sistemática y jerarquizada de los principios de juego -a través de la manifestación continua del morfociclo patrón-, esta metodología de entrenamiento no solo busca crear imágenes mentales -'grabar' en el cuerpo experiencias relativas al *jugar* pretendido- sino también asociarles emociones y sentimientos que faciliten las tomas de decisión durante la competencia y entrenamiento. O sea, utilizar esa herramienta del cerebro que son los marcadores somáticos.

> La creación de marcadores somáticos, a través de la vivencia de un determinado jugar, o sea, de los principios de juego que lo sustentan, impregnada de carga emocional y respectiva sentimentalidad, posibilita que en el momento del surgimiento de situaciones y contextos similares, la toma de decisión sea más rápida por la disminución de la cantidad de información a des-

> codificar, permitiéndonos así anticipar o al menos vivir el juego de forma anticipada respecto a los adversarios.
>
> (Maciel, 2011a, p. 460).

> Aquí nos parece posible decir que tal vez el sentimiento pueda ser una «idea» del cuerpo cuando el organismo, como un *todo*, reacciona emocionalmente durante la vivencia jerarquizada de una cierta forma de jugar. Probablemente, podemos hablar de una especie de ***especificidad de sentimientos***, entendidos como «mapas cerebrales» que representan las reacciones al proceso y sus resultados. Si es así, estos serán más significativos en cuanto el proceso promueva su aparición, es decir, cuanto más se entrene en ***especificidad***.
>
> (Oliveira et al., 2006, p. 208-209).

La Periodización Táctica, cuando es bien operacionalizada, proporciona no solo el surgimiento de mecanismos que ayudan en las elecciones durante la competencia y entrenamiento, sino también reduce el tiempo de las mismas, a través del proceso de habituación.

3.8.4 La creación de hábitos como presupuesto para un buen *jugar*

> Somos lo que repetidamente hacemos. La excelencia, por lo tanto, no es un hecho, sino un hábito.
>
> Aristóteles.

> O essencial é saber ver,
> Saber ver sem estar a pensar,
> Saber ver quando se vê,
> E nem pensar quando se vê
> Nem ver quando se pensa.
>
> (Fernando Pessoa, 1974, citado por Sousa, 2009, p. 5).

> Há quem p'ra jogar
> não deva pensar, sempre...
> O corpo fá-lo por si, sem falhar
> ligado ao cérebro não-consciente.
>
> (Frade, 2014a, p. 76).

Para Rui Faria (2006), el objetivo del proceso será siempre el mismo: hacer cerebral (*¡y también corporal!*) la dinámica de interacciones intencionalizadas, que es organización, que es filosofía, que es emoción. Crear intenciones y hábitos en los jugadores. Debemos hacer que un conjunto de principios pasen a ser subconscientes y conscientes para manifestar naturalmente una forma de jugar.

Dice McCrone (2002) que la finalidad del cerebro es optimizar comportamientos, manipular con destreza las necesidades del cuerpo contra las amenazas y las posibilidades del momento. Aunque muchas personas creen que el cerebro y el sistema nervioso trabajan a la velocidad de la luz, no es lo que verificamos. El neurocientífico francés Changeux (2002 citado por Campos, 2008) plantea que el sistema nervioso de todos los organismos vivos, incluido el hombre, propaga las señales eléctricas a una velocidad mucho menor que la de la luz.

Esto significa que las señales neuronales no explotan las ondas electromagnéticas que provienen de las fuerzas fundamentales del mundo físico, siendo que esta limitación física es una herencia que nos ha sido heredada a través de la evolución de las especies. Para que un individuo elabore una respuesta mental, en plena conciencia, tarda cerca de medio segundo hasta que toda la jerarquía de procesamiento cerebral haya hecho su trabajo.

En el juego de fútbol, donde los jugadores deben tomar decisiones (acertadas) en el calor del momento, y donde prácticamente casi no hay tiempo para pensar, de hecho, para una deliberación consciente, sólo 500 milésimas de segundo es muy poco tiempo.

> Experimentos de laboratorio muestran cuánto tiempo le lleva al cerebro integrar nuevas informaciones. Cuando se pide a las personas que aprieten un botón en el instante en que una luz parpadea,tardan 200 milésimas de segundo, 1/5 de segundo. Alrededor de 120 milésimas de segundo son necesarios para registrar el hecho de que la luz parpadeó y otros 80 para que el dedo se mueva. Este tiempo es necesario para una simple tarea que no requiere pensamiento. Para cualquier otra que requiere atención, como hacer malabarismo, el retraso de la respuesta está cerca del medio segundo.
>
> (McCrone, 2002, p. 42-43).

Si para hacer malabarismo el retraso de la respuesta está cercana al medio segundo, imagine para el fútbol, donde, en la mayoría de los casos, no hay ninguna hipótesis de parar para comparar todas las opciones disponibles, pues hay que decidir y actuar con rapidez y eficacia casi instantáneas.

Sabemos que para tener éxito en esta modalidad la precisión decisoria y de ejecución es absolutamente necesaria y, a pesar de ser una tarea muy complicada, muchos jugadores de fútbol demuestran una impresionante capacidad de tomar decisiones y ejecutarlas con gran precisión y en un cortísimo espacio de tiempo. En las diversas circunstancias que el juego les va presentando, consiguen crear soluciones eficaces, aunque estén sometidos a una gran presión circunstancial (por parte de los adversarios, *timings* de los colegas, espacio donde la acción ocurre, resultado y tiempo de juego).

Cuando asistimos a un partido y nos encontramos con grandes jugadas, ejecutadas en una fracción de segundo, muchas veces nos preguntamos: ¿cómo lo hizo? ¿Tan rápido? Esta pregunta no solo fue hecha, sino fue llevada a cabo por algunos neurocientíficos en experimentos. Ellos querían saber si los deportistas en general eran seres humanos diferentes de los demás en lo que se refiere a la velocidad con la que sus Cuerpos responden a los estímulos.

McCrone (2002) menciona que al someter a tenistas profesionales a pruebas de tiempo de reacción, que no incluyen sus actividades, se consideraron lentos. Esto quiere decir que sus cerebros no funcionan más rápido, no pueden ver lo que está sucediendo ni un poco más rápido que la generalidad de las personas, y eso nos incluye a usted y a mí. Y más: creo que si en vez de tenistas, fueran jugadores de fútbol el resultado sería el mismo.

Entonces, ¿cómo es posible? ¿Cómo muchos jugadores tienen capacidad de reacción mucho más rápida que otros cuando realizan sus actividades específicas?

Sabemos que durante un partido de fútbol casi siempre los jugadores tienen que tomar y ejecutar decisiones en un pequeñísimo espacio de tiempo de manera eficaz. El problema es que los mensajes nerviosos no parecen desplazarse con suficiente rapidez para ello. ¿Cómo es posible? La respuesta a esta pregunta está en el hábito[85] y la anticipación. Ellos pueden ayudar al cerebro a derrotar el tiempo.

En resumen, el cerebro puede ser lento, pero no es tonto. Los cerebros simplifican el problema de su lentitud a través de atajos de procesamiento, creando puentes entre las lagunas, gastando así el menor tiempo posible:

---

85 **Hábito:** Para McCrone (2002, p. 67), *"el hábito es una acción mental aprendida que puede ser realizada sin pensamiento ni supervisión consciente. También llamado de patrón de acción fija o automatismo"*. Damásio (2000, citado por Oliveira *et al.*, 2006) agrega que el hábito o automatismo resulta de conocimientos, es decir, imágenes mentales, que fueron creadas a través de experiencias, algunas conscientes y otras no conscientes, que quedaron grabadas en las memorias, y que se utilizarán para decidir y reaccionar rápidamente ante una determinada situación.

> Crear puentes entre cientos de áreas corticales requiere trabajo. Pero el cerebro puede crear atajos en esa respuesta y reaccionar fuera de los patrones, cortando el tiempo de procesamiento de 500 milésimas de segundo a 'solo' 200.
>
> Existen estructuras cerebrales inferiores especializadas en este trabajo. Una agrupación de centros nerviosos, los ganglios basales, se alberga dentro de los hemisferios cerebrales, observando silenciosamente los patrones de atención y la toma de decisiones que se forma en la lámina cortical arriba.
>
> En vigilancia, los ganglios basales comienzan a ver cuáles patrones sensoriales producen más tarde determinada respuesta. Ellos podrán hacer, literalmente, un cortocircuito para la producción de ese estado de salida. En el momento que el tipo correcto de sensación comienza a llegar, los ganglios basales pueden disparar la misma respuesta de manera inmediata, sin pensar. La tarea se hará como si el cerebro superior hubiera ponderado cuidadosamente su respuesta.
>
> (McCrone, 2002, p. 43-44).

Este es un truco inteligente para ahorrar tiempo, que funciona cuando el cerebro experimenta la misma situación en ocasiones suficientes para conseguir una conexión en forma de hábito, explica el autor. Por ejemplo, pensemos en el aprendizaje de un conductor de automóvil: inicialmente durante las clases prácticas de la escuela de conducción, e incluso durante las primeras vueltas ya con la primera licencia de conducción en manos, el recién conductor pierde mucho tiempo y gasta mucha energía para concentrarse en varios detalles, que en una fase inicial son extremadamente relevantes, como mirar el cambio para cambiar de marcha, controlar cuidadosamente la relación del pedal de aceleración con el embrague, concentrarse para no olvidarse de prender las luces direccionales para realizar giros.

Para Baars (1998, citado por McCrone, 2002), casi todas nuestras acciones son más bien hechas cuando las hacemos de forma inconsciente. En la primera vez estamos inseguros, atrapados y atentos a demasiados detalles. Con el paso del tiempo y especialmente con muchas y muchas horas de práctica, el conductor de tanto repetir los movimientos -manejando-, crea atajos cerebrales que le permiten ejecutar estas acciones ya no necesitando de la plena conciencia, ahorrando energía y permitiendo dirigir su atención a aspectos más complejos como, por ejemplo, la relación de su coche con el tránsito.

La automatización realizada a través de la práctica y de procesos subconscientes es incluso tan increíble que es posible conducir el co-

che al mismo tiempo que se conversa largamente con el pasajero al lado sobre lo que van a hacer el fin de semana, mientras que el subconsciente desempeña todas las maniobras complejas que permiten que el conductor conduzca por la ciudad.

La 'mente consciente' queda tan ocupada con la conversación que sólo después de unos cinco minutos el conductor percibe que ni prestó atención a lo que estaba haciendo. Sabe que está en el lado correcto de la pista y que está siguiendo el tráfico normalmente. Si mira por el retrovisor, verá que no atropelló a los peatones ni destruyó los postes en el camino. Su 'mente subconsciente' le hizo salir tan bien en este trayecto, aunque él no había prestado atención a su comportamiento a lo largo de todo ese tramo del viaje. Su mente subconsciente aparentemente desempeñó bien la tarea de conducir, exactamente como fue enseñada en la escuela de conducción (Lipton, 2007), y eso es fruto de la habitu (acción), donde el hábito se adquiere en la acción, a través de una determinada relación mente-hábito. El fortalecimiento de los hábitos se efectúa cuanto más veces una experiencia es repetida, o sea, es la repetición que hace más densa la conectividad neural.

Saliendo del campo del aprendizaje de conducción de vehículos y entrando en el área de interés, el fútbol y el aprendizaje de un *jugar*, cuando vivimos una misma o parecida situación repetidas veces, los ganglios basales logran identificar los patrones sensoriales que produjeron una determinada respuesta a las situaciones que el individuo experimentó. De esta manera, al experimentar una situación similar, el cerebro podrá literalmente hacer un cortocircuito para la producción de ese estado de salida, permitiendo al individuo que responda con mayor velocidad y no necesite la plena conciencia para hacerlo.

Es como una persona que gana un ordenador nuevo y que de tanto utilizarlo pasa a escribir sin necesidad de ver el teclado (pero al principio necesitaba verlo y si estaba acostumbrado a otro ordenador, con otro teclado, muy probablemente le llevó tiempo y se equivocó varias veces en la digitación).

> En el momento que el tipo correcto de sensación comienza a llegar, los ganglios basales pueden disparar la misma respuesta de manera inmediata, sin pensar. La tarea se hará como si el cerebro superior hubiera ponderado cuidadosamente su respuesta.
>
> (McCrone, 2002, p. 43-44).

De este modo, los jugadores que se entrenan según la Periodización Táctica experimentan contextos y situaciones relativas al *jugar* pretendido repetidas veces, en diferentes escalas de organización, dándoles

la posibilidad para que el Cuerpo pueda ejecutar la respuesta necesaria para la consecución de la finalidad de manera casi inmediata , 'sin pensar', como dice McCrone.

Sin embargo, aunque es una respuesta más rápida y 'sin pensar' , esa respuesta se hará como si el cerebro superior hubiera ponderado cuidadosamente su respuesta. Dicha vivencia y experimentación en situaciones similares es promovida por el principio metodológico de las propensiones, debidamente articulado con los demás, y posibilita que los jugadores en competencia reaccionen de manera más rápida y no por eso ineficazmente (por el contrario).

Esta repetición sistemática de los principios de juego, debidamente soportada por la lógica del morfociclo patrón, es fundamental:

> Las primeras conexiones hechas en un circuito neural se refuerzan cada vez que se sigue la misma secuencia hasta que los caminos se vuelven tan fuertes que pasan a ser el recorrido automático –y un nuevo circuito es instalado-.
>
> (Goleman, 2006: 231, citado por Maciel, 2011a, p. 449-450).

> No sé si el lateral derecho al recibir la pelota va a jugar con el extremo o va a jugar con el central, porque eso es lo que es la variabilidad, es el aquí y ahora, la decisión del jugador. Pero está condicionada a lo que deseamos, por lo tanto, queremos tener la posesión de la pelota y el pivote está marcado, por lo que no va a arriesgarse con un pase para él y va a jugar para el central. ¿Y está condicionado a qué? A querer jugar con seguridad para que mantengamos la posesión del balón. No sé lo que va a suceder en el aquí y ahora, pero sé que mi equipo va a tener determinadas interacciones por lo que construyo en el proceso de entrenamiento.
>
> (Gomes, 2007 citado por Campos, 2008, p. 36).

En este caso, la construcción del proceso de entrenamiento de Marisa Gomes hace que los jugadores vivan varias veces situaciones similares a lo que se pretende en términos de acciones e interacciones intencionalizadas y, por lo tanto, condicionados por la idea de juego, optan en la mayoría de las veces por aproximar sus acciones y decisiones al *jugar* pretendido. En el caso de la autora, a mantener la posesión del balón, en detrimento de arriesgarse a perderla, sobre todo en el primer tercio del campo a través de pases a riesgo; de esta manera, los jugadores se orientan hacia los principios de relación que generan un *jugar* concreto, con una lógica y no con jugadas mecanizadas que no consideran las circunstancias.

El hábito permite que el jugador deje de dedicar su atención a aspectos más elementales y dirija su enfoque a aspectos más dinámicos, como la gestión del aquí y ahora, como llevar a efecto la idea en un determinado momento del juego, ante determinadas circunstancias, tal como el ejemplo mencionado por Marisa Gomes.

Rui Faria, principal asistente de Mourinho (citado por Maciel, 2011a), hace referencia a la importancia de la habituación y afirma que ésta sólo se adquiere a través de la acción, a través de una determinada relación mente-hábito: "*En los entrenamientos insistimos mucho en la habituación. El entrenamiento crea el hábito y después, en el juego, en vez de que el acto sea pensado, éste surge de forma subconsciente y natural*".

Para Malson (1988, citado por Maciel, 2011a) parece consensual considerar que la adquisición de hábitos, tanto a nivel motor como mental, demanda la repetición para que la estructura o el esquema se instale definitivamente. La mayoría de las acciones y decisiones que tomamos, aunque parezcan conscientes e instantáneas, son resultado de procesos subconscientes que ocurren en el cerebro, ya que éste se prepara para ejecutar los movimientos mucho antes de sentir conscientemente voluntad de hacerlo. "*Para que se pueda dirigir esos movimientos es necesario experimentarlos de antemano, transformándolos en hábitos*" (Guilherme Oliveira, 2004, p. 163).

Un pianista profesional, por ejemplo, cuando ofrece un concierto, sus acciones son esencialmente automáticas, no siendo ni precedidas ni acompañadas de intenciones y deliberaciones conscientes específicas. ¿Siendo así podemos pensar que el pianista no actúa libremente? Es ahí donde descuidamos todo su trabajo meticuloso de preparación, las horas interminables que pasó para tener estos automatismos. Por aquí, tanto en el piano y en el fútbol, vemos que el entrenamiento es fundamental, incluso de lo que hacemos de manera automática y aparentemente inconsciente (Campos, 2008).

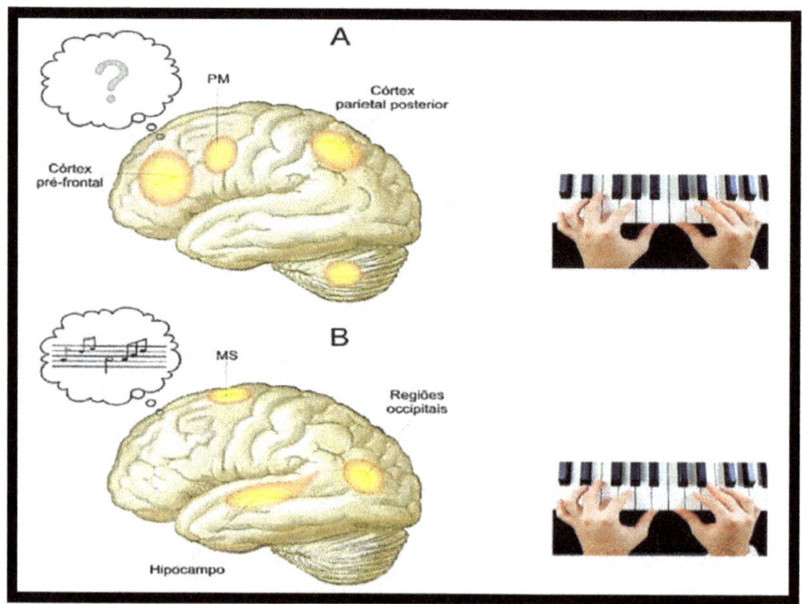

Experimento de Passingham. Adaptado de Lent (2010).

La figura ilustra el experimento de Passingham (1994 citado por Lent, 2010), donde el individuo primero debería descubrir una secuencia correcta de movimientos en el piano y después de descubiertos, debería repetirlos.

Durante el monitoreo cerebral evidenciado por la figura, se puede percibir claramente que cuando estamos aprendiendo un movimiento, una gran actividad mental es exigida. En la medida en que aprendemos este movimiento, se vuelve menos cognitivo y más asociativo, exigiendo una menor actividad mental, como queda claro por la reducción de las áreas en actividad mostradas en la figura.

> Este aprendizaje motor resulta en la generación de los llamados engramas motores, que son verdaderos patrones de movimiento almacenados en la corteza cerebral y que pueden ser reclutados cuando el sujeto se ve en la inminencia de realizar un movimiento ya aprendido. Esto explica por qué conseguimos realizar algunos movimientos con bastante automatismo después que los aprendimos, en contraste con la gran concentración que estos movimientos nos exigían mientras los estábamos aprendiendo.
>
> Es importante notar también que, durante la fase de aprendizaje del movimiento, o sea, mientras el individuo estaba tra-

> tando de descubrir la secuencia correcta de movimientos, se puede notar una actividad importante del cerebelo. En vista de que esta importante área del encéfalo está relacionada con la coordinación de movimientos más complejos, queda claro que durante esta fase de aprendizaje, el movimiento se muestra como un desafío a ser superado y, debido a ser encarado con dificultad, resulta en el accionamiento de ésta importante región encefálica, lo que no ocurre después del correcto aprendizaje de la secuencia de movimientos, en que el cerebelo no presenta más actividad en el monitoreo por resonancia magnética funcional.
>
> (Vaz, 2010).

A diferencia de las decisiones triviales, las decisiones complejas implican un conjunto mayor de dimensiones interdependientes. Cuando estas no están habituadas (automatizadas), se demanda mucho esfuerzo, lo que acaba conduciendo a un estado de fatiga.

> Cuando hablamos de habituación, diversos estudios concluyeron que en tareas demasiado complejas, cuando se intenta automatizarlas, mayor es la 'activación cerebral', específicamente en las áreas de la corteza parietal, la corteza premotora y el cerebelo. Cuando ocurre la automatización, la actividad cortical disminuye. Las conexiones subcorticales con los ganglios de la base (y el tálamo) son las que controlan la ejecución, de manera que ésta ya no necesita un control consciente (Correa, 2007).
>
> (Casarin & Greboggy, 2012b).

Por lo tanto, se puede decir que el hábito solo es posible de ser adquirido en la acción (en el caso del fútbol en la interacción), a través de una determinada relación mente-hábito, donde el cerebro logra ahorrar energía, atenuando la fatiga, creando mecanismos que permiten dar la respuesta en un tiempo considerablemente menor que cuando el procesamiento es hecho de manera consciente.

Como se dijo anteriormente, los jugadores de fútbol que hacen elecciones precisas en fracciones de segundo, cuando son sometidos a pruebas de reacción en otro contexto (fuera del fútbol), ellos probablemente serán como cualquier otro sujeto: sus cerebros posiblemente no funcionan más rápido y tendencialmente no consiguen ver lo que está sucediendo ni un poco más rápido que el resto de nosotros.

Esta constatación científica es extremadamente relevante (aunque fue realizada con jugadores de tenis), porque valida una vez más los beneficios de la Especificidad promovida por la vivencia de procesos de

entrenamiento según la lógica de la Periodización Táctica. Recordemos una vez más que los efectos de la adaptación tienen una relación directa con los estímulos que la provocan.

Por lo tanto, es imprescindible que el proceso de entrenamiento sea Específico, no sólo para crear marcadores somáticos relativos a un *jugar*, sino para hacer las intenciones[86] previas[87] (idea de juego), que son conscientes, en intenciones en acto[88], que en la gran mayoría de las a veces se manifiestan en el dominio predominante subconsciente, de modo a optimizar y calificar los procesos de decisión, convirtiéndolos para el *jugar* del equipo.

El objetivo del proceso será siempre el mismo: hacer cerebral y corporal la dinámica de interacciones intencionalizadas que es organización, filosofía, emoción; crear intenciones y hábitos; desarrollar concomitantemente un saber hacer con un saber sobre ese saber hacer, para manifestar naturalmente una forma de jugar.

Basándose en los conocimientos de Changeux (2002), Campos (2008) recuerda que el entrenamiento crea representaciones que posibilitan aumentar la velocidad de los acontecimientos, haciéndolos depender de algo previamente definido (*la idea de juego*) y no solo de la solución que el cerebro tendría que encontrar y realizar para cada momento del juego. O sea, posibilita crear puentes entre las lagunas de procesamiento cerebral, disminuyendo, por lo tanto, su latencia, a través de la activación de procesos subconscientes que podrán ser adquiridos (interiorizados/somatizados) por medio del entrenamiento (específico), posibilitando así que los jugadores y el equipo consigan orientar sus decisiones basándolas en los patrones del *jugar*, ahorrando tiempo y esfuerzo.

Así como resalté exhaustivamente en este libro, para interiorizar intenciones/patrones de interacción, colocándolos en el plano del sub-

---

86 **Intenciones**: Para Jacob & Lafargue (2005, citado por Gaiteiro, 2006), una intención es una representación muy especial pues representa sólo lo que es posible; implica obligatoriamente el agente en la preparación de la acción; puede ser, a menudo, no consciente.

87 **Intenciones previas:** La intención previa se caracteriza cuando el sujeto forma conscientemente el proyecto antes de efectuar una acción, es decir, existe una deliberación consciente previamente a la acción (Gaiteiro, 2006). "*Las intenciones previas tienen que ver con el criterio, con lo que debe determinar la interacción, por lo tanto, tiene que ver precisamente con el plano intencional, tiene que ver con la representatividad de lo que yo hago, es la dimensión simbólica que me lleva a actuar de cierto modo* "(Maciel, 2011b, p. 47).

88 **Intenciones en acto**: También conocidas como intenciones en acción, las intenciones en acto nacen en el calor de la acción sin que sean necesariamente premeditadas, siendo incluso, en la mayoría de las veces, no conscientes (Oliveira et al., 2006). Maciel (2011b) refuerza precisamente esto al explicar que las intenciones en acto tienen que ver con el plan de la concretización, es lo que se manifiesta en el hacer.

consciente (y posteriormente en el plano consciente), la comunicación no sustituye en modo alguno a las (inter)acciones, pues es a través de ella(s) que se crean los hábitos que deseamos implementar.

Por lo tanto, solo la identificación verbal con los principios de juego no es suficiente. Recordemos lo que dice el profesor Frade (2013a, p. 410/414): "*El jugar no es de la esfera de las palabras, del discurso, no es materia de predicación, es materia de acción*".

Al respecto, muchos entrenadores quieren transmitir la idea de juego (la intención previa) a través del discurso y no raras veces suelen decir: "*¡Ah, los jugadores saben exactamente qué hacer! Yo les dije muchas veces*".

En el juego, en cualquier acción, el primer problema que se plantea al jugador es siempre de naturaleza táctica: "¿qué hago aquí y ahora?". Pero el problema está exactamente aquí: esta pregunta "*¿qué hago aquí y ahora?*" en el juego es una pregunta no consciente, cuya respuesta es también dominantemente no consciente.

Mientras algunas intenciones resultan de una deliberación consciente anterior a la acción, otras nacen en el calor de la acción sin que sean siempre premeditadas. Es decir, deben distinguirse dos tipos de intenciones: las *intenciones previas*, conscientes, y las *intenciones en acto*, en la mayoría de las veces no conscientes.

Con respecto a este tema, Amieiro & Maciel (2011) nos invitan a imaginar la siguiente situación: imaginen que usted, lector, va a desplazarse de un punto a otro de la ciudad, pasando en coche por una vía rápida y a gran velocidad. Antes de salir, le damos la orden de que, si por casualidad, algún perro aparece en medio de la calle, en lugar de usar el freno pisando el pedal, usted deberá utilizar el freno de mano. Usted, lector, consciente con esta intención previa, cuando aviste el perro cruzando la avenida, frenará utilizando sólo el freno de mano.

Sin embargo, al conducir a gran velocidad y al encontrarse con el perro, repentinamente, será que en el calor de la acción, en este contexto cargado de emoción, donde estás obligado a decidir de manera muy rápida, ¿utilizarás el freno de mano para frenar? Es muy probable que recurras al pedal para frenar el carro.

Esto es porque en el calor de la acción, cuando somos forzados a tomar decisiones rápidamente, cuando la emoción se apodera de nosotros no tenemos acceso consciente ni a las preguntas, ni a las respuestas, simplemente hacemos en función de hábitos adquiridos, en este caso, el uso del freno por pedal fue infinitamente mayor que el freno de mano a lo largo de la vida del conductor.

¡Así ocurre también en el juego de fútbol! En contextos no lineales, en el calor de la acción, cuando la emoción se apodera de nosotros

no tenemos acceso consciente ni a las preguntas ni a las respuestas, simplemente hacemos y hacemos en función de hábitos adquiridos.

A acção
num contexto de incerteza,
não vai lá com pregação
disso tenho eu a certeza!

(Frade, 2014a, p. 104).

Por eso, desde el inicio del proceso, debemos entrenar siempre en especificidad, llevando a los jugadores a vivir constantemente los patrones de interacciones pretendidas, para que los mismos puedan dejar sus viejos hábitos atrás y adquirir nuevos hábitos.

Esta adquisición de nuevos hábitos, como ya he dicho, no sucede del día a la noche, necesita tiempo y mucho entrenamiento. Esto es porque lo que queremos no es solo que los jugadores incorporen nuestra idea conscientemente, sino también, principalmente, de manera subconsciente.

Creo que el entrenador deberá tener mucha paciencia y discernimiento en la conducción del proceso. Es muy común que los jugadores, por más que ya posean un conocimiento consciente de los patrones de respuesta que pretendemos, no consigan tener la consistencia y la regularidad deseada durante la competencia y acaben por manifestar sus patrones de respuesta antiguos (así como en el ejemplo del perro), sobre todo cuando empiezan a perder la concentración y/o en situaciones de estrés, presión y fatiga.

Mara Vieira (citada por Tamarit, 2013b) explica que ya en los primeros días de convivencia con su equipo, ha hecho algunas presentaciones para sus jugadoras mostrando la idea de juego pretendida, o parte de ella, sea por imágenes, videos, y fue posible percibir que las jugadoras conscientemente comprendían lo que debían hacer en el campo, pero cuando se entrenaban o jugaban tenían una gran tendencia a regresar a los hábitos antiguos, o sea, patrones de respuestas diferentes de las que la entrenadora idealizaba.

En una fase inicial, la tendencia a volver a los hábitos antiguos es enorme. Esto es fácilmente verificable cuando en el inicio del trabajo, en entrenamientos y también en partidos (oficiales o no), desde el momento en que los jugadores se cansan (física y mentalmente), hay una tendencia natural a volver a lo que es habitual, lo que a menudo significa patrones de respuesta diferentes de los que pretendemos. El entrenador debe entender este proceso, interviniendo cuando sea necesario.

Esto puede motivar que en los primeros partidos amistosos, el entrenador lleve al campo el equipo por un período más corto de lo habitual, cambiando a los jugadores; así como durante los entrenamientos, parando el ejercicio cuando patrones que no queremos entrenar están sucediendo. Un entrenador sin sensibilidad para detectar esto y/o que no interviene, continuamente pasará a 'entrenar errores', en lugar de entrenar su idea de juego. De hecho, el mayor "problema" está en el subconsciente, en los patrones de respuesta adquiridos por la experiencia.

Por ejemplo, un defensa central que está acostumbrado a hacer despejes hacia adelante para 'no complicarse' (aunque tenga alguna opción de pase viable) ante la mínima presión que recibe del adversario. Por más que conscientemente el jugador entienda, cuando él comienza a perder la concentración, y/o en los momentos de mayor presión, estrés competitivo, que es cuando nuestro subconsciente nos conduce dominante, existirá una fuerte tendencia en el jugador a pasar a responder como siempre lo hizo, en este caso hipotético,deshaciéndose de la pelota.

> É por isso, que cansado
> Com o bom padrão enraizado,
> É muito menor o pecado
> Ao querer jogar fatigado!
> Vítor Frade.
> Não é um modelo no papel
> é p'los corpos um modelo,
> nada tem com folhas de excel
> é bem diferente o apelo.
> É modelo porque somatizado
> habituação adquirida na acção,
> se assim não for contemplado
> modelo de jogo mais que ficção,
> é alienação,
> por mais apologia
> à "malhação"no dia-a-dia.
>
> (Frade, 2014a, p. 41-42).

"Si yo quiero que el delantero X juegue bien abierto, cuando antes lo hacía cerrado, en los primeros 15 minutos del partido lo vas a tener pegado a la raya. Pero después se tirará hacia adentro porque fue lo que hizo siempre".Con estas palabras, Tamarit (2013d) alerta sobre la necesidad de crear hábitos durante todos los entrenamientos, ya que el 90% de las elecciones que tomamos son hechas a través del subconsciente, es decir, están adquiridas.

Por eso, si no entrenamos los patrones deseados con el objetivo de habituar a los jugadores, por más que podamos decir, o incluso gritar, no va a funcionar, ellos no tendrán capacidad para desempeñar lo que se pretende con consistencia y regularidad durante el partido.

Costa (2012) explica que en una situación de miedo o de 'estrés' crónico, hay una hipertrofia de las zonas cerebrales ligadas a los hábitos y una hipotrofia de las zonas ligadas a la acción por objetivos (intención previa). Es decir, hay una tendencia a tomar decisiones de rutina (lo que estamos acostumbrados a hacer).

Este es otro de los motivos que justifica que el entrenamiento se haga en especificidad y en función de la Especificidad (nuestro referencial macro estandarizable), llevando a los jugadores y al equipo a crear hábitos y automatismos relativos a la idea de juego, en sus diferentes escalas, para que puedan dar una respuesta optimizada, consiguiendo determinar los acontecimientos que van emergiendo en los diferentes lances del partido. Es decir, en el 'aquí y ahora'.

Así, trataremos de vivenciar la "misma cosa" todos los entrenamientos, aunque no de la misma manera, es decir, los ejercicios del entrenamiento se remitirán a la idea de juego, pero serán concretizados con variabilidad, y al mismo tiempo con poca ambigüedad, de diferentes maneras, en diferentes escalas, como ya se ha mencionado a lo largo del libro. Como suele decir Vítor Frade, ***debemos establecer una rutina, sin caer en la rutina.***

> Yo utilizo normalmente dos conceptos: el entendimiento de juego y más apropiadamente el entendimiento del jugar, porque es aquel que yo pretendo (el entendimiento de juego genérico también es cultura y es importante). Muchas veces el conocimiento genérico que ellos tienen del juego puede ser un obstáculo para el entendimiento de juego o del jugar que pretendo. Ahora eso, el hecho de entender no los lleva a hacer mejor, pero que ayuda, ayuda, porque de hecho muchos de nuestros comportamientos, contrariamente a lo que la gente piensa, son de la esfera del no consciente. Pero ¿de qué? ¡De una habituación! Si ellos están acostumbrados a otra lógica es fundamental que se la desmonte. Pero ¿en función de qué? De la asimilación de la lógica que nosotros queremos, y cuando pasa a ser hábito entonces es que es espontánea. El hábito es una intención adquirida en la acción, digámoslo así. Es actuando que se llega a eso. Hasta neurocientíficamente o neurobiológicamente no es lo mismo, yo hasta suelo decir que sólo el acto intencional es educativo.
>
> (Frade, 2013b, p. 97/98).

> Por lo tanto, si los individuos vienen de afuera y el juego que tienen en la cabeza, en la cabeza y en las uñas de los pies, en el consciente y en el subconsciente... si los jugadores no son burros no es muy difícil el 'nuevo' juego estar en el consciente, pero esto sólo no llega, es el cuerpo entero que juega, con una dimensión afectiva y emocional incorporada y esas tienen que ver con los hábitos adquiridos, tienen que ver con lo que aún no ha sido cambiado. Esto requiere tiempo. Incluso a nivel *top* teniendo veinte y pocos años, salvo rarísimas excepciones, ellos deben haber jugado fútbol toda la vida y deben tener kilómetros y kilómetros de fútbol en las piernas.
>
> (Frade, 2013b, p. 112).

Tal como Cruyff (1986, citado por Sousa, 2009) resaltaba: en el fútbol no debes estar solamente disponible para aprender, debes estar disponible también para desaprender.

> Es importante que se perciba que en este tipo de contextos, lo que va a suceder a continuación es imprevisible, nosotros no lo dominamos completamente, es al azar, es imprevisible. En estas circunstancias, añadidas de la emotividad y del estrés de la competencia, que se añade a este problema, existen estos conflictos: "lo que quiero hacer y lo que en la situación voy a hacer", así como "lo que hago y que es contrario a lo que debería querer hacer".
>
> (Amieiro & Maciel, 2011).

En estos casos, la elección va a tender mucho más a lo que el jugador está acostumbrado a hacer. Y lo que queremos en entrenamiento es acercar las intenciones en el acto de las intenciones previas y sólo hay un modo de hacer eso: siempre entrenar aspectos en función de nuestra idea de juego[89], teniendo como soporte el respeto sistemático por el morfociclo patrón.

---

89 Ya lo comentamos, pero otra vez más vale la pena resaltar que las unidades de entrenamiento centradas predominantemente en la adquisición de la idea de juego no se llevarán por telepronter, es decir, por 'leyenda', por cartilla (*has esto, has lo otro*), mecanizando y restringiendo las opciones del jugador al nivel del detalle. Algunos entrenadores quieren controlar todo, incluso el aspecto más micro, más ínfimo en cada situación del juego.
Esto, con cierta frecuencia, hace que los jugadores queden demasiado y excesivamente presos a lo que el entrenador dice, viviendo en una esfera mucho más 'consciente', 'perdiendo' el lado intuitivo, la creatividad y con ello la posibilidad de resolución de los problemas. En resumen, acaban por mecanizarse, convirtiéndose en robots, perdiendo su identidad y real potencialidad.

No primeiro contacto
com a ideia de jogo
dá-se uma apreensão de facto
mas não no corpo todo,
só a identifica a cabeça
dos jogadores
aí, como juízos de valor
mais ou menos esclarecedores,
intenção prévia qual motor...
portanto,
p'ra que na somatização se teça
é necessário, entretanto,
experenciá-la na temporalidade
p'ra que marcada somaticamente
pela superaprendizagem
fique em cada um
a equipa como especificidade
e sem equívoco nenhum
ao longo da viagem...
como hábito adquirido na interacção,
habituação padronizada
e na temporalidade modelada
manifestável não-conscientemente
é da equipa a identidade,
da qualidade a identificação,
do que é a intenção prévia antecedente,
a redundância... 2

que pela diacronicidade
o estar pronta mas não acabada
é na estética a elegância
que colhe da variabilidade
o emergir do não querer-se terminada,
cujo algoritmo...
como algo que lhe dá o ritmo,
está nos morfociclos padrão
dinamizados
e experenciados,
sem qualquer contradição.

(Frade, 2016, p. 881).

Como resalta el profesor Frade, la creatividad no tiene una hora marcada, así, en un escenario ideal, la decisión del jugador en medio del 'caos' de cada instante del 'aquí y ahora', deberá emerger de manera creativa y autónoma, pero teniendo como telón de fondo y siendo estructurada por las macro referencias del *jugar*, conferidas y adquiridas por la vivencia sistemática del morfociclo patrón, brotando de manera condicionada a un 'comando exterior al sistema regulado', haciendo que el caos sea de hecho determinístico.

Este proceso de transformación de hábitos también contempla la metodología de entrenamiento utilizada durante el proceso. Por eso, vale una vez más resaltar que el 'café con leche' es extremadamente importante, ya que no sólo conscientemente, sino principalmente en el nivel subconsciente los jugadores tienen kilómetros de fútbol en el Cuerpo entero.

Además de que el subconsciente tiene un papel decisivo en nuestras elecciones, también ejerce una fuerte influencia en nuestra manera de sentir y de ver la vida. Si el lector tiene buena memoria, tal vez ahora podrá comprender de manera más clara nuestra preocupación, al inicio de este libro, con la gestión de la dimensión estratégica durante la competencia

Recuerden que no se debe incidir en la estrategia si el equipo aún no ha adquirido una identidad, hábitos, patrones de respuesta pretendidos tanto en la esfera consciente como subconsciente. Se corre el riesgo de crear una gran confusión en los jugadores, abriendo la posibilidad de que no consigan identificar claramente nuestro *jugar*, obstaculizando su funcionalidad, el tal *jugar* payaso en lugar del camaleón.

3.8.4.1 El hábito y la economía neurobiológica

Siendo el hábito un *saber hacer* que se adquiere en la (inter)acción, entrenar en especificidad y en función de la Especificidad, teniendo en la repetición sistemática el soporte de la viabilidad de la adquisición de los principios de juego es lo que permite promover la aparición de intenciones en acto de acuerdo con las Intenciones previas, lo que inevitablemente resulta en un aumento de calidad decisional y en economía neurobiológica (Oliveira *et al.*, 2006).

Estos últimos autores explican que el jugar[90], como cualquier otra idea de juego que se ajuste a una organización colectiva elaborada, y su operacionalización por la concentración que exigen, presupone un gran desgaste 'mentalemocional' y, en esta medida, elevado desgaste. Sin embargo, el *entrenar en especificidad* lleva a que las exigencias de concentración implícitas de una determinada forma de jugar pasen a ser menores. ¿Y por qué? Porque el hábito resulta en economía neurobiológica.

---

90 Es importante recordar que el *jugar* contempla dos dimensiones. Una, inserta e idealizada dentro de un plano conceptual, en el plano de las ideas y de las conjeturas, o sea, la idea de juego en sí. La otra dimensión se relaciona fundamentalmente con la modelación y concretización de la misma, es, como plantea Vítor Frade: ¡*Más que 'modelo de juego' somatizado en el equipo! Es concreto a lo que sucede en la 'competencia', es decir, en el juego.*

Como la esfera fundamental del *saber hacer* es del dominio no consciente y el hábito es un *saber hacer* que se adquiere en la interacción, el *entrenar* -el aprendizaje por la repetición- es un proceso de construcción del jugador en que el saber adquirido es dominantemente el patrimonio del no consciente. Si es así, el hábito lleva a que la solicitud más compleja de la tríada *corteza-cuerpo-acción* sea más salvaguardada, disminuyendo significativamente el *esfuerzo neurobiológico.*

La automatización asume de este modo grandes ventajas para las acciones de los jugadores, ya que además de permitirles gestionar problemas de grandeza y complejidad superiores, les permite acceder a niveles de creatividad más elevados, por pasar a ser capaces de crear soluciones de orden de complejidad más alto, para los problemas que el juego va colocando.

Además, el hecho de que el hábito permita una liberación al nivel de la atención necesaria, es de especial relevancia, para la gestión de la fatiga de los jugadores. Como consecuencia de la adquisición de hábitos relativos a un *jugar,* se observa la economía del sistema nervioso central (Carvalhal, 2002).

Al respecto António Damásio es bastante claro:

> El hecho de que podamos dispensar un examen consciente en algunas tareas automatiza una parte considerable de nuestro comportamiento y nos libera en términos de atención y de tiempo, para planificar y realizar otras tareas más complejas y para crear soluciones para problemas nuevos.
>
> (Damásio, 2000 citado por Oliveira et al., p. 214).

> La automatización también tiene gran valor en los desempeños motores técnicamente complejos. Una parte de la técnica de un virtuoso musical puede permanecer inconsciente, permitiendo que éste se concentre en los aspectos más elevados de la concepción de una determinada pieza y pueda así orientar la actuación para expresar ciertas ideas. Lo mismo se aplica a un atleta.
>
> (Damásio, 2000 citado por Oliveira et al., p. 214 - 215).

Atención a las palabras de Mourinho, en los dos fragmentos siguientes:

"Me gusta que mi equipo sea un equipo con posesión de balón, que la haga circular, que tenga muy buen juego posicional y que los jugadores sepan claramente cómo se posicionan" (citado por Oliveira *et al.,* 2006, p. 194).

> Quiero una alta circulación de balón y, para que eso suceda, tiene que existir un buen juego posicional, es decir, todos los jugadores tienen que saber que en determinada posición hay un jugador, que desde el punto de vista geométrico hay algo construido sobre el terreno de juego que les permite anticipar la acción.
>
> (Mourinho, citado por Oliveira et al., 2006, p. 193-194).

Al respecto, después de haber repetición suficiente y necesaria para que las intenciones e interacciones se marquen como hábitos, se crean condiciones para empezar a anticipar. Esto es porque tales intenciones e interacciones pasan a ser cada vez más normales para los jugadores, haciéndose automáticas, lo que permite que haya más atención para el detalle, como la posición del adversario; para los aspectos micro, como la forma en que van a evadir el rival o recibir, pasar determinada pelota, y para la elección de uno de los futuros posibles contenidos potencialmente en la ambigüedad de cada 'aquí y ahora'.

En el fondo, con la vivencia sistemática del proceso, el equipo y los jugadores adquieren la capacidad de reconocer, dentro de las diferentes situaciones del aquí y ahora, un determinado patrón de configuración que subyace la posible exactitud de la precisión.

Por lo tanto, es evidente la importancia de la adquisición de hábitos referentes a un *jugar*, no solo para que ese patrón de juego se manifieste con regularidad en competencia, sino también para que la atención de los jugadores pase solo a ser necesaria con respecto a los matices particulares de cada situación, lo mismo es decir, a la gestión del instante del aquí y ahora. Esto resultará en el ahorro de esfuerzo y la mayor disponibilidad de los jugadores para encontrar y crear soluciones para determinar las circunstancias.

También se hace necesario referir que en términos neurobiológicos, en la ejecución de cualquier acción de juego, solo un tercio del tiempo de realización se gasta en la ejecución propiamente dicha. Los otros dos tercios del tiempo total tienen que ver con la discriminación contextual y con la identificación de qué hacer.

> De aquí sobresale la importancia de la familiarización con los 'acontecimientos'. Es decir, con el juego y, más que eso, con nuestra forma de jugar. Porque, cuanto mayor sea la identificación con lo que se quiere, más fácil es la discriminación, mejor se identifica lo que va a suceder, más fácilmente un número significativo de jugadores piensa en función de la misma Intención al mismo tiempo.
>
> (Oliveira et al., 2006, p. 121).

Tal vez por eso es que el ex entrenador del Barcelona, Tito Vilanova, tras las lesiones de Puyol, Piqué y Abidal, decidió impro visar con Adriano, un lateral izquierdo en el eje de la defensa, como central (en aquel momento llevaba tres temporadas con el club catalán), en detrimento del suplente natural para esta posición, en aquella época el recién llegado Alex Song para enfrentar al Real Madrid.

Nos remitimos a las palabras del entrenador, reproducidas por el portal electrónico globoesporte.com el día 8 de octubre de 2012, al justificar la 'sorprendente' elección: "*Song conoce los conceptos, pero todavía toma tiempo para ejecutarlos*".

Otro ejemplo es el del entrenador campeón del mundo con el Corinthians y actual entrenador de la selección de Brasil, Tite. Él recibió la siguiente pregunta de un periodista de Lance!Net, en julio de 2013: "Usted nunca ha ocultado que le gustan las tácticas. ¿Éstas ganan juegos decisivos como el de martes?"

"*Con el acoplamiento a lo largo del tiempo, contribuye a ganar. No la táctica específica, sino cómo funciona. No es mágica: 'Mira, voy a poner el 1-3-5-2 para ganar el miércoles'. Yo no creo en eso. Usted tiene la organización táctica lista, hace ajustes. Si cambia la mecánica (no mecánica) del equipo, pierde el partido sin pensar. La velocidad del juego no le permite mirar, pensar, cambiar... Tiene que ser un proceso todo automático*", respondió.

Por lo tanto, el objetivo de hacer cerebral y corporal la dinámica de interacciones intencionalizadas que es organización, filosofía, emoción; crear intenciones y hábitos; desarrollar concomitantemente un saber sobre ese saber hacer para manifestar naturalmente una forma de jugar, como vimos se hace fundamental, donde la Periodización Táctica se configura claramente como una facilitadora para que eso suceda.

En suma, para aquellos entrenadores que desean que su equipo manifieste regularmente en competencia altos desempeños (en cualquier edad y realidad competitiva), la Periodización Táctica es claramente una metodología viable y deseable de ser operacionalizada.

REFERENCIAS BIBLIOGRÁFICAS

AMIEIRO, Nuno. **Defesa à Zona no Futebol. Um pretexto para reflectir sobre o «jogar»... bem, ganhando!** Visão e Contextos. Lisboa, Portugal, 2007.

AMIEIRO, Nuno., FRADE, Vítor., GUILHERME OLIVEIRA, José. **Periodização Táctica, Um modelo de treino**. Presentación realizada Barcelona. España, 2008.

AMIEIRO, Nuno; MACIEL, Jorge; **Obstáculos Concepto-Metodológicos à concretização da Periodização Táctica**. Conferencia presentada el día 25 de agosto de las 16:30h a las 18:30h. Porto Alegre, 2011.

AMIEIRO, Nuno. **Estruturação do Treino de Futebol em uma abordagem sistêmica**. Video conferenciaefectuada el dia 15 de septiembre de las 9:00h às 10:00h. Seminário de Futebol Fragata F.C, Pelotas, 2012.

ANCELOTTI, Carlo.**Mi árbol de navidad**. Traducción Patrícia Orts y Itziar Hernandéz. Editorial La Esfera de Los Libros – Madrid, 2013.

ANDERSON Chris; SALLY David. **Os números do jogo: por que tudo o que você sabe de futebol está errado**. Traducción de André Fontenelle – 1 ed. – São Paulo: Paralela, 2013.

AQUINO, C.F., VIANA, S. O., FONSECA, S. T., BRICIO, R. S., VAZ, D. **Mecanismos neuromusculares de controle da estabilidade articular**. Revista brasileira de Ciência e Movimento. Brasília, volumen 12, número 2, p. 35-42. Junio. Brasil, 2004

BACCHI, Adenor "Tite" In. **Em entrevista especial ao LINet, Tite abre o jogo sobre o "mundo das táticas" e fala de como levar a Recopa.** – Disponible en http://www.lancenet.com.br/minuto/entrevista-especial-LNet-Tite-Recopa_0_956904301.html#ixzz2gljE1X6t. Acceso: 17 jul. 2013.

BANGSBO, Jens. **Entrenamiento de la condición física en el fútbol.**Traducción Josep Padró Umbert. 3 ed. Editorial Paidotribo, 2002.

BANGSBO, J; MOHR, M; KRUSTRUP, P. **Physical and metabolic demands of training and match-play in the elite football player.**Journal Sports Science, v.24, p. 665-674, 2006.

BERTRAND, Yves; GUILLEMET, Patrick. **Organizações: Uma Abordagem Sistémica**. Lisboa: Instituto Piaget, 1994.

BILLAT, Véronique.**VO2max à l'épreuve du temps**. Bruxelles, éditions De Boeck, octobre, 2013.

BILLAT, Véronique.**Entrevista**. Revista La Recherche, N°513-514. Julio-Agosto, 2016.

CAMPOS, Carlos. **A justificação da Periodização Táctica como uma fenomenotécnica –«A singularidade da INTERVENÇÃO DO TREINADOR como a sua impressão digital»**. MC Sports. España, 2008.

CAPRA, Fritjof. **O Ponto de Mutação** (Traducción de À. Cabral). 31ª edición. Editora Cultrix. São Paulo, 2005.

CAPRA, Fritjof. **A Teia da Vida: Uma nova compreensão Científica dos Sistemas Vivos** (Traducción de N.R. Eichemberg). 10ªreimpresión. Editora Cultrix. São Paulo, 2006.

CARVALHAL, Carlos. **No treino de futebol de Rendimento Superior. A Recuperação é... Muitíssimo mais que "recuperar".** Editora Liminho, Industrias Gráficas Lda. 2ª edición. Braga, Portugal, 2002

CARVALHAL, Carlos. Entrevista. In FERNANDES, Virgílio Eduardo Martins Varajão. **Implementação do Modelo de Jogo: Da razão à adaptabilidade com emoção.**Trabajo de grado de Licenciatura presentada en laFacultad de Ciencias del Deporte y de Educación Física de la Universidad deOporto. Portugal, 2003.

CARVALHAL, Carlos. Prefácio. In: AMIEIRO, Nuno; **Defesa à Zona no Futebol – Um pretexto para reflectir sobre o «jogar»... bem, ganhando!** Visão e Contextos. Lisboa, Portugal, 2007.

CARVALHAL, Carlos. **Entre Linhas.**Prime Books. Portugal, 2014.

CASARIN, Rodrigo Vicenzi; GREBOGGY, Dênis de Lima. **Musculação e Especificidade: Duas moedas sem taxa alguma de câmbio.**Disponible en: http://otranscenderdofutebol.blogspot.com.br/2012/04/musculacao-e-especificidade-duas-moedas.html .Acceso: 06 oct. 2012a.

CASARIN, Rodrigo Vicenzi; GREBOGGY, Dênis de Lima. **A Fadiga do Hábito e o Hábito da Fadiga.**Disponible en: http://www.universidadedofutebol.com.br/Artigo/15190/A%2bFADIGA%2bDO%2bHABITO%2bE%2bO%2bHABITO%2bDA%2bFADIGA%2b. Acceso: 13 dic. 2012b.

CASILLAS, Iker. **Casillas: "Cuándo Mou se enfada con nosotros es con razón"**. Disponible en: http://futbol.as.com/futbol/2012/12/05/primera/1354716260_711372.html. Acceso: 05 dic. 2012.

CERVERA, Adrián. **Modelo Organizacional-Estratégico de entrenamiento en fútbol**. MC Sports.España, 2010.

CHAN, Raymond., SHUM, David., TOULOPOULOU, Timothea. & CHEN, Eric.**Assessment of executive functions: Review of instruments and identification of critical issues**. Archives of Clinical Neuropsychology. Vol 23., N° 2., p. 201-216, 2008

COSTA, Rui. A minha economia. p. 16-17. In. **Jornal de Negócios**, Lisboa, p. 16-17, 3 feb. 2012.

CUNHA E SILVA, Paulo. **O Lugar do Corpo. Elementos para uma Cartografia Fractal.** Instituto Piaget. Lisboa. Portugal, 1999.

DAMÁSIO, António. **O Erro de Descartes**. São Paulo: Companhia das Letras, 1996.

DAMÁSIO, António. **O Mistério da Consciência**. São Paulo: Companhia das Letras, 2000.

DAMÁSIO, António. **E o cérebro criou o homem**. São Paulo: Companhia das Letras, 2011.

DESCARTES, René. **Discurso do Método**. (Traducción de Roberto Leal Ferreira). 2ª edición. Editora Martin Claret; São Paulo, 2008.

DeYOUNG Colin., HIRSH Jacob., SHANE Matthew, PAPADEMITRIS Xenophon., RAJEEVAN Nallakkandi., GRAY Jeremy. **Testing predictions from personality neuroscience**. Pshychological Science. Vol 21; No 6; p. 820-828, 2010.

DI SALVO, V; BARON, R; TSCHAN, H; MONTERO, Calderon F.J; BACHL, N; PIGOZZI, F. **Performance characteristics according to playing position in elite soccer**. International Journal of Sports Medicine, v.28, n.3, p. 222-227, 2007.

DIÁRIO DE NOTÍCIAS. **Scolari avisa Ronaldo: "Raúl é o problema"**. Disponible en: http://www.dn.pt/especiais/interior.aspx?content_id=1280552&especial=Cristiano%20 Ronaldo&seccao=DESPORTO. 2009

ESTEVES, Luis Alberto de Souza. **Assuntos Pertinentes à Planificação do Treino.** – Disponible en http://organizacaodejogo.blogspot.com.br/2010/07/assuntos-pertinentes-planificacao-do.html; 2010. Acceso: 08 nov. 2012.

ESTEVES, Luis Alberto de Souza. Prefácio. In. BORGES, Paulo Henrique; TEIXEIRA, Dourivaldo. **Comportamentos táticos defensivos no futebol. Relacionados ao sistema 1-4-4-2 em losango**. Editorial Académica Española, 2012.

FARIA, Rui. **"Periodização Táctica"** ***Um Imperativo Conceptometodológico do Rendimento Superior em Futebol***. Trabajo de grado de Licenciatura presentado en la Facultad de Ciencias del Deporte y de Educación Física de la Universidad de Oporto. Portugal, 1999.

FARIA, Rui. Entrevista. In RESENDE, Nuno Miguel dos Santos Pereira. **Periodização Táctica. Uma concepção metodológica que é uma consequência trivial do jogo de futebol. Um estudo de caso ao microciclo padrão do escalão sénior do Futebol Clube do Porto**. Trabajo de grado de Licenciatura presentada en la Facultad de Ciencias del Deporte y de Educación Física de la Universidad de Oporto. Portugal, 2002.

FARIA, Rui. Entrevista. In FERNANDES, Virgílio Eduardo Martins Varajão. **Implementação do Modelo de Jogo: Da razão à adaptabilidade com emoção.**Trabajo de grado de Licenciatura presentado en la Facultad de Ciencias del Deporte y de Educación Física de la Universidad de Oporto. Portugal, 2003.

FARIA, Rui. Apresentação. In **OLIVEIRA**, B.,**AMIEIRO**, N.,**RESENDE**, N. &**BARRETO**, R. **Mourinho Porquê Tantas Vitórias?** Editora Gradiva. Lisboa. Portugal, 2006.

FARIA, Rui. Entrevista. In SOUSA, Tiago Manuel Tavares de. **Paredes ou pontes? A solidão ou a boa companhia... a vitalidade do(s) princípio(s) metodológicos da "Periodização Táctica"**. Trabajo de grado de Licenciatura presentada en la Facultad de Ciencias del Deporte y de Educación Física de la Universidad de Oporto. Portugal, 2007

FARIA, Rui. Entrevista. In CAMPOS, Carlos. **A justificação da Periodização Táctica como uma fenomenotécnica –«A singularidade da INTERVENÇÃO DO TREINADOR como a sua impressão digital»**. MC Sports. España, 2008.

FARLEY, C. T. **Role of the stretch-shortening in jumping**. Journal of Applied Biomechanics, v. 3, n. 4, p. 436-439, 1997

FERNANDES, Virgílio Eduardo Martins Varajão. **Implementação do Modelo de Jogo: Da razão à adaptabilidade com emoção.** Trabajo de grado de Licenciatura presentado en la Facultad de Ciencias del Deporte y de Educación Física de la Universidad de Oporto. Portugal, 2003.

FERNANDÉZ, Daniel. **El juego de posición.** Disponible en: <http://www.martiperarnau.com/2012/02/el-juego-de-posicion>. Acceso: 10 jul. 2012.

FRADE, Vítor Manuel da Costa. **Alta Competição no Futebol – Que Exigências de Tipo Metodológico?.**Comunicación presentada en el Curso de Actualización Futebol. ISEF–UP. Portugal, 1985.

FRADE, Vítor Manuel da Costa. **Entrevista a Nuno Amieiro**. Disponible en: http://falemosfutebol.blogspot.com/2009/03/conversa-com-vitor-frade_30.html Portugal, 2009.

FRADE, Vítor Manuel da Costa. Entrevista.In.**MOURA**, Fábio Alberto Ramos.**O Período Preparatório como espaço privilegiado para a "plantação" do nosso «jogar», de forma a podermos cultivá-lo e enraizá-lo... dentro da lógica da Periodização Táctica!**Trabajo de grado de Licenciatura presentado ao Instituto Superior da Maia. Portugal, 2010.

FRADE, Vítor Manuel da Costa. **Entrevista a Alexandre Allegro**. No publicado. Portugal, 2011.

FRADE, Vítor Manuel da Costa. Prefácio. In PIVETTI, Bruno M. F. **Periodização Tática: o futebol arte alicerçado em critérios**. São Paulo: Phorte, 2012, p. 19

FRADE, Vítor Manuel da Costa. Entrevista.In.**TOBAR**, Julian Bertasso.**Periodização Tática: explorando sua organização concepto-metodológica**. Monografía presentada en la escuela superior de Educación Física de la Universidad Federal de Rio Grande del Sur. Brasil, 2013a.

FRADE, Vítor Manuel da Costa. Entrevista.In.**TAMARIT**, Xavier. **Periodización Táctica vs Periodización Táctica**. Editorial MBF. España, 2013b.

FRADE, Vítor Manuel da Costa. **Vítor Frade "Fora de Jogo" o Tempo Todo**. 1ª edición. Editora Prime Books. Portugal, 2014a.

FRADE, Vítor Manuel da Costa. **Morfociclo, o que é?**.Comunicación realizada en elColoquio sobre o Deporte. Mealhada. Portugal, 2014b.

FRADE, Vítor Manuel da Costa. **Seminario FC Porto: Una metodología de éxitos – "Modelo organizacional y la Periodización Táctica"**. Conferencia realizada en Bogotá. Colombia, 2015.

FRADE, Vítor Manuel da Costa. **Apontamentos Professor Vítor Frade**. Portugal, 2016. No Publicado.

GAITEIRO, Bruno R. V. N. **A Ciência Oculta do Sucesso! Mourinho aos Olhos da Ciência**. Trabajo de grado de Licenciatura presentado en la Facultad de Deporte de la Universidad deOporto. Portugal, 2006.

GARGANTA, Júlio. **Modelação Tática no Jogo de Futebol. Estudo da organização da fase ofensiva em equipas de alto rendimento.**Tesis de doctorado presentada en la Facultad de Deporte de la Universidad deOporto. Portugal, 1997.

GARGANTA, Júlio. **O Ensino dos Jogos Desportivos Colectivos. Perspectivas e Tendências**. *Movimento*, Porto Alegre, Ano IV, v.1, N°8, p. 19 - 27, 1998/1.

GARGANTA, Júlio. **(Re)Fundar os conceitos de estratégia e táctica nos jogos desportivos colectivos, para promover uma eficácia superior**. rev. bras. Educ. Fís. Esp., São Paulo, v.20, p.201-03, Suplemento n.5, set. 2006.

GARGANTA, Júlio; GRÉHAIGNE, Jean Francis. **Abordagem sistêmica do jogo de futebol: moda ou necessidade?**. Revista Movimento, Porto Alegre, Ano V, N°10, p. 40 – 50. 1999/1.

GLOBOESPORTE. **Depois de deixar grupo com físico em dia, Estevam sonha ver qualidade aflorar** – Disponible en- http://globoesporte.globo.com/Esportes/Noticias/Times/Botafogo/0,,MUL1301636-9861,00.html. Acceso: 15 may. 2012.

GLOBOESPORTE. **Joel Santana aponta setor defensivo como problema do Fla** – Disponible en http://globoesporte.globo.com/futebol/times/flamengo/noticia/2012/05/joel-santana-aponta-setor-defensivo-como-problema-do-fla.html. Acceso: 28 may. 2012.

GLOBOESPORTE. **Emocionado, Joel Santana lamenta primeiro semestre do Flamengo** – Disponible em:http://globotv.globo.com/rede-globo/globo-esporte-rj/v/emocionado-joel-santana-lamenta-o-primeiro-semestre-do-flamengo/1948290. Acceso: 27 may. 2012.

GUARDIOLA, Josep. **Conferencia**. Disponible en https://es.eurosport.yahoo.com/video/explica-guardiola-c-mo-hizo-125500012.html. Buenos Aires. Argentina, 2013

GUILHERME OLIVEIRA, José. **Conhecimento Específico em Futebol. Contributos para a definição de uma matriz dinâmica do processo de ensino-aprendizagem/treino do jogo**. Trabajo de grado de Mestrado presentado en la Facultad de Ciencias del Deporte y de Educación Física de la Universidad de Oporto. Portugal, 2004.

GUILHERME OLIVEIRA, José. Entrevista. In GOMES, Marisa Silva. **O desenvolvimento do jogar segundo a Periodização Tática**. MC Sports.España, 2008.

GUILHERME OLIVEIRA, José. **Apontamentos das aulas de Estudos Práticos III - Futebol**. Facultad de Deporte de la Universidad de Oporto. No publicado. Portugal, 2011.

GOMES, Marisa Silva. **O desenvolvimento do jogar segundo a Periodização Tática**. MC Sports.España, 2008.

GOMES, Marisa Silva.Entrevista. In.**TOBAR**, Julian Bertasso. **Periodização Tática: explorando sua organização concepto-metodológica**. Monografia presentada en la Escuela Superior de Educación Física de la Universidad Federal de Rio Grande del Sur. Brasil, 2013.

GOMES, Marisa Silva.**"O treinar e o jogar no futebol, que abordagem fisiológica para o jogar bem?"**. No publicado. Portugal, 2016.

IACOBONI, Marco. Entrevista. In **Revista Redes**. Emisión 56. Temporada 14. p. 38-43. España, 2010

JUNIOR, Nelson Kautzner Marques. **Modelos de Periodização para os Desportos** – Disponible en http://dc93.4shared.com/doc/5zHxn-CJ/preview.html. 2011. Acceso: 03 nov. 2012.

KHAKH, Baljit S; BURNSTOCK, Geoffrey. **A Vida Dupla do ATP**. Revista Scientific American Brasil, Ano I, N°7, p. 36 – 43. Brasil, 2011.

KESTING, Stephan. **Perfect Peaking I: Preventing Overtraining in MMA, BJJ, and Submission Grappling Training**., 2003 – Disponible en http://www.grapplearts.com/Blog/2012/04/perfect-peaking-part-1-overtraining-and-its-prevention-in-mixed-martial-arts-conditioning/. Acceso: 04 nov. 2012.

LANGLADE, A & LANGLADE, N. **El Ciclo de Auto-Renovación y La Ley de Roux Arndt-Schultz**. Asociación de Estudiantes do ISEF. 1977

LEITÃO, Rodrigo Azevedo. **O JOGO DE FUTEBOL: investigação de sua estrutura, de seus modelos e da inteligência de jogo, do ponto de vista da complexidade.**Tesis de Doctorado presentada en la Universidad Estadual de Campinas. Brasil, 2009.

LENT, Roberto. **Cem Bilhões de Neurônios? Conceitos fundamentais de neurociência.** 2ª edición. São Paulo: Atheneu, 2010.

LIPTON, Bruce H. **A biologia da crença: ciência e espiritualidade na mesma sintonia: o poder da consciência sobre a matéria e os milagres.**Traducción Yma Vick. – 1ª edición. São Paulo: Butterfly Editora, 2007.

LOURENÇO, Luís. **José Mourinho, Um Ciclo de Vitórias.** Editora Prime Books: Lisboa. Portugal, 2004.

LOURENÇO, Luís. **O Case Study José Mourinho. Uma investigação sobre o fenômeno da liderança e a operacionalização da perspectiva paradigmática da complexidade.**Trabajo de grado de maestria presentado en la Facultad de Ciencias Humanas de la Universidad Católica Portuguesa. Portugal, 2006.

LOURENÇO, Luís. **MOURINHO A Descoberta Guiada**. Prime Books. Portugal, 2010.

MACIEL, Jorge. **Pelas Entranhas do Núcleo Duro do Processo**. Artículo no publicado. 2010.

MACIEL, Jorge. **Não o deixes matar. O bom futebol e quem o joga**. Lisboa: Chiado Editora. Portugal, 2011a.

MACIEL, Jorge. Entrevista. **Conversas sobre futebol**. Porto Alegre, 2011b – Disponible en http://www.aguiainstitutodofutebol.com/conversa-sobre-futebol. Acceso: 20 oct. 2016.

MACIEL, Jorge. **Espiral de AutoRenovação e Lei de Roux – Uma Perspectiva Diferente**. Artículo no publicado. 2011c.

MACIEL, Jorge. **O Modelo de Jogo!? "uma pessoa capta a ideia e vai"...** Revista Treino Científico. N° 7. Marzo/Abril, 2012a.

MACIEL, Jorge. **Nem todos podem ser titulares, problema ou solução!?** Revista Treino Científico. N°10. Septiembre/Octubre. p. 15 – 18., 2012b.

MACIEL, Jorge. **Descansar no jogo?! A dose faz o veneno?! A importância da "Regra dos 4 dias"!**Texto no publicado., 2014.

MALONE, David; TANNER, Mark.**High Anxieies: The Mathematics of Chaos**. Documentário de Televisão. 2008. – Disponible en: http://www.youtube.com/watch?v=PCnxd9wX91c&feature=related . Acceso: 09 nov. 2012.

MARADONA, Diego Armando. **Maradona elogia Neymar e diz que Brasil, se concentrado, "é imbatível"** – Disponible enhttp://globoesporte.globo.com/sp/noticia/2013/09/maradona-elogia-neymar-e-diz-que-brasil-concentrado-e-imbatível.html#atleta-neymar. Acceso: 05 set. 2013.

MARTIMBIANCO, ALC; POLACHINI, LO; CHAMLIAN, TR; MASIERO, D. **Efeitos da propriocepção no processo de reabilitação de fraturas de quadril**. Acta Ortop Bras. [periódico na Internet]. 16(2): 112-116. Disponible en URL http://www.scielo.br/aob., 2008.

MARTINS, Felipe. **A "Periodização Tática" segundo Vítor Frade: Mais do que um conceito, uma forma de estar e reflectir o Futebol**. Trabajo de grado de Licenciatura presentada en la Facultad de Deporte de la Universidad de Oporto. Portugal, 2003.

MCCRONE, John. **Como o cérebro funciona.**(Traducción de Vera de Paula Assis). 2ª edición. São Paulo: Publifolha, 2002.

MESSI, Lionel. **El Falso '9' es fruto de um estilo de juego.** – Disponible en http://www.marca.com/2012/12/02/futbol/equipos/barcelona/1354472980.html. Acceso: 03 dic. 2012.

MICHELS, Rinus. **Team Building - the road to success.** Spring City: Reedswain Publishing, 2001

MILLER, Earl., FREEDMAN, David & WALLIS, Jonathan. **The prefrontal cortex: categories, concepts and cognition**. Philos. Trans. R. Soc. Lond., B, Biol. Sci. Vol. 357 (1424), 2002

MLODINOW, Leonard. **Subliminar: como o inconsciente influencia nossas vidas.**[Traducción Claudio Carina]. Rio de Janeiro: Zahar, 2013.

MONSELL, Stephen. **Task switching**.TRENDS in Cognitive Sciences.Vol 7., N°3., p. 134-140, 2003

MORENO, Oscar P. Cano. **El Modelo de Juego del FCBarcelona - Una red de significado interpretada desde el paradigma de la complejidad**. MC Sports. España, 2010.

MORIELLO, Sergio A. **Sistemas complejos, caos y vida artificial**. http://www.redcientifica.com/doc/doc200303050001.html, 2003. - Disponible en: http://www.youtube.com/watch?v=PCnxd9wX91c&feature=related .Acceso: 09 jun. 2012.

MORIN, Edgar. **La cabeza bien puesta**. Repensar la reforma. Reformar el pensamiento. Buenos Aires: Editora Nueva Visión, 2002.

MORIN, Edgar. **Introdução ao pensamento complexo**. Porto Alegre: Sulina - 3ª edición, 2007.

MOURINHO, José. **«Vamos voltar a celebrar na Praça Cibeles» - Mourinho** - Disponible enhttp://www.abola.pt/nnh/ver.aspx?id=346672. Acceso: 10 ago. 2012.

MOURINHO, José. **«Fui campeão em Espanha com 100 pontos sem imitar o Barcelona» - Mourinho** - Disponible enhttp://www.abola.pt/nnh/ver.aspx?id=432619. Acceso: 07 oct. 2013.

OLIVEIRA, B.,AMIEIRO, N.,RESENDE, N. &BARRETO, R. Mourinho**: Porquê Tantas Vitórias?** Editora Gradiva. Lisboa. Portugal, 2006.

PANTANO, Telma. **Neurociência aplicada à aprendizagem**. São Paulo: Pulso, 2009

PASTOR, Tejero Robert. **La Supercompensación Táctica**. Disponible en: http://roberttejero.com/2015/02/la-supercompensacion-tactica/. Acceso 28 nov. 2016.

PEREIRA, Vítor. Entrevista. In: TAMARIT, Xavier.**Periodización Táctica vs Periodización Táctica**. Editorial MBF. España, 2013b.

PICCOLO, Stefano. **Fuerzas mecánicas en las células**. Revista Investigación y ciencia, N°459. Diciembre, 2014

PICCOLO, Stefano. **Células, uma vida sob pressão**. Revista Pour La Science Pour, N°452. Junio, 2015

PINTO, Ronei Silveira. **Apontamentos das aulas de Musculação**. Escuela Superior de Educación Física de la Universidad Federal de Rio Grande del Sur. No publicado. Porto Alegre, 2011.

PIVETTI, Bruno M. F. **Periodização Tática: o futebol arte alicerçado em critérios**. São Paulo: Phorte, 2012

PRIBERAM, DICIONÁRIO DE LÍNGUA PORTUGUESA. Disponible en: <http://www.priberam.pt/dlpo/>.

RIBEIRO, Paulo César da Cunha. **Futebol e Nutrição: estudo descritivo dos hábitos nutricionais dos futebolistas profissionais da I liga Portuguesa.**Trabajo de grado de Licenciatura presentadoen la Facultad de Ciencias del Deporte y de Educación Física de la Universidad de Oporto. Portugal, 2005.

REIS, Jorge. **In: Apontamentos Professor Vítor Frade**. Portugal, 2016. No Publicado.

REXACH, Carles. **«Quis Ronaldo no Barcelona mas era muito caro»**. Disponible en: http://www.abola.pt/nnh/ver.aspx?id=369438. Acceso: 09 dic. 2012

RESENDE, Nuno Miguel dos Santos Pereira. **Periodização Táctica. Uma concepção metodológica que é uma consequência trivial do jogo de futebol. Um estudo de caso ao microciclo padrão do escalão sénior do Futebol Clube do Porto.** Trabajo de grado de Licenciatura presentada en la Facultad de Ciencias del Deporte y de Educación Física de la Universidad de Oporto. Portugal, 2002.

ROMÁRIO, de Souza Faria. **Entrevista ao programa *Impact*.** Holanda, 1992. Disponible en:https://www.youtube.com/watch?v=Jrv4luZvbJo

SANTOS, Paulo J. M. **Bioenergética**. No publicado.

SARGENTIM, Sandro. **A especificidade na aplicação do treino para futebolistas: a quebra de paradigmas e a necessidade de mudanças rápidas na forma de aplicação de treinos.** Disponible en: http://www.universidadedofutebol.com.br/2012/5/1,15387,A+ESPECIFICIDADE+NA+APLICACAO+DO+TREINO+PARA+FUTEBOLISTAS+A+QUEBRA+DE+PARADIGMAS+E+A+NECESSIDADE+DE+.aspx?p=1. Acceso: 02 nov. 2012.

SAVATER, Fernando. **La Aventura del Pensamiento**. Editorial Debolsillo Argentina. 1ª Edición. Argentina, 2010.

SCHMIDT, Richard A; WRISBERG, Craig A; **Aprendizagem e Performance Motora: Uma Abordagem da Aprendizagem Baseada na Situação**. 4 ed. Porto Alegre: Artmed, 2010

SOUSA, Tiago Manuel Tavares de. **Paredes ou pontes? A solidão ou a boa companhia... a vitalidade do(s) princípio(s) metodológicos da "Periodização Táctica"**. Trabajo de grado de Licenciatura presentado en la Facultad de Deporte de la Universidad de Oporto. Portugal, 2007

SOUSA, Pedro Daniel Cunha Pereira. **Um Algoritmo do FUTEBOL (mais do que) TOTAL: algo que lhe dá o Ritmo! Uma reflexão sobre o "Jogar" de qualidade**. Trabajo de grado de Licenciatura presentado en la Facultad de Deporte de la Universidad de Oporto. Portugal, 2009

STACEY, Ralf D. **A Fronteira do Caos**. (Traducción de P. Simões, F. Ferreira e M. Estevão). Venda Nova: Bertrand Editora. 1995.

TAMARIT, Xavier.**¿Qué és La Periodización Táctica? vivenciar el juego para condicionar el juego**. MC Sports. Espanha, 2007.

TAMARIT, Xavier.Entrevista.In.**TOBAR**, Julian Bertasso. **Periodização Tática: explorando sua organização concepto-metodológica**. Monografía presentada en la Escuela superior de Educación Física de la Universidad Federal de Rio Grande del Sur. Brasil, 2013a.

TAMARIT, Xavier.**Periodización Táctica vs Periodización Táctica**. Editorial MBF. España, 2013b.

TAMARIT, Xavier.**Periodización Táctica vs Periodización Táctica**. Conferencia realizada en elSeminario Internacional de Fútbol - Conexión Fútbol. Buenos Aires, Argentina, 2013c.

TAMARIT, Xavier. **Xavier Tamarit y La "Periodización Táctica"**. Disponible en: Disponible en: http://www.lanacion.com.ar/1610152-xavier-tamarit-y-la-periodizacion-tactica. Acceso: 13 ago. 2013d.

TAMARIT, Xavier. **Entrevista à Javier Lopez Leoz.** Disponible en: http://futbolentrena.com/blog/xavier-tamarit-la-palabra-que-mejor-puede-definir-la-periodizacion-tactica-es-la-especificidad/. 2016a

TAMARIT, Xavier. **"Aún así o se cree o no se cree, ¡no existe una posición intermedia!**Disponible en: http://www.xaviertamarit.com/2016/07/06/aun-asi-o-se-cree-o-no-se-cree-no-existe-una-posicion-intermedia/. 2016b.

TAVARES, José Fernando Ferreirinha. Entrevista. In TAMARIT, Xavier.**Periodización Táctica vs Periodización Táctica**. Editorial MBF. España, 2013b.

TEODORESCU, Leon. **Problemas de Teoria e Metodologia nos Jogos.** Livros Horizonte. Portugal. 2003

VAN GAAL, Louis. Entrevista. In. **Revista Soccer Coaching Internacional.**Número 16, Agosto-Septiembre p. 4–11, 2006.

VAZ, Marco Aurélio **Apontamentos das aulas de Bases Neuromecânicas do Movimento**. Escuela superior de Educación Física de la Universidad Federal de Rio Grande do Sur. No publicado. Porto Alegre, 2010. VIEIRA, Mara. **O ensino de um Treinar e de um Jogar.** Comunicação feita ao Curso de Treinadores. Associação de Futebol de Bragança, Portugal, 2011.

VILANOVA, Tito. **Vilanova elogia Adriano e explica opção: "Precisávamos de velocidade"** – Disponible enhttp://globoesporte.globo.com/futebol/futebol-internacional/futebol-espanhol/noticia/2012/10/vilanova-elogia-adriano-e-explica-opcao-precisavamos-de-velocidade.html. Acceso: 08 oct. 2012.

VILLAS-BOAS, André. Entrevista. In. SOUSA, Pedro Daniel Cunha Pereira. **Um Algoritmo do FUTEBOL (mais do que) TOTAL: algo que lhe dá o Ritmo! Uma reflexão sobre o "Jogar" de qualidade.** Trabajo de grado de Licenciatura presentado em la Facultad de Deporte de la Universidad deOporto. Portugal, 2009

VON BERTALLANFY, Ludwig. **Teoria geral dos sistemas – Fundamentos, desenvolvimento e aplicações**. Traducción de Francisco M. Guimarães. 4. Ed; Petrópolis, RJ: Vozes, 2009.

WIKIPÉDIA – Disponible en http://pt.wikipedia.org/.

YANG, Yaling; RAINE Adrian. **Prefrontal structural and functional brain imaging findings in antisocial, violent and psychopathic individuals: A meta-analysis**. Psychiatry Research – Neuroimaging, Noviembre, Vol. 174, folio 2, p. 81-88, 2009

ZAMBIASI, Marcos Vinicius. **A tomada de decisão do jogador de futebol relacionada aos marcadores somáticos.** Monografia presentada en laPontifica Universidad Católica de Rio Grande do Sur. Brasil, 2012.

ZATSIORSKY, Vladmir; KRAEMER, William. **Science and Practice of Strength Training.**Champaign, IL: Human Kinetics. Estados Unidos, 2006.

SOBRE EL AUTOR

JULIAN BERTAZZO TOBAR

Julian Bertazzo Tobar es entrenador de fútbol (CBF-Licencia B), graduado en Educación Física en la Universidade Federal do Rio Grande do Sul (UFRGS-Brasil). Adicionalmente, estudió Ciencias del Deporte, con énfasis en fútbol de alto rendimiento en la Faculdade de Desporto da Universidade do Porto (FADEUP-Portugal).

Tobar se ha desempeñado internacionalmente, a lo largo de más de una década, como entrenador, asistente técnico y ana-

lista de desempeño. Ha trabajado tanto en el fútbol profesional como en las divisiones inferiores. El autor experimentó en los equipos Sub-20 del Joinville Esporte Clube (como Primer Entrenador) y del Clube Atlético Paranaense (como Asistente Técnico).

www.ingramcontent.com/pod-product-compliance
Ingram Content Group UK Ltd.
Pitfield, Milton Keynes, MK11 3LW, UK
UKHW021831270726
14058UKWH00001B/93

9 789873 979477